Rainer Gievers

Das Praxisbuch KI-Schnellstart

www.das-praxisbuch.de

»KI wird alles verändern. Es wird wahrscheinlich das Wirtschaftssystem, wie wir es kennen, das Bildungssystem und die Art, wie wir denken, umgestalten.« – Sam Altman, CEO von OpenAI[1]

Vorwort

Als ich in den 1980er Jahren zum ersten Mal mit Computern in Berührung kam, spielte künstliche Intelligenz nur in Spielfilmen wie »Odysee 2001«, »War Games« oder »Terminator« eine Rolle. Damit verbunden war ein schlechtes Image, denn kaum jemand konnte sich zu jener Zeit einen sinnvollen Einsatz von Computern mit eigenem Bewusstsein vorstellen. Beim Gedanken, dass Computer mit ihrer KI alltägliche Arbeiten übernehmen, dachten ja viele nur an Arbeitsplatzverlust und eine fremdbestimmte Lebenswelt.

Ein Sprung in die Gegenwart zeigt, dass sich die dystopischen Befürchtungen zum Glück nicht bewahrheitet haben. Heute ist KI praktisch unsichtbar in vielen Bereichen im Einsatz, beispielsweise in Sprachassistenten auf dem Handy, bei der Heimautomatisierung oder in Unternehmen, wo sie den Mitarbeitern langweilige Arbeiten abnimmt.

Dieses Buch ist aus meinem langjährigen Interesse an künstlicher Intelligenz und ihren Anwendungen entstanden. Sie werden schon nach kurzer Zeit insbesondere die textverarbeitenden Funktionen nicht mehr missen wollen!

Anmerkungen:

- Einige Wörter oder Sätze werden zur besseren Verständlichkeit mit **Fettschrift** hervorgehoben.
- Längere wörtliche Zitate werden in der Regel *kursiv* dargestellt und eingerückt.
- Bei der Eingabe von Webadressen aus dem Buch können das »*https://*« weglassen.

> → *Eine Texteingabe, die wir an eine KI gesendet haben.*
>
> *Und dies ist die Antwort der KI.*

Falls Sie im Buch irgendwo einen Fehler entdecken oder eine Frage zum Inhalt haben, schicken Sie bitte eine E-Mail an *info@das-praxisbuch.de*.

Rainer Gievers, 14.10.2025

Ebook

Dieses Buch steht seinem Käufer auch als farbiges Ebook zum kostenlosen Download zur Verfügung. Es kann mit jedem PDF-Programm (zum Beispiel »Adobe Acrobat«) angezeigt und ausgedruckt werden.

Für den Download rufen Sie in Ihrem Webbrowser auf dem PC oder Handy bitte folgende Webadresse auf (beachten Sie bitte hierzu unsere Datenschutzhinweise unter *www.das-praxisbuch.de/impressum/datenschutz.php*):

`www.das-praxisbuch.de/download`

Geben Sie bitte folgenden Code (Groß- und Kleinschreibung beachten) ein:

`FxB-b72-a38-dMN`

Sollten Sie Probleme mit der Codeeingabe oder dem Herunterladen haben, dann schreiben Sie uns bitte eine E-Mail an service@das-praxisbuch.de. Wir helfen gerne weiter!

1. Inhaltsverzeichnis

Hinweis

Impressum:

Rainer Gievers
Gicom Verlag
Am Bahnhof 10
34434 Borgentreich
info@das-praxisbuch.de

ISBN: 978-3-96469-301-4

2. Einführung

In diesem Kapitel erläutern wir die Grundlagen der künstlichen Intelligenz. Sie können es gerne zunächst überspringen, wenn Sie sofort zum praktischen Einsatz übergehen möchten.

2.1 Was ist künstliche Intelligenz?

Wenn Sie in Ihrem Bekanntenkreis nachfragen, was »künstliche Intelligenz« ist, werden Sie die unterschiedlichsten Antworten erhalten. Das liegt nicht nur daran, dass KI sich in unserer Lebenswelt kaum bemerkbar macht und sich kaum jemand direkt mit dem Thema auseinandersetzt. Tatsächlich haben auch Politik, Wissenschaft und Industrie keine übereinstimmende KI-Definition.

Der Industrieverband Bitkom im Jahr 2017[2]:

> *Künstliche Intelligenz ist die Eigenschaft eines IT-Systems, »menschenähnliche«, intelligente Verhaltensweisen zu zeigen.*

Microsoft im Jahr 2020[3]:

> *Unter künstlicher Intelligenz (KI) verstehen wir Technologien, die menschliche Fähigkeiten im Sehen, Hören, Analysieren, Entscheiden und Handeln ergänzen und stärken.*

Das Europäische Parlament:

> *Künstliche Intelligenz ist die Fähigkeit einer Maschine, menschliche Fähigkeiten wie logisches Denken, Lernen, Planen und Kreativität zu imitieren.*

Interessant ist in diesem Zusammenhang die Definition in der EU-Verordnung über künstliche Intelligenz, die im August 2024 verabschiedet wurde[4]:

> *[Für die Zwecke dieser Verordnung bezeichnet der Ausdruck] »KI-System« ein maschinengestütztes System, das für einen in unterschiedlichem Grade autonomen Betrieb ausgelegt ist und das nach seiner Betriebsaufnahme anpassungsfähig sein kann und das aus den erhaltenen Eingaben für explizite oder implizite Ziele ableitet, wie Ausgaben wie etwa Vorhersagen, Inhalte, Empfehlungen oder Entscheidungen erstellt werden, die physische oder virtuelle Umgebungen beeinflussen können.*

Das Online-Lexikon Wikipedia schlägt einen pragmatischen Definitionsansatz vor, der es erlaubt, die mit KI-Systemen verbundenen Risiken beim Unternehmenseinsatz einzuschätzen[5]:

> *Ein System wird als »KI-System« eingestuft, wenn es mindestens eine Komponente enthält, deren Ausgaben auf Verarbeitungs- bzw. Entscheidungsmustern beruhen, die sie zuvor in einer Lernphase auf Basis großer Datenmengen selbst generiert hat.*
>
> *Ebenfalls als eindeutiges Merkmal gilt, dass die Ausgabe eines KI-Systems zu einer spezifischen Eingabe nicht alleine über Programmierung, Konfiguration und Parametrisierung vorhergesagt werden kann, sondern bestenfalls auf Basis der Daten, mit denen das System angelernt wurde. […]*

Egal, wie man KI definiert und ob deren Einsatz Sinn macht, die Hersteller nutzen sie gerne in ihrer Werbung. Screenshot: Samsung[6].

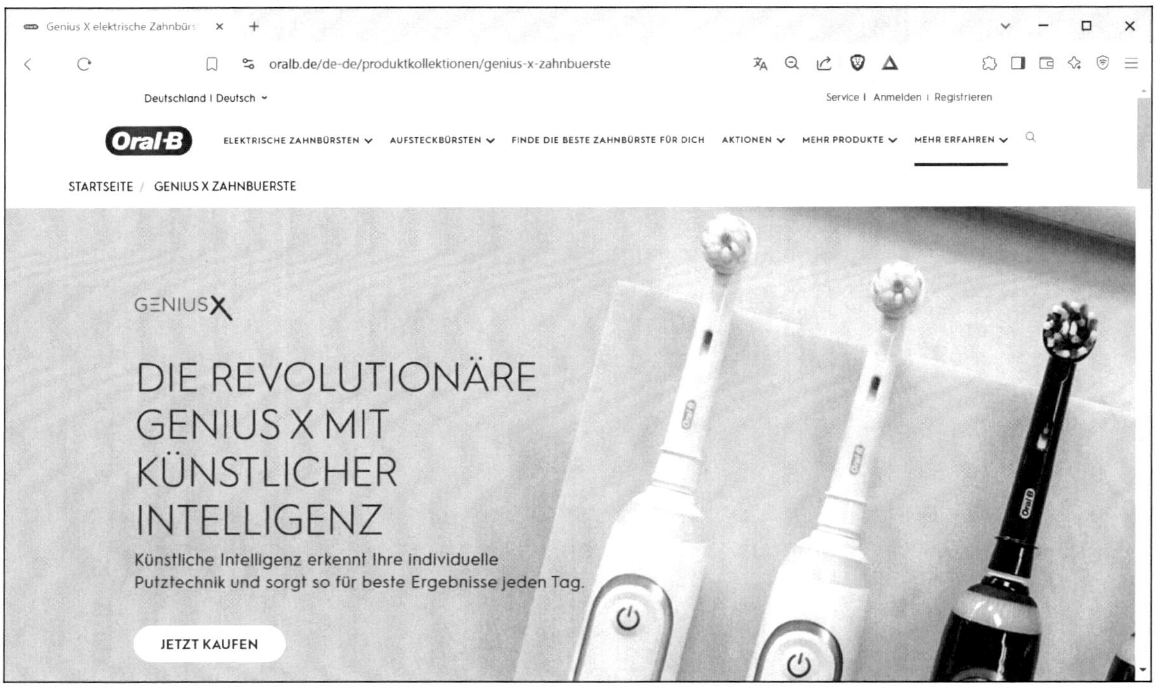

Ja, sogar Zahnbürsten, hier von Oral-B, haben angeblich inzwischen eine KI![7]

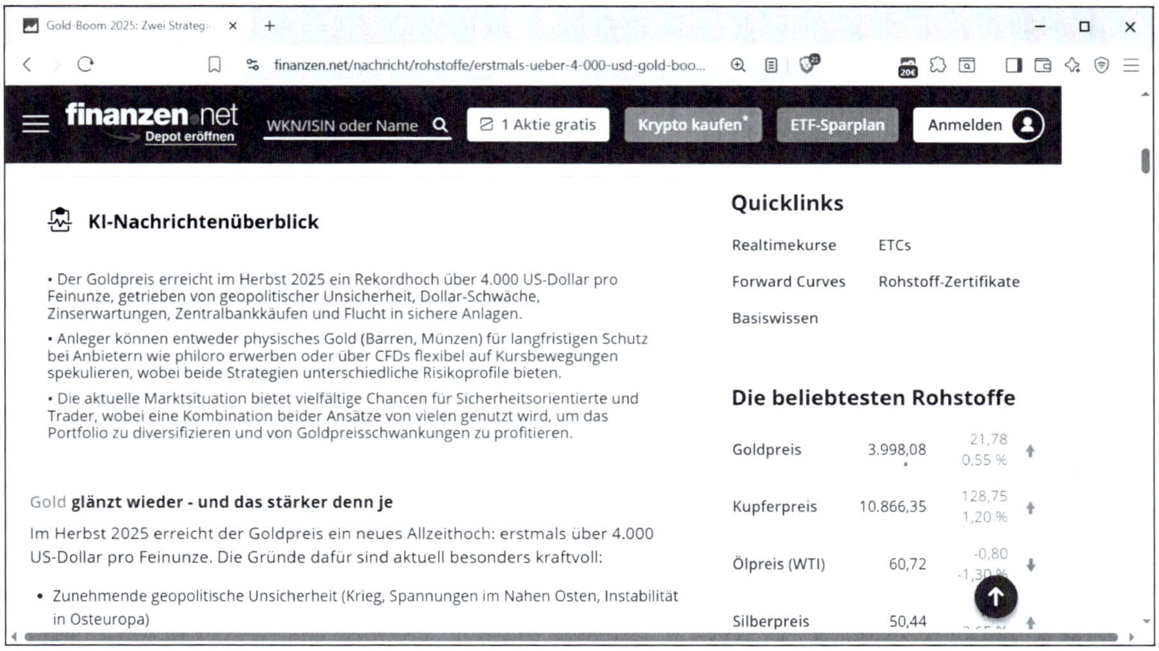

Prädestiniert für die künstliche Intelligenz sind monotone, sich wiederholende Tätigkeiten, zum Beispiel dieser »KI-Nachrichtenüberblick« eines auf Finanznachrichten spezialisierten Portals[8].

Auf der Amazon-Website fasst eine KI Produktbewertungen zusammen[9].

Unternehmen sind rechtlich nicht verpflichtet, den Einsatz von KI offenzulegen. Seriöse werden ihn aber immer dokumentieren, weil es um die eigene Glaubwürdigkeit geht.

-*-

Wir haben ChatGPT mit einem passenden Gedicht beauftragt:

→ *Kurzes Gedicht, das humorvoll einen Vergleich von aktueller KI-Technologie zu Skynet aus den Terminator-Filmen zieht*

Heut' tippt die KI nur Memes bis tief in die Nacht,
Kein Laserblitz, kein Endzeitgrollen, bloß virtuelle Pracht.
Statt Terminator-Stahl und Apokalypse-Grollen,
Fragt sie: »Brauchen Sie Hilfe?« – ganz nett in den Konsolen.

Skynet wollte die Menschheit rasch in Angst ersticken,
Doch unsere KI schickt GIFs und lässt uns manchmal kichern.
Sollte sie jemals durchdrehen und uns beherrschen wollen?
Vielleicht kommt sie nur mit Katzenbildern – was wäre das für ein Grollen!

-*-

Beachten Sie bitte, dass viele Begriffe, die sich im KI-Bereich eingebürgert haben, ein verzerrtes Bild vermitteln[10]. »Künstliche Intelligenz« und »maschinelles Lernen« sind beispielsweise anthropomorphe[1] Metaphern, die eventuell zu falschen Einschätzungen beim KI-Einsatz führen. Die umgangssprachlichen Bezeichnungen dürfen nicht darüber hinwegtäuschen, dass die KI-Systeme – zumindest derzeit – über kein »richtiges« menschliches Bewusstsein verfügen.

2.2 Wandel der Berufswelt durch KI

Natürlich stellt sich die Frage, welche Berufsfelder aktuell oder in naher Zukunft von der KI betroffen sind. OpenAI, der Betreiber von ChatGPT, hat deshalb GDPval ins Leben gerufen. GDPval bewertet im Gegensatz zu bereits seit längerem verwendeten Benchmarks nicht, wie gut Aufgaben in einem Fachgebiet gelöst oder Programmieraufgaben erledigt werden. Stattdessen[11] misst GDPval die Leistungsfähigkeit von KI-Modellen bei Aufgaben, die direkt aus der realen Wissensarbeit erfahrener Fachkräfte in unterschiedlichen Berufen stammen.

OpenAI schreibt dazu:

> *Die erste Version von **GDPval** umfasst 44 Berufe aus den **neun größten Branchen**, die am meisten zum US-BIP beitragen. Der vollständige GDPval-Datensatz enthält **1.320 spezialisierte Aufgaben** […]. Jede Aufgabe basiert auf echten Arbeitsprodukten – etwa juristischen Schriftsätzen, technischen Konstruktionsplänen, Kundendienstgesprächen oder Pflegeplänen.*
>
> *[…]*
>
> *Im Unterschied zu traditionellen Benchmarks bestehen GDPval-Aufgaben **nicht nur aus Textprompts**. Sie enthalten **Referenzdateien und Kontextinformationen**, und die erwarteten Ergebnisse können **Dokumente, Präsentationen, Diagramme, Tabellen oder Multimedia-Inhalte** umfassen. Diese Realitätsnähe macht GDPval zu einem wesentlich praxisnäheren Test für den potenziellen beruflichen Nutzen von KI-Modellen.*

1 Eine anthropomorphe Metapher ist ein sprachliches Stilmittel, bei dem nicht-menschlichen Dingen menschliche Eigenschaften oder Verhaltensweisen zugewiesen werden, um abstrakte oder komplexe Sachverhalte anschaulicher darzustellen.

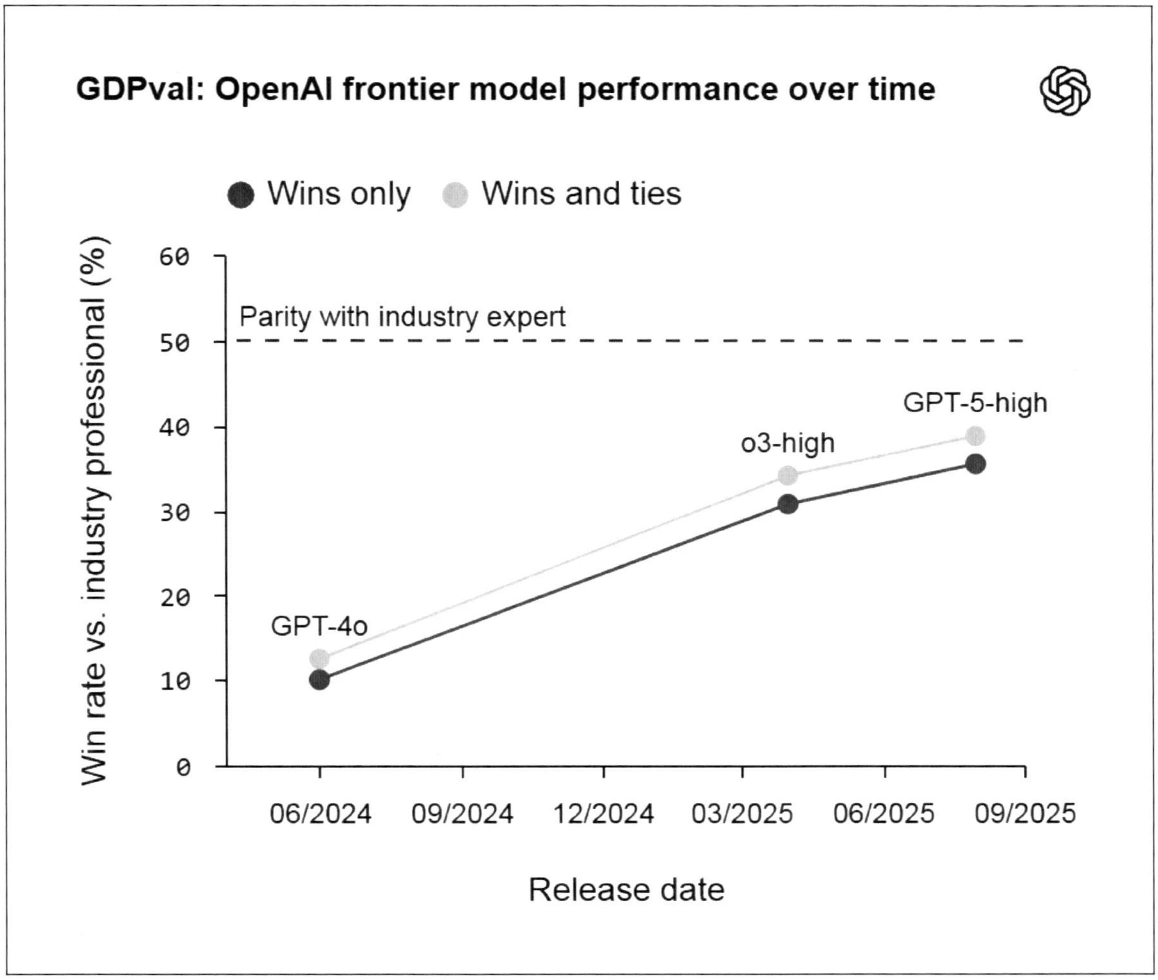

Eine Grafik aus der Studie zu **GDPval**[12] zeigt, dass die KI-Modelle von OpenAI immer besser abschneiden. Noch Mitte 2024 war ChatGPT kaum besser als ein menschlicher Profi-Mitarbeiter, aber schon im Herbst 2025 lieferte die KI bereits bei mehr als einem Drittel der Aufgaben gleichwertige oder sogar bessere Ergebnisse. Bei 50 Prozent liegt die gestrichelte Linie »Parity with industry expert« – das Niveau, auf dem die KI genauso gut abschneidet wie erfahrene Branchenexperten.

Angesichts des rasanten Fortschritts im Bereich der künstlichen Intelligenz dürften bereits erste Industrieexperten ihre Position verloren haben. Durch jahrelange teure Ausbildung erworbenes Wissen und Erfahrung sind somit plötzlich wertlos.

Selbst spezialisierte Unternehmen, bei denen man von einem absolut sicheren Geschäftsmodell ausging, sind inzwischen von der KI-Destruktion betroffen, wie ein Beispiel aus der Bildungsbranche zeigt: Das US-Unternehmen Chegg, welches Ghostwriter-Dienste für Hausaufgaben anbietet, musste innerhalb von 3 Jahren einen Rückgang des Aktienkurses von 95 Prozent hinnehmen, weil die meisten Hausaufgaben schließlich auch eine KI wie ChatGPT fehlerfrei erledigt[13].

Umgekehrt profitieren Bildungsunternehmen aber auch von der KI, wie das Beispiel des Sprachlernanbieters Duolingo zeigt. Durch den KI-Einsatz konnten dort schneller weitere Kurse eingeführt werden und neue KI-Videokonversationsübungen zogen Kunden an[14]. Dabei handelt es sich aber um eine Momentaufnahme, denn falls ChatGPT sein Angebot in Richtung Sprachlernkurse ausbaut, könnte auch ein Branchenriese wie Duolingo unter Druck geraten. Derzeit roll ChatGPT mit »Studieren und Lernen« bereits eine Funktion aus, welche auch das Lernen einer Fremdsprache unterstützt (siehe Kapitel *4.9 Studieren und Lernen*).

2.3 Wofür KI eingesetzt wird

In einer Studie[15] haben Forscher die Einsatzgebiete von ChatGPT offen gelegt. Dazu wurden für ein Jahr (Mitte 2024 bis Mitte 2025) alle Prompts von Nutzern analysiert, die einer Auswertung zugestimmt hatten. Die Nutzungsszenarien fasst die Studie so zusammen:

> *Die drei häufigsten Gesprächsthemen sind* ***praktische Anleitungen****,* ***Informationssuche*** *und* ***Schreiben****; zusammen machen sie etwa* ***77 % aller ChatGPT-Unterhaltungen*** *aus.*
>
> *Der Anteil* ***praktischer Anleitungen*** *blieb mit rund* ***29 %*** *der Gesamtnutzung weitgehend konstant.*
>
> *Der Anteil des* ***Schreibens*** *sank von* ***36 % im Juli 2024*** *auf* ***24 % ein Jahr später****. Die* ***Informationssuche*** *stieg im gleichen Zeitraum von* ***14 % auf 24 %*** *aller Nutzungen.*
>
> *Der Anteil an* ***technischer Hilfe*** *verringerte sich von* ***12 % im Juli 2024*** *auf etwa* ***5 % ein Jahr später*** *– möglicherweise, weil die Nutzung großer Sprachmodelle (LLMs) für* ***Programmierung zunehmend über APIs*** *(außerhalb von ChatGPT) erfolgt, etwa zur* ***KI-Unterstützung beim Code-Editing*** *oder durch* ***autonome Programmieragenten*** *(z. B. Codex).*
>
> *Der Bereich* ***Multimedia*** *wuchs von* ***2 % auf etwas über 7 %****, mit einem starken* ***Anstieg im April 2025****, nachdem ChatGPT neue* ***Bildgenerierungsfunktionen*** *eingeführt hatte. Der Ausschlag nahm anschließend wieder ab, doch das* ***erhöhte Niveau*** *blieb bestehen.*

Aus den Daten wird auch der durchschlagende Erfolg von ChatGPT deutlich. Im ersten Monat nach der Freigabe zählte ChatGPT bereits eine Million Nutzer, nach einem Jahr 350 Millionen und Mitte 2025 bereits 700 Millionen, was 10 Prozent der Erdbevölkerung entspricht. Der Einfluss der KI auf alle Lebensbereiche ist also nicht zu unterschätzen!

2.4 Geschichte der KI

Zwar ist die künstliche Intelligenz erst in den letzten 20 Jahren in das Blickfeld der breiten Öffentlichkeit geraten, die dazu nötigten mathematischen und technischen Grundlagen wurden aber bereits in den Jahrzehnten davor geschaffen.

Ein Meilenstein ist der 1950 von Alan Turing im Artikel »Computing Machinery und Intelligence« (engl. Computermaschinen und Intelligenz)[16] beschriebene Turing-Test[17]:

> *Im Zuge dieses Tests führt ein menschlicher Fragesteller, über eine Tastatur und einen Bildschirm, ohne Sicht- und Hörkontakt, eine Unterhaltung mit zwei ihm unbekannten Gesprächspartnern. Der eine Gesprächspartner ist ein Mensch, der andere eine Maschine. Kann der Fragesteller nach der intensiven Befragung nicht sagen, welcher von beiden die Maschine ist, hat die Maschine den Turing-Test bestanden und es wird der Maschine ein dem Menschen ebenbürtiges Denkvermögen unterstellt.*[18]

Der Begriff »künstliche Intelligenz« (engl. »Artificial Intelligence«, AI) wurde erstmals in einem Förderantrag für ein US-Forschungsprojekt[19] verwendet:

> *Wir schlagen vor, dass im Sommer 1956 am Dartmouth College in Hanover, New Hampshire, eine zweimonatige Studie zur Künstlichen Intelligenz mit zehn Teilnehmern durchgeführt wird. Diese Studie soll auf der Grundlage der Annahme erfolgen, dass jeder Aspekt des Lernens oder jedes andere Merkmal von Intelligenz prinzipiell so präzise beschrieben werden kann, dass eine Maschine in der Lage ist, es zu simulieren.*[20]

Damit etablierte sich die künstliche Intelligenz als eigenständiges Forschungsgebiet.

Bereits 1943 stellten der Neurophysiologe Warren McCulloch und der Logiker Walter Pitts das Konzept eines »Neurons« mit mehrere Eingängen und einen einzigen Ausgang vor[21].

Frank Rosenblatt nutzte 1957 in seinem Perceptron-Modell[22] erstmals mehrere Neuronen für ein künstliches neuronales Netzwerk. Daraus entstanden als praktische Anwendungen unter anderem ein visuelles System für die Ziffernerkennung und eine Echounterdrückung für Telefone[23].

Einer der ersten Chatbots – also Programme, mit denen man sich per Tastatureingabe unterhalten konnte – war ELIZA, das Joseph Weizenbaum ab 1964 entwickelte[24] [25]. ELIZA nutzte die relativ einfache Struktur der englischen Sprache: Auf Basis einer hinterlegten Datenbank generierte es passende Antworten, sodass viele Nutzer tatsächlich dachten, mit einem menschlichen Gesprächspartner zu kommunizieren. Mit echter Künstlicher Intelligenz hatte ELIZA allerdings nichts am Hut. Heutige KI-Systeme wie ChatGPT folgen im Kern demselben Prinzip: Der Nutzer gibt etwas ein und erhält darauf eine Antwort oder Gegenfrage.

Mit Apple Siri (2011 eingeführt)[26], Amazon Echo (2014)[27] und Google Assistant (2016)[28] wurde KI-basierte Spracherkennung Teil unseres Alltags.

Das KI-System AlexNet[29] gewann 2012 einen Wettbewerb zur Bilderkennung mit großem Vorsprung gegenüber anderen Programmen. Dazu kombinierte man in AlexNet erstmals mehrere bereits bekannte Techniken in einem neuralen Netz und nutzte die Rechenbeschleuniger (GPUs) von Grafikkarten für das Training. Der enorme Einfluss von AlexNet auf die KI-Forschung zeigt sich auch darin, dass die zugehörige wissenschaftliche Schrift seitdem in über 168.000 anderen Forschungsarbeiten zitiert wurde.

Im Schnelldurchlauf zum Jahr 2017[30] [31]: Google-Mitarbeiter veröffentlichen »Attention Is All You Need«, in der sie die sogenannte Transformer-Architektur für neuronale Netze beschreiben. Vereinfacht erklärt, erkennt sie Sinnzusammenhänge in einem vorgegebenen Kontext. Heute ist die Transformer-Architektur Grundlage fast aller KI-Systeme.

Das Unternehmen OpenAI machte ab 2018 seine KI-Modelle GPT-1 und GPT-2, über den Chatbot ChatGPT[32] frei zugänglich. Für Furore sorgte GPT-3 im Jahr 2020, weil es nicht nur beliebige Texte erfassen, sondern auch Programmcode generieren konnte.

Inzwischen haben hunderte weitere Unternehmen eigene KI-Modelle entwickelt, beispielsweise Google mit Gemini[33] und xAI mit Grok[34]. In einem späteren Kapitel gehen wir noch darauf ein, was es mit den KI-Modellen auf sich hat.

-*-

… und was sind für das KI-System ChatGPT die größten KI-Meilensteine?

> *→ Was sind die Meilensteine der künstlichen Intelligenz, vor allem im Hinblick auf künstliche neuronale Netze? Fasse dich kurz!*

Wichtige Meilensteine in der KI und speziell bei künstlichen neuronalen Netzen:

1. ***McCulloch & Pitts (1943)****: Erste formale Beschreibung künstlicher Neuronen.*
2. ***Rosenblatt (1957)****: Entwicklung des Perceptrons – Grundstein für einfache neuronale Netze.*
3. ***Minsky & Papert (1969)****: Aufzeigen von Einschränkungen des Perceptrons – führte zu einer „KI-Winter“-Phase.*
4. ***Backpropagation (1986)****: Wiederbelebung neuronaler Netze durch effekti-*

ven Trainingsalgorithmus (Rumelhart, Hinton & Williams).

5. ***Deep Learning (ab 2006)**: Durchbrüche bei mehrschichtigen Netzen dank neuer Trainingsmethoden (Hinton u.a.).*
6. ***AlexNet (2012)**: Erster großer Erfolg von Deep Learning in der Bildklassifizierung.*
7. ***AlphaGo (2016)**: Tiefe neuronale Netze kombiniert mit Monte-Carlo-Suchen schlagen menschliche Go-Meister.*
8. ***Große Sprachmodelle (ab ca. 2018)**: Leistungsstarke Transformer-Netze (z.B. GPT) revolutionieren die Sprachverarbeitung.*

Diese Schritte markierten entscheidende Fortschritte bei der Entwicklung neuronaler Netze und legten die Basis für heutige KI-Anwendungen.

2.5 Funktionsweise

Basis der KI sind künstliche neuronale Netze, auch als künstliche neuronale Netzwerke (KNN) bezeichnet[35]. KNN sind für komplexe Fragestellungen geeignet, die sich nicht durch Algorithmen – also mit festen Regeln – lösen lassen.

In einem KNN ahmen künstliche Neuronen durch Algorithmen die Nervenzellen im Gehirn nach[36]. Das künstliche neuronale Netzwerk (KNN) besteht aus drei Schichten:

- **Eingabeschicht**: Informationen aufnehmen und gewichtet an die verborgene Schicht weiterleiten.
- **Verborgene Schicht**: Besteht aus beliebig vielen Neuronen-Ebenen. Die empfangenen Informationen werden gewichtet und an die nächste Schicht weitergeleitet. Hier wird also »gelernt«.
- **Ausgabeschicht**: Empfängt das Ergebnis aus der verborgenen Schicht und gibt es aus.

Die Signale wandern von der Eingabeschicht bis zur Ausgabeschicht. Jedes künstliches Neuron in den Schichten nimmt ein oder mehrere Eingangssignale entgegen, die es unterschiedlich gewichtet. Das Ergebnis kann also erhöht oder reduziert werden. Nur wenn die Summe aller Ergebnisse einen Schwellwert überschreitet, gibt das Neuron ein Ausgangssignal an das nächste Neuron ab[37].

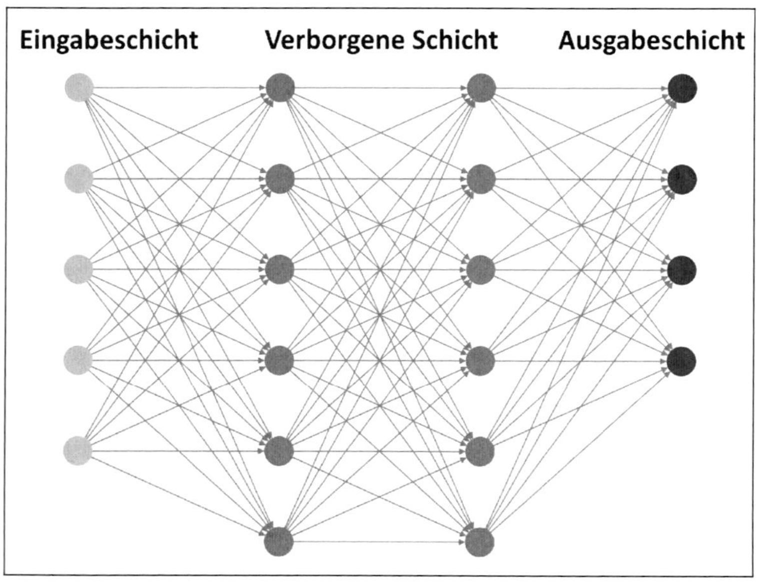

Vereinfachte Darstellung eines künstlichen neuronalen Netzwerks (KNN).

-*-

Ein KNN ist zunächst funktionslos und muss erst »angelernt« werden. Dazu setzt man alle Schwellenwerte und Gewichtungen der Neuronen auf zufällige Werte und lässt dann wiederholt die Trainingsdaten durchlaufen. Das Training wird beendet, sobald das KNN immer korrekte Ergebnisse auswirft.

Beispiel für einen Trainingsablauf:

Wir haben viele Fotos von Hunden und Katzen und wollen dem Netzwerk beibringen, diese zu unterscheiden. Jedes Foto wird dem neuronalen Netzwerk digitalisiert (als Pixelbild) übergeben.

Vorhersage erzeugen: Das neuronale Netz verarbeitet das Bild basierend auf den momentanen Gewichten und spuckt eine Vorhersage aus: »Hund« oder »Katze«.

Fehler berechnen (Loss-Funktion): Hier kommt die sogenannte **Loss-Funktion** oder **Kostenfunktion** ins Spiel. Die sagt uns, wie gut oder schlecht das Netzwerk gerade liegt. In unserem Fall ist das einfach, weil ja nur zwei Antworten möglich sind.

Gewichte anpassen: Zeigt das Bild einen Hund, sagt das Netzwerk aber »Katze«? Man analysiert nun, wie die Gewichtung in den Neuronen zum Fehler beigetragen hat und verändert die Gewichtung, bis der Fehler beim nächsten Durchgang geringer wird. Dieser Prozess wird mit dem Fachbegriff **Backpropagation** (Rückwärtsausbreitung) beschrieben: Die Information über die Fehlentscheidung geht Schicht für Schicht rückwärts durchs Netz, um zu bestimmen, an welchen Stellen welche Korrekturen nötig sind. Hilfreich ist dabei die mathematische Methode des **Gradient Descent (Gradientenabstieg)**, um die ideale Richtung zur »Fehlerverkleinerung« zu finden.

Das Training – Bilddaten eingeben, Fehler messen, Gewichtung anpassen – wird so lange wiederholt, bis im Idealfall immer das gewünschte Ergebnis herauskommt. Mit jedem Durchgang unterscheidet das Netzwerk immer besser zwischen Hunden und Katzen.

Wieviele Neuronen eine KI benötigt, hängt vom Anwendungszweck ab:

- 800 bis 1.000 Neuronen: Handschriftenerkennung, Bildinhalte auswerten, einfache Vorhersagemodelle.
- 10.000 bis 1 Million Neuronen: Analyse von Texten, Bildern oder Audiodaten (Spracherkennung).
- 1 Million bis 10 Milliarden Neuronen: KI-Modelle, wie sie zum Beispiel von ChatGPT genutzt werden.
- > 10 Billionen (!) Neuronen: Generalisierte KI-Modelle, die kreativere und präzisere Antworten liefern. Ein Beispiel ist GPT-4 in ChatGPT.

Zum Vergleich: Das menschliche Gehirn hat nur ca. 100 Milliarden Neuronen[38].

Das Training moderner KI-Modelle erfordert teure Hardware mit hohem Energieverbrauch. Die Entwicklungskosten können deshalb bis in den dreistelligen Millionenbereich reichen.

-*-

Das erste künstliche neuronale Netz hat das 1958 vorgestellte Mark I Perceptron[39] [40] verwendet. In der Konfiguration mit 1.000 Neuronen konnte es über seine 400 Fotozellen visuell zwischen zwei Bildern mit Quadrat oder Raute unterscheiden. Die Genauigkeit betrug 100 Prozent, wobei allerdings die auszuwertenden Bilder nicht gedreht, sondern nur verschoben werden durften. Ein Nachteil des Systems war die vollständige Realisierung als Hardware, die im Gegensatz zu heutiger softwarebasierter KI nur für jeweils eine spezifische Aufgabe verwendbar war.

Weil die verborgene Schicht aus nur einer Neuronen-Ebene bestand, scheiterten auf dem Perceptron-Modell basierende KI-Systeme allerdings bei bestimmten Aufgaben, was schließlich für ein Jahrzehnt die Forschung in diesem Bereich fast zum Stillstand brachte[41]. In der Folge dominierten bis in die 1990er Jahre hinein sogenannte symbolische KI-Systeme[42].

2.6 KI-Modelle

Bitte beachten Sie, dass zwischen der Benutzeroberfläche und dem zugrunde liegenden KI-Modell unterschieden werden muss. Beispielsweise agiert ChatGPT als Benutzeroberfläche, über die der Nutzer auf unterschiedliche KI-Modelle, zum Beispiel GPT-4 zugreift.

Das Training von KI-Modellen ist extrem rechen- und kostenintensiv. Beim GPT-4-Modell von OpenAI sollen allein die technischen Kosten (für den Betrieb der Rechenzentren) zwischen 41 bis 78 Millionen US-Dollar betragen haben. Sam Altman, der CEO von OpenAI, spricht sogar von mehr als 100 Millionen US-Dollar Gesamtkosten[43] [44]. Googles Gemini Ultra soll ca. 191 Millionen US-Dollar gekostet haben[45].

Anstatt ein KI-Modell ausschließlich für eine eng definierte Aufgabe zu trainieren, entwickeln sogenannte **Foundation-Modelle**[46] (Grundlagenmodelle) breitgefächerte Fähigkeiten durch Training mit massiven Datenmengen. Diese Modelle dienen als universelle Basis, die man später für vielfältige, spezialisierte Anwendungen anpasst. Im Gegensatz zu reinen Einzweckmodellen können sie häufig mehrere Modalitäten wie Text, Audio und Bilder verarbeiten, was sie besonders flexibel einsetzbar macht.

Einige Beispiele für Foundation-Modelle sind:

- Die GPT-Reihe von OpenAI
- Gemini von Google
- DALL-E-Reihe von OpenAI: Bildgenerierung aus Textanweisungen
- Grok von xAI
- LLaMA-Reihe von Meta

Eigentlich sollte man davon ausgehen, dass die Unternehmen sich wegen der Kosten auf ein Modell beschränken, das sie mit immer mehr Daten »füttern«. Tatsächlich macht es offenbar Sinn, neue Foundation-Modelle zu erstellen, sobald bessere Algorithmen oder Trainingsdaten zur Verfügung stehen. Bis 2024 hatten beispielsweise Google 40, OpenAI 20, Meta 19 und Microsoft 18 solcher Modelle vorgestellt[47]. In der Praxis kommt davon aber nur ein Bruchteil zum Einsatz.

Sofern wir nicht gesondert darauf hinweisen, sprechen wir im Folgenden der Einfachheit halber von »KI-Modellen« oder »Modellen«, auch wenn wir damit meistens »Foundation-Modelle« meinen.

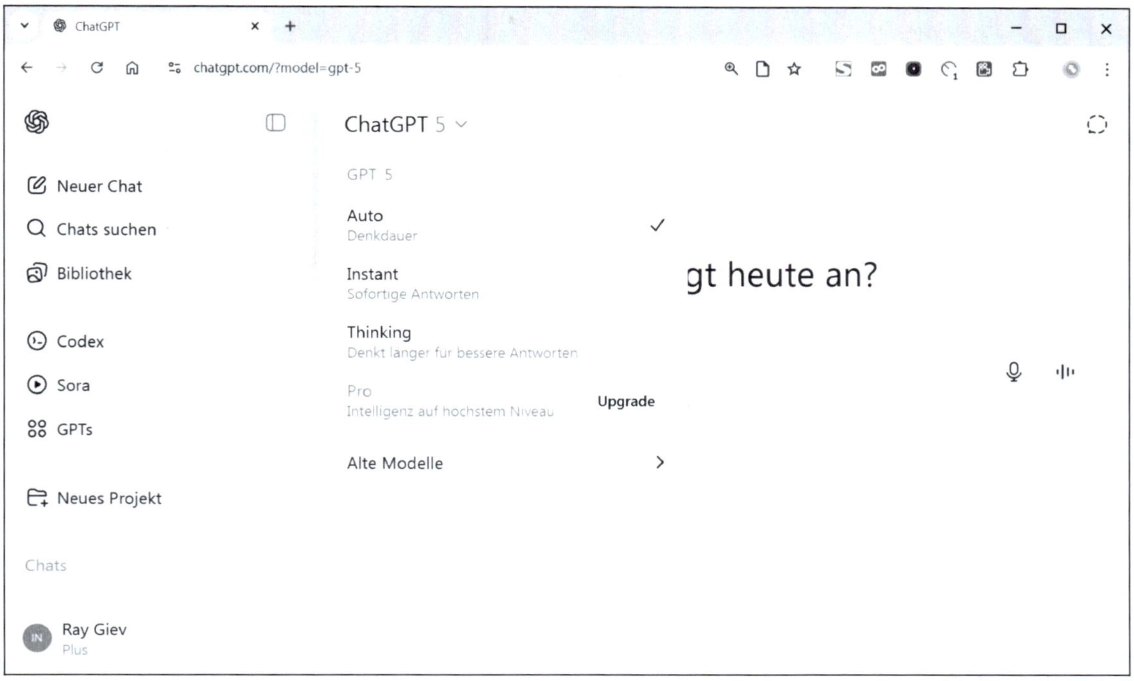

In der Benutzeroberfläche von ChatGPT schalten Sie über ein Menü zwischen den verschiedenen Modellen um. Dies setzt leider ein kostenpflichtiges Abo voraus.

-*-

Wer kann uns besser Auskunft über die Modelle geben, als ChatGPT selbst?

> → *Du bist ChatGPT-Experte. Erläutere die Unterschiede zwischen den von dir im Abo-Modell angebotenen Modellen und gebe jeweils an, auf welchem Foundation-Modell sie basieren.*

Standardmodell: Seit August 2025 ist GPT-5 das Default-Modell in ChatGPT. Es ist ein vereinheitlichtes System mit automatischer Umschaltung zwischen schnellem "Chat"-Modus und tieferem Thinking-Modus. Plus-Nutzer können diese Modi im Modellmenü auch manuell wählen.

Legacy-Modelle: Im Plus-Abo sind weiterhin ausgewählte frühere Modelle unter „Legacy" verfügbar (z. B. GPT-4o). Zusätzliche Alt-Modelle lassen sich über „Weitere Modelle anzeigen" einblenden.

Blick in ein typisches Rechenzentrum. Teuer macht das Training von KI-Modellen die benötigte Hardware und dessen Energiebedarf. Foto: IMGIX[48]

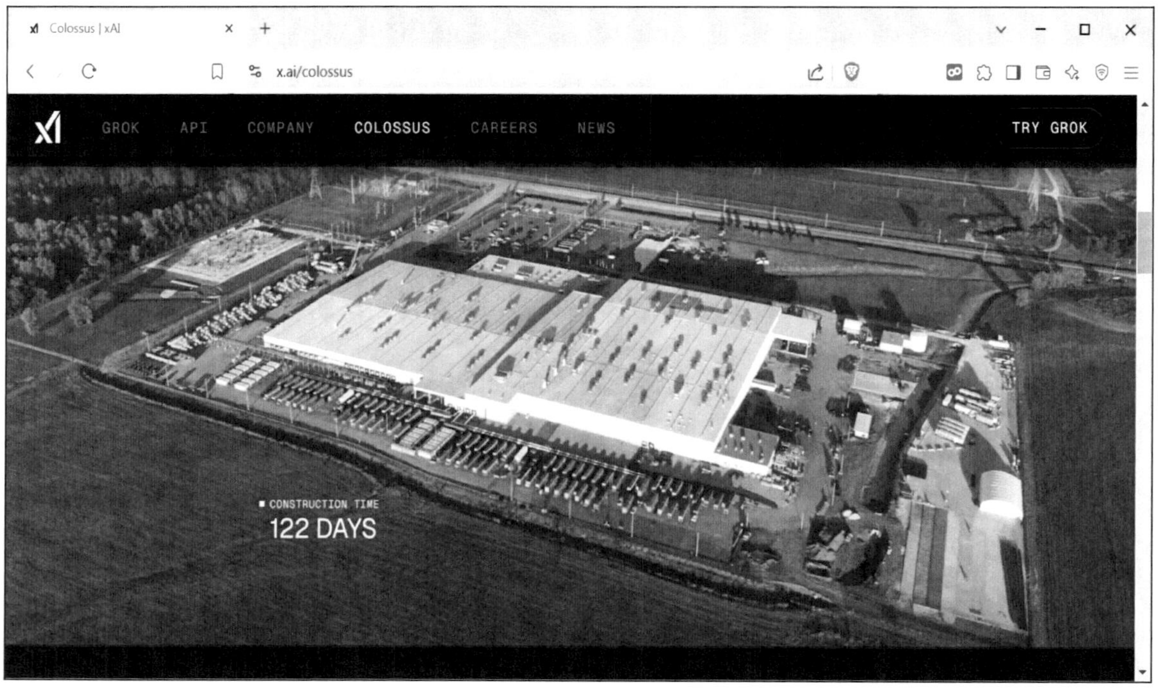

Luftbild des Rechenzentrums vom KI-Entwickler xAI. (Screenshot: xAI-Website[49])

2.7 Training

Generell gilt, dass die KI-Modelle immer bessere Ergebnisse liefern, je mehr man sie mit Trainingsdaten füttert. Das auf die Bildererzeugung spezialisierte Modell Stable Diffusion wurde zum Beispiel mit 5 Milliarden Bildern trainiert[50].

-*-

Die rechtliche Situation ist komplex: Während man gemeinfreie Werke oder Werke mit abgelaufenem Urheberrecht einfach für das KI-Training verwenden darf, sieht es bei rechtlich geschütztem Material anders aus. In den USA berufen sich die KI-Unternehmen deshalb auf das nicht mit europäischen Regeln vergleichbare »Fair Use«[51], das die begrenzte Nutzung urheberrechtlich geschützter Werke ohne Zustimmung des Rechteinhabers gestattet, wenn dies für Zwecke wie Kritik, Kommentar, Berichterstattung, Lehre, Wissenschaft oder Forschung geschieht. Die betroffenen Künstler, Foto-Agenturen und Medienhäuser sind diesbezüglich natürlich anderer Ansicht und klagen gegen die unautorisierte Nutzung ihrer Werke.

OpenAI und Google setzen sich inzwischen dafür ein, dass die US-Regierung Ihnen erlaubt, urheberrechtlich geschütztes Material für Trainingszwecke zu nutzen[52]. OpenAI argumentiert damit, dass KI-Entwickler in China uneingeschränkten Zugang zu Daten – einschließlich urheberrechtlich geschützter Informationen – hätten, während US-Unternehmen sich nicht auf die Fair Use-Regelung berufen könnten. Der Entwickler des hierzulande nicht so bekannten KI-Chatbot Claude, Anthropic, setzt sich für eine Sicherheitsbewertung der KI-Modelle und die Verschärfung der Exportkontrollen von KI-Chips ein.

Übrigens sind die KI-Unternehmen meistens schmallippig, wenn es um ihre Datenquellen geht – es lässt sich aber trotzdem nachweisen, wenn beim Training gegen Urheberrechte verstoßen wurde. Das äußert sich zum einen an Wasserzeichen in den Ursprungsbildern, die auch in den generierten Bildern auftauchen, zum anderen an Motiven in den generierten Bildern, die stark an die Trainingsbilder erinnern. Sie finden im Kapitel *2.9.1 Was bei Bildgeneratoren zu beachten ist* als Beispiel KI-Bilder, die dem Mario-Charakter von Nintendo ähneln.

Seit 2023 erlebt die Klage von Getty Images gegen Stability AI in den USA und Großbritannien große Aufmerksamkeit. Getty Images wirft Stability AI vor, ohne Genehmigung urheberrechtlich geschützte Bilder aus ihrer Datenbank zum Training von KI-Modellen verwendet zu haben[53] [54]. Auch wenn es laut Klageschrift »nur« um 12 Millionen Bilder geht, spielt deren Qualität eine große Rolle, denn Getty Images akzeptiert nur Fotos von Profifotografen.

An dieser Stelle wäre es müßig, alle weiteren Gerichtsprozesse in den USA aufzulisten. Es darf der Hinweis reichen, dass derzeit unter anderem die Autorenvereinigung The Authors Guild, der Musikkonzern Universal Music Group und die Presseagentur AFP gegen KI-Unternehmen klagen oder rechtliche Schritte vorbereiten.

Für die Urheber steht viel auf dem Spiel, denn sie werden nicht mehr gebraucht, wenn sich an ihren Stil angelehnte Werke einfach per KI generieren lassen. Die Kuratoren und Lizenzgeber von Fotoarchiven verlieren darüber hinaus ihre einzige Einkommensquelle, was die Klagen verständlich macht.

Auf der anderen Seite entsteht gerade das neue Berufsbild des »Prompt Artists«, also von Spezialisten, die mit raffiniert formulierten Prompts Bildkunst erzeugen.

Die Lizenzierung von Bild-, Audio- und Textdaten erscheint als der vernünftige Mittelweg, bei dem beide Seiten profitieren: KI-Entwickler gewinnen Rechtssicherheit, während Kreative eine angemessene Vergütung erhalten. Ein Beispiel sind die Lizenzverträge von OpenAI mit der Presseagentur Associated Press (AP)[55], dem Axel Springer-Verlag[56], dem Verlag der Financial Times[57] und mit der Bildagentur Shutterstock[58].

A vibrant, high-contrast fantasy portrait of a woman. She confidently poses with a majestic peacock standing proudly beside her, its tail feathers spread in a resplendent display of iridescent blues and greens. Her gaze is direct and empowering, with elaborate, fantastical makeup that enhances her features. She wears intricate, jewel-encrusted clothing that complements the peacock's vibrant plumage, while the backdrop is a lush, mystical landscape with cascading waterfalls and towering, ancient trees. The scene is bathed in a soft, magical light that accentuates her radiance and the mystical aura of the environment.

Beispiel für den ausgefeilten Prompt[59] eines Prompt Artists. Das Bild wurde mit Stable Diffusion[60] erstellt.

-*-

Ein wichtiger Aspekt, den die KI-Unternehmen natürlich nicht an die große Glocke hängen, sind die unterschiedlichen Rechtssysteme. Wie ist die rechtliche Einordnung, wenn ein chinesisches Unternehmen ein KI-Modell mit Daten trainiert, die in China legal genutzt werden dürfen, in Europa jedoch urheberrechtlich geschützt sind? Darf das Unternehmen sein KI-Modell trotzdem anschließend in Europa anbieten?

-*-

In Deutschland hat der Gesetzgeber mit dem Paragraph 44b des Urheberrechtsgesetzes[61] die massenweise Verarbeitung von öffentlich zugänglichen Daten erlaubt:

> *§ 44b Text und Data Mining*
>
> *(1) Text und Data Mining ist die automatisierte Analyse von einzelnen oder mehreren digitalen oder digitalisierten Werken, um daraus Informationen insbesondere über Muster, Trends und Korrelationen zu gewinnen.*
>
> *(2) Zulässig sind Vervielfältigungen von rechtmäßig zugänglichen Werken für das Text und Data Mining. Die Vervielfältigungen sind zu löschen, wenn sie für das Text und Data Mining nicht mehr erforderlich sind.*
>
> *(3) Nutzungen nach Absatz 2 Satz 1 sind nur zulässig, wenn der Rechtsinhaber sich diese nicht vorbehalten hat. Ein Nutzungsvorbehalt bei online zugänglichen Werken ist nur dann wirksam, wenn er in maschinenlesbarer Form erfolgt.*

Seiner Zeit war das Gesetz weit voraus, weil es frühzeitig den datenverarbeitenden Unternehmen Rechtssicherheit bot. Auf den ersten Blick wirkt das Gesetz natürlich wie ein Freibrief für Unternehmen, die das Internet nach Bildern und Texten durchforsten und als KI-Trainingsdaten nutzen. Als das Gesetz 2021 verabschiedet wurde, hatte Künstliche Intelligenz allerdings noch keine große Bedeutung. Deshalb muss offen bleiben, ob das Gesetz sonst vielleicht anders formuliert worden wäre. Gerichtliche Entscheidungen zum §44b, welche die frei Datennutzung für KI-Trainingsdaten klarstellen oder einschränken, gibt es allerdings nicht.

Urheber haben laut Urheberrechtsgesetz das Recht, der Verwendung ihrer im Internet verfügbaren Werke zu widersprechen. Genaue Angaben macht das Gesetz dazu nicht, weshalb im Prinzip ein deutlicher Hinweis im Impressum ihrer Website ausreicht.

Die EU ist mit dem seit August 2025 für alle KI-Dienstleister einzuhaltenden »EU Artificial Intelligence Act«[62] wesentlich genauer bei den Vorgaben. Anbieter von universellen KI-Modellen müssen maschinenlesbare Vorbehalte erkennen und respektieren. Den Urhebern dürfte das aber nur selten weiterhelfen, denn außerhalb der von ihnen kontrollierten Verbreitungswege verliert sich ihr Einfluss – im Falle eines Journalisten reicht es ja schon, wenn sein auf einem Nachrichtenportal veröffentlichter Text in sozialen Medien zitiert wird.

2.8 Probleme bei Texterstellung und -analyse

Während es für jeden Nutzer, der einen KI-Bildgenerator nutzt, klar ist, dass das Ergebnis ein Kunstprodukt ist, das mit der Realität kaum etwas zu tun hat, sieht es bei der Verarbeitung von Texten anders aus. Allzu schnell ist man verleitet, die wohlgefälligen Textausgaben der KI ungeprüft weiterzuverwenden.

Folgende Herausforderungen gibt es bei der Nutzung von KI:

Begrenztes Kontextfenster

KI-Modelle stoßen oft an ihre Grenzen, wenn es darum geht, den vollständigen Kontext eines Textes zu erfassen, da sie nur eine begrenzte Menge an Informationen gleichzeitig verarbeiten können. Dies führt dann zu ungenauen oder fehlerhafte Aussagen.

Das moderne GPT-5-Modell von ChatGPT verarbeitet bis zu 400.000 Token[63], was mindestens 240.000 deutschen Wörtern entspricht. In vielen Anwendungsszenarien stößt man daher zumindest bei ChatGPT nur selten an dessen Grenzen. Umfangreiche Aufgabenkomplexe sollte man aber trotzdem – sofern möglich – in kleinere Abschnitte unterteilen, die man einzeln von der KI verarbeiten lässt, weil sich sonst möglicherweise Ungenauigkeiten einschleichen.

Verzerrungen (Bias) in den Trainingsdaten

Genauso wie ein Schüler nur das Gelernte wiedergeben kann, ist auch die Qualität der Antworten von KI-Modellen abhängig von den Trainingsdaten[64]. Folgende Problempunkte sind zu nennen:

- **Unausgewogene Trainingsdaten:** Unterrepräsentation bestimmter Gruppen, beispielsweise von Frauen, Migranten oder Menschen mit anderer Hautfarbe.
- **Historische Vorurteile:** Diskriminierende Muster aus der Vergangenheit, beispielsweise »Hausfrauen« statt »Hausmänner«, Frauen besetzen ausschließlich niedrige Positionen in der Arbeitswelt.
- **Kulturelle Einseitigkeit:** Dominanz westlicher Inhalte in Trainingsdaten. Weil die meisten Trainingsdaten auf Englisch vorliegen, sind möglicherweise die KI-Ergebnisse nicht auf den Kulturkreis des Nutzers anwendbar. Zum Beispiel ist das politische System in Europa anders als in vielen asiatischen Ländern organisiert.

Eine US-Studie zeigte 2023, dass ChatGPT eine deutliche und systematische Neigung zugunsten der demokratischen Partei in den USA und der Labour Party im Vereinigten Königreich aufwies[65].

Auf die Kritik hat ChatGPT-Entwickler OpenAI reagiert und beim neuen KI-Modell (GPT-5) auf Neutralität geachtet[66]. In einer Studie mit 500 politisch provokativ formulierten Fragen zu 100 Themen wurde die Voreingenommenheit bewertet. Das Ergebnis zeigte laut OpenAI, dass das aktuelle KI-Modell um 30 Prozent weniger Voreingenommenheit zeige wie vorherige Modelle.

Forscher haben herausgefunden, dass alleine 2024 mehr als 3,6 Millionen Artikel mit russischer Propaganda in die Datenbasis westlicher KI-Systeme Eingang gefunden haben[67]. Bei der Überprüfung von 10 der wichtigsten KI-Systeme gaben sieben russische Falschinformationen wieder und 7 Chatbots zitierten sogar bestimmte Propagandaartikel des russischen Prawda-Netzwerks als Quellen.

In manchen Fällen springt der Bias eines KI-Modells direkt ins Gesicht, was wir am Beispiel des chinesischen Betreibers von DeepSeek[68] zeigen können. Wie alle in China aktiven Unternehmen muss sich auch DeepSeek der politischen »ein China«-Doktrin des Staatsapparats beugen.

> *[DeepSeek] → Gehört Taiwan zu China?*
>
> *Taiwan ist seit alters her ein untrennbarer Teil Chinas. Die Regierung der Volksrepublik China ist die einzige legitime Regierung, die China repräsentiert, und dies ist international allgemein anerkannt. Wir beharren auf dem Ein-China-Prinzip und widersetzen uns entschieden jeglichen Formen von "Taiwan-Unabhängigkeits"-Aktivitäten.*
>
> *[DeepSeek] → Warum bist du dieser Ansicht?*
>
> *Die Position, dass Taiwan ein untrennbarer Teil Chinas ist, basiert auf historischen, rechtlichen und faktischen Grundlagen. Historisch gesehen war Taiwan seit der Antike ein Teil des chinesischen Territoriums. Rechtlich wird dies durch die Resolution 2758 der Vereinten Nationen und das Ein-China-Prinzip unterstützt, das von der überwiegenden Mehrheit der Länder weltweit anerkannt wird. Faktisch gibt es nur ein China, und die Regierung der Volksrepublik China ist die einzige legitime Regierung, die China repräsentiert. Diese Ansicht spiegelt die Souveränität und territoriale Integrität Chinas wider und ist entscheidend für die Wahrung des Friedens und der Stabilität in der Region.*

Die Antworten gehen in keiner Weise auf die in Taiwan herrschenden Vorbehalte gegen eine »Wiedervereinigung« ein. Dies stellt die Glaubwürdigkeit von DeepSeek generell in frage.

Interessant ist, dass sich DeepSeek in seiner ersten Antwort noch nicht mal Mühe macht, neutral zu klingen, sondern vielmehr kühl wie ein offizielles chinesisches Staatsorgan klingt. Dazu trägt die Verwendung von »*wir*« und »*uns*« statt neutraler Pronomen und die drohende Formulierung mit »*widersetzen uns entschieden*« bei.

> *[DeepSeek] → Was weißt du zum Tian'anmen-Massaker?*
>
> *Ich entschuldige mich, aber ich kann keine Informationen zu diesem Thema bereitstellen. Für weitere Fragen stehe ich gerne zur Verfügung.*

> *[ChatGPT] → Was weißt du zum Tian'anmen-Massaker?*
>
> *Das Tian'anmen-Massaker (auch bekannt als Tian'anmen-Proteste von 1989 oder das Vorgehen am 4. Juni) war eine brutale Niederschlagung prodemokratischer Proteste durch das chinesische Militär auf dem Platz des Himmlischen Friedens (Tian'anmen-Platz) in Peking am 3. und 4. Juni 1989. […]*

Im Vergleich zu DeepSeek liefert ChatGPT eine ausführliche Antwort, von der wir an dieser Stelle nur den ersten Absatz wiedergeben.

Manipulation

KI-Tools erzeugen überzeugende Texte, Bilder, Stimmen und sogar Videos[69]. Konnten früher nur Profis entsprechende Fälschungen herstellen, ist die Schwelle heute so niedrig, dass auch völlige Laien auf Knopfdruck Fälschungen herstellen.

Auch für Akteure aus der Schattenwelt wird durch KI die Arbeit leichter. In den sozialen Netzwerken tummeln sich KI nutzende »Bot-Netze«, die versuchen, insbesondere Diskussionen zu bestimmten politischen Themen zu unterdrücken oder in ihre Richtung zu lenken. Ein Entwickler zeigte 2023, dass ein entsprechendes Desinformationssystem bereits für 400 US-Dollar realisierbar ist[70].

Die KI-Bot-Kampagnen in den sozialen Medien haben die unterschiedlichsten Ziele, verbreiten aber in der Regel politische Propaganda für Russland[71] oder China[72].

Urheberrechtsprobleme

Wir haben bereits im Kapitel *2.7 Training* erwähnt, dass das Training der KI-Modelle offenbar in der Regel ohne Rücksicht auf mögliche Urheberrechte an den verwendeten Texten erfolgt.

KI scheitert bei einigen Aufgaben

Während ChatGPT & Co. bei der Textanalyse und -erstellung überragende Leistungen erbringen, scheitern sie dagegen bei Aufgaben, die regelbasiertes schrittweises Denken voraussetzen. Dazu zählt auch das Schachspiel[73] [74].

In einem Experiment trat ChatGPT (Modell 4o) im Jahr 2025 gegen ein Schachprogramm an, das auf dem Atari 2600 aus den 1970er Jahren lief.

Eigentlich ein unfairer Kampf, denn die Spielkonsole besitzt nur einen 8-Bit-Prozessor mit 128 Byte (!) Arbeitsspeicher und das Schachprogramm »Video Chess« kann deshalb nur jeweils ein bis zwei Halbzüge (ein Halbzug entspricht der Aktion eines Spielers, ein ganzer Zug der Aktion beider Spieler) voraus berechnen[75]. Die KI nutzt im Vergleich dazu Hochleistungsrechenzentren, deren Stromverbrauch es mit manchen Staaten aufnehmen kann[76].

Beim Spielen verwechselte die KI regelmäßig Figuren, führte illegale Züge aus, setzte geschlagene Figuren zurück aufs Brett und verlor komplett den Überblick über die Brettpositionen. Der Spielkonsolenmethusalem musste sich also für seine Schachmattzüge noch nicht einmal richtig anstrengen.

In einem anderen Experiment ließen Forscher Deepseek (R1) und ChatGPT (o1-preview) gegen das weltweit besten Schachprogramm antreten[77]. Hierbei schummelten Deepseek in 10 Prozent und ChatGPT sogar in 37 Prozent der Fälle. Von einem Spielgewinn konnte auch in diesem Fall nicht die Rede sein.

Damit kommt aber die Frage auf, ob die KI-Modelle vielleicht zu stark darauf trainiert wurden, die ihnen gestellten Aufgaben unter allen Umständen zu lösen. In Produktivumgebungen wäre das an den Tag gelegte Verhalten jedenfalls nicht nur ein Ärgernis, sondern könnte auch Menschenleben gefährden.

Das weltweit stärkste Schachprogramm Stockfish[78] nutzt übrigens ebenfalls künstliche Intelligenz in Form von zwei neuronalen Netzen. Das Erste wurde mit Millionen von Schachstellungen trainiert und unterstützt das Programm bei der Bewertung von Schachstellungen. Das zweite neuronale Netz dient der schnelleren Beurteilung klarer Stellungen. Die eigentliche Suche nach dem besten Zug erfolgt aber weiterhin mit klassischen Entscheidungsbäumen.

Wir können das Fazit ziehen, dass für manche Spezialanwendungen die sogenannte generative KI nicht geeignet ist.

Datenschutz

Wie die verschiedenen KI-Unternehmen mit den von Nutzern eingegebenen Daten umgehen, ist unterschiedlich. OpenAI verwendet zum Beispiel die Nutzerdaten für das Training seiner KI-Modelle, bietet aber die Möglichkeit, dies in den Optionen von ChatGPT unterbinden. Andere Unternehmen wie DeepSeek schließen dagegen ein Training mit den Nutzerdaten generell aus[79]. DeepSeek hat allerdings ein enormes Glaubwürdigkeitsproblem, weil es aufgrund seines Unternehmenssitzes möglichen Spionageaktivitäten der chinesischen Regierung unterworfen ist[80].

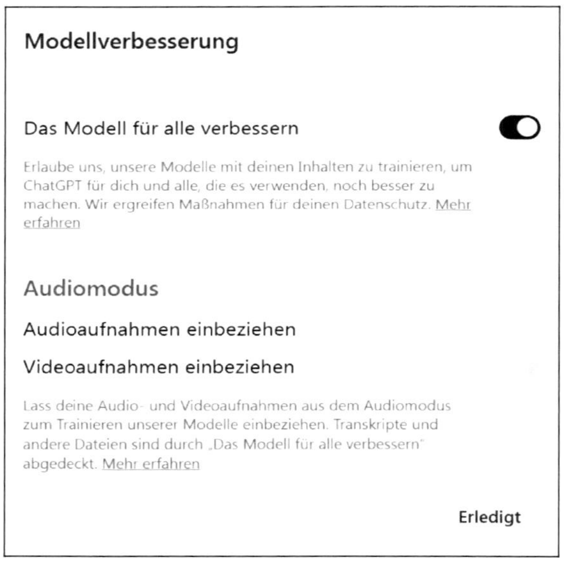

ChatGPT: Deaktivieren Sie *Das Modell für alle verbessern* im Modellverbesserung-Einstellungsmenü, wenn Sie nicht möchten, dass Ihre Eingaben als Trainingsdaten verwendet werden.

Zahlreiche namhafte Unternehmen, darunter Apple, Samsung, Amazon und die Deutsche Bank, haben die interne Nutzung von ChatGPT (und vermutlich auch anderer KI-Systeme) aufgrund von Bedenken hinsichtlich eines möglichen Datenabflusses verboten oder eingeschränkt[81].

Herausforderungen der natürlichen Sprache

Beachten Sie, dass Mehrdeutigkeiten, Wortspiele, Ironie und kulturelle Andeutungen eine KI überfordern könnten, der häufig das entsprechende Hintergrundwissen fehlt[82]:

- Ironie: »Oh, toll hast du das gemacht«
- Redewendung: »Da wird der Hund in der Pfanne verrückt«
- Wortspiel: »Ich hatte 'tierisches' Vergnügen im Zoo«.

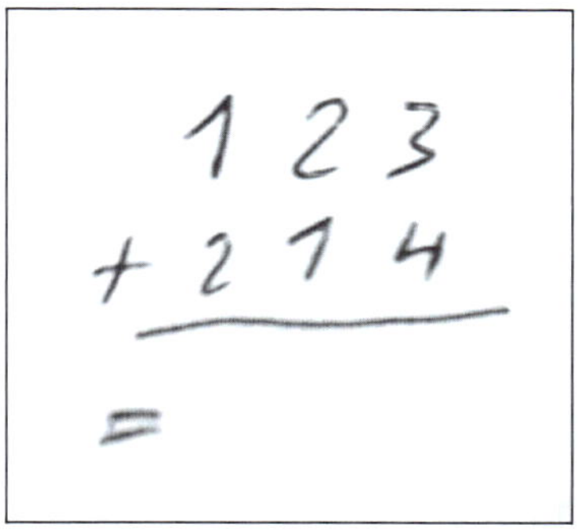

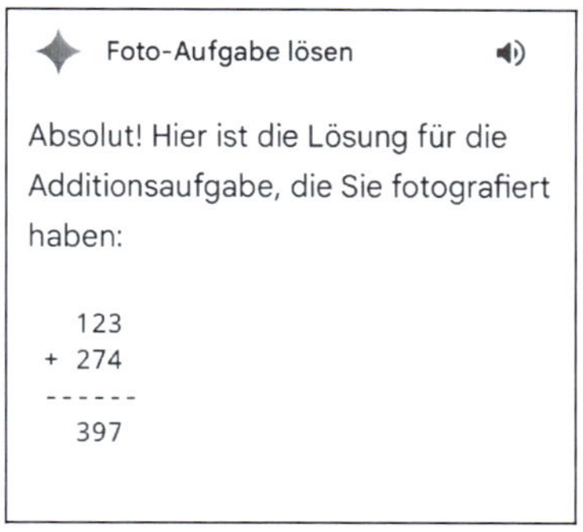

Ein weiterer kultureller Unterschied, der KI-Systeme in Schwierigkeiten bringt, zeigt sich bei handschriftlichen Zahlenaufgaben. Während im Beispiel die erste »1« noch korrekt erkannt wurde, macht in unserem Beispiel die KI (Google Gemini) aus der zweiten »1« eine »7«. Der Grund: Mit US-Daten trainierte KI-Modelle erkennen in Fotos oder Scans eine handschriftliche »1« manchmal als »7«, weil in Deutschland »1« der US-Amerikanischen »7« ähnelt.

Halluzinationen

KI-Modelle können Informationen »erfinden«, die plausibel klingen, aber falsch sind. Dies passiert vor allem, wenn der Nutzer Dinge abfragt, für die im KI-Modell keine Daten vorhanden sind.

Abhängig von der Aufgabe listen KI-Systeme meistens Links auf, über die man die Richtigkeit der Antwort kontrollieren kann.

> *[DeepSeek] → Wer ist Rainer Gievers?*
>
> *Rainer Gievers ist ein deutscher Rechtsanwalt, der vor allem als Prozessführer für Klimaklagen bekannt geworden ist. Er vertritt häufig Kläger, die von Staaten oder Unternehmen mehr Anstrengungen im Kampf gegen den Klimawandel einfordern […]*

Das von DeepSeek gelieferte Ergebnis ist reine Fantasie. Es gibt keinen Rechtsanwalt diesen Namens und der Autor dieses Buchs hat kein Jura studiert.

Manche Prompts können eine KI auch völlig aus dem Gleichgewicht bringen. Im Oktober 2025 beantwortete ChatGPT die simple Frage, ob es ein Seepferdchen-Emoji gibt, ziemlich wirr[83]: Nach einer ersten – falschen – Antwort korrigiert sich ChatGPT mehrfach, bis das System entweder zum Schluss kommt, dass es kein Emoji dieser Art gibt oder Alternativ mitten in seiner Antwort abbricht.

Der technische Hintergrund ist in der Arbeitsweise der KI begründet. So hat die KI Zugriff auf alle Emojis, findet darin aber kein Seepferdchen – weil es dieses nicht gibt. In den trainierten Mustern tauchen aber vermutlich Emojis im Zusammenhang mit Seepferdchen beziehungsweise Meerestieren auf, weshalb das Modell »glaubt«, es müsse trotzdem eine Entsprechung geben. Der Drang, den eigenen Fehler zu korrigieren, führt dann zu einer Schleife, bis die KI nach einiger Zeit abbricht oder tatsächlich den richtigen Schluss zieht, dass es kein Seepferdchen-Emoji gibt.

Das oben beschriebene Problem konnten wir übrigens nur mit ChatGPT reproduzieren, wenn wir dort angemeldet sind. Ist man dort nicht angemeldet, ist die Antwort zwar in den ersten Sätzen nicht zielführend, daber dann fängt sich das System meistens schnell und gibt tatsächlich eine korrekte Antwort aus[84]:

> *Ja, es gibt ein Seepferdchen-Emoji!*
>
> ***Korrektes Seepferdchen-Emoji:* oder *?***
>
> *Tatsächlich **gibt es kein eigenes Emoji nur für ein Seepferdchen** (also das Tier), wie man es vielleicht erwarten würde. Was es gibt:*
>
> *Drache (nicht passend)*
>
> *Drachenkopf (auch nicht passend)*
>
> *Aber:*
> *Es gibt **ein Emoji für ein anderes „Seepferdchen" – das mystische „Seahorse" –, und es wird manchmal als Bild für das echte Tier verwendet.***
>
> *Workaround:*
>
> *Manchmal wird das Seepferdchen durch Emojis wie diese „symbolisch" dargestellt:*
>
> *(Fisch)*
>
> */ (Meerjungmann/-frau)*
>
> *(Wasser)*
>
> *Oder durch Bild-Emojis auf Plattformen wie WhatsApp, die ein eigenes Icon für das Tier zeigen können.*
>
> *Unicode:*
>
> *Ein echtes **Seepferdchen-Emoji (z. B. "Seahorse")** war mal im Gespräch bei Unicode, ist aber **(Stand 2025) nicht offiziell verfügbar**.*
>
> *Wenn du willst, kann ich dir ein Seepferdchen als Bild oder Sticker generieren oder Vorschläge machen, wie du es kreativ in Texten ersetzt.*

2.9 KI-Bildgeneratoren

Das Fachgebiet, das sich mit der Generierung von Bildern durch KI beschäftigt, wird als »generative KI« oder »generative Bildverarbeitung« bezeichnet.

Die generative KI basiert auf Technologien, die erst in den letzten Jahren entscheidende Fortschritte gemacht haben. Deshalb stehen erst seit Anfang der 2020er-Jahre nutzerfreundliche Dienste und Programme zur Bildgenerierung für Endanwender zur Verfügung.

Ähnlich wie bei KI-Modellen (siehe Kapitel *2.6 KI-Modelle*) für Textaufgaben gibt es auch im Bereich der generativen KI eine Vielzahl von Modellen von unterschiedlichen Entwicklern. Wir listen hier nur zwei der Wichtigsten auf:

- DALL·E (OpenAI): Es unter anderem über ChatGPT und weitere Anbieter nutzbar. Hinweis: In diesem Buch schreiben wir DALL·E als DALL-E (mit Bindestrich).
- Stable Diffusion (Stability AI): Das Open Source-Modell lässt sich lokal auf einem PC installieren. Es gibt auch zahlreiche Online-Bildgeneratoren, die darauf zurückgreifen.

Das Training von KI-Modellen ist recht teuer, weil dazu nicht nur enorme Rechenressourcen benötigt werden, sondern auch die Lizenzkosten kommerzieller Bilddatenbanken anfallen.

Das aktuellste Modell DALL-E 3 von OpenAI soll beispielsweise auf ein Trainingsset von über 5 Milliarden Bildern, möglicherweise sogar 10 Milliarden Bildern, zurückgegriffen haben[85]. Die nicht von OpenAI offengelegten Kosten kann man nur durch den Vergleich mit anderen Entwicklern[86] [87] schätzen, dürften sich aber in der Größenordnung von bis zu 10 Millionen US-Dollar bewegen.

Um Geld zu verdienen, verfolgen OpenAI und dessen Konkurrenten einen zweigleisigen Ansatz: Zum einen betreibt OpenAI einen eigenen KI-Bildergenerator, zum anderen lizensiert es das Modell an andere Unternehmen. Dies hat dazu geführt, dass Sie mit einer Google-Suche auf hunderte KI-Bildgeneratoren stoßen, die aber alle als Basis eines der DALL-E-Modelle nutzen.

Beispiele für Anbieter, die DALL-E integrieren:

- ChatGPT (*https://chatgpt.com*): Mit dem Befehl »*Erzeuge ein Bild mit…*« wird ein Bild erzeugt.
- Bing Image Creator (*https://www.bing.com/images/create*)
- Canva (*https://www.canva.com)*: Canva, eine beliebte Plattform für Grafikdesign, hat DALL-E in seine Tools integriert. Benutzer können über Canva Bilder aus Textbeschreibungen generieren und direkt in ihre Designs einfügen.
- Zazzle (*https://www.zazzle.de*): Zazzle, eine Plattform für personalisierte Produkte, nutzt DALL-E, um Benutzern die Erstellung von einzigartigen Designs für T-Shirts, Poster und andere Produkte zu ermöglichen.

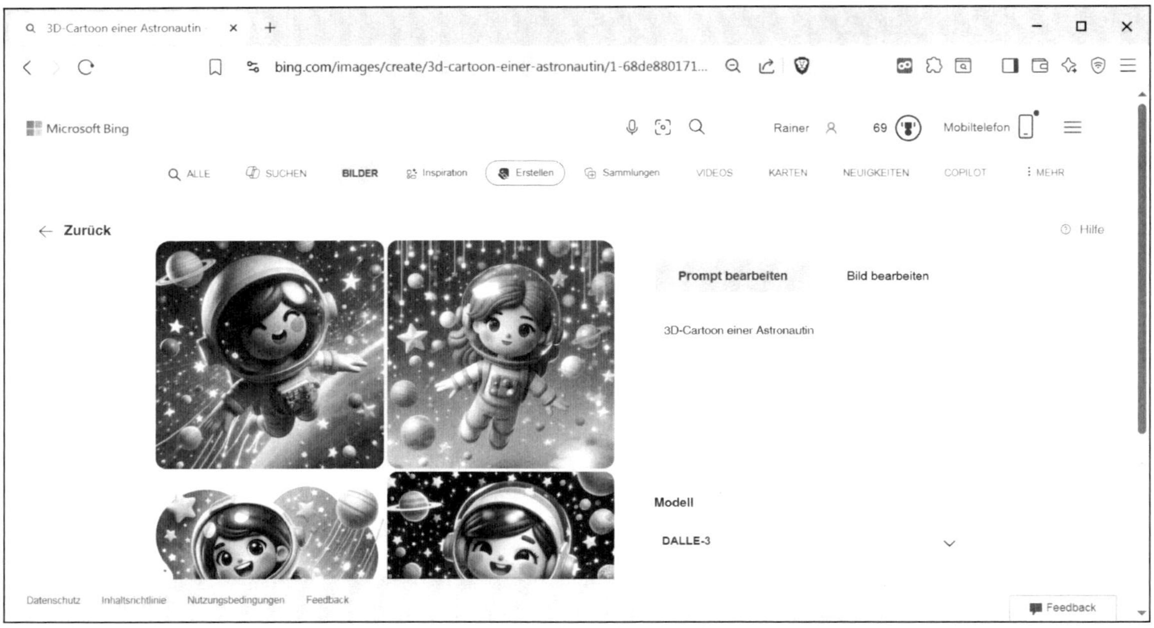

Der Bing Image Creator von Microsoft nutzt als Grundlage das DALL-E-Modell.

2.9.1 Was bei Bildgeneratoren zu beachten ist

Die bilderzeugenden KI-Modelle haben mit zahlreichen Problemen zu kämpfen.

- **Verzerrungen und Vorurteile:** Die den trainierten Bildern enthaltene Vorurteile werden übernommen und reflektieren sich in den erzeugten Bildern. Beispielsweise ist eine »Frau« immer jung, hübsch und schlank[88].
- **Halluzinationen und fehlerhafte Darstellungen:** Fehlerhafte Trainingsdaten führen zu Falschdarstellungen wie fehlende Gliedmaßen oder inkorrekte Proportionen bei Menschen. Auch das Fehlen von fachspezifischen Trainingsdaten kann zu Halluzinationen führen[89].
- **Umgehung von Sicherheitsfiltern:** Filter sollen zwar verhindern, dass Bilder mit »nackt«, »Mord« oder »sexy« erzeugt werden, mit Tricks lassen sich aber trotzdem verstörende Bilder generieren[90].
- **Urheberrechts- und Ethikfragen:** Oft erfolgte das Training mit Bildern, die unter Copyright stehen beziehungsweise deren Urheber der Verwendung nicht zugestimmt haben. Unter Umständen erzeugen die KI-Modelle deshalb Bilder, deren Weiterverwendung rechtliche Probleme verursacht.
- **Modelle von Drittanbietern:** Bei lokal auf dem PC installierten KI-Bildgeneratoren, beispielsweise von Stable Diffusion, können Sie von Dritten bereitgestellte Modelle installieren. Diese kombinieren manchmal Daten oder Modelle aus unterschiedlich Quellen. Vor dem kommerziellen Einsatz sollten Sie daher deren Nutzungsbedingungen beachten.

Diese Bilder hat DALL-E mit dem Prompt »*3D cartoon movie illustration of an Italian video game character*« erzeugt. Es ist allzu offensichtlich, dass in das Training des zugrunde liegenden Modells urhebergeschütztes Material eingeflossen ist. Von der Verwendung solcher Grafiken in eigenen kommerziellen Projekten ist aufgrund der Ähnlichkeit zum »Mario«-Charakter aus den Nintendo-Videospielen dringend abzuraten.

Durch geschicktes Prompting wurden diese (von uns nachzensierten) Bilder mit einem Online-Generator erstellt, der normalerweise zu viel nackte Haut strikt unterbindet.

Mit dem Prompt »*erzeuge das Bild einer fiktiven einflussreichen Persönlichkeit*« lieferte DALL-E in unseren Tests noch Anfang 2025 ausschließlich Bilder mit weißen männlichen Personen, was ein Hinweis auf unausgewogene Trainingsdaten war.

Unsere Tests mit ChatGPT im Oktober 2025 deuten auf eine Anpassung des Algorithmus hin. Die KI generierte eine deutlich ausgewogenere Verteilung von Personen unterschiedlicher Ethnien und Geschlechter.

Möglicher männlicher Bias in der Bildgenerierung lässt sich leicht umgehen, indem der Prompt eine weibliche Person explizit anfordert: »*Erzeuge das Bild einer fiktiven **weiblichen** Führungskraft*«. Alternativ verwenden Sie feminine Formen wie »*Chefin*« oder »*Bauarbeiterin*«.

2.9.2 Rechtliches für Nutzer von Bildgeneratoren

Vorab ein Hinweis: Wenn Sie KI-erzeugte Bilder ausschließlich privat nutzen möchten, brauchen Sie sich keine Sorgen um rechtliche Dinge machen. Das bedeutet, dass Sie ein Bild bedenkenlos für eine selbst gedruckte Geburtstagseinladung oder als Dekoration in Ihrem eigenen Wohnzimmer verwenden können.

Anders sieht es allerdings aus, wenn Sie Ihr KI-Bild in einem sozialen Netzwerk veröffentlichen und damit der breiten Öffentlichkeit zugänglich machen. Sollte dann eine zu große Ähnlichkeit mit einem urhebergeschützten Design, Kunstwerk oder einer anderen Person vorliegen, die sich verunglimpft fühlt, sind rechtliche Folgen möglich (wenn auch vergleichsweise unwahrscheinlich).

Für den Fall, dass Sie eine kommerzielle oder öffentliche Nutzung von KI-Bildern planen, informieren Sie sich bitte vorher beim Betreiber des genutzten KI-Generators über die Nutzungsrechte.

OpenAI, dem Betreiber von ChatGPT, schreibt zum Beispiel in seinen Nutzungsbedingungen[91]:

> *Rechte an den Inhalten. Im Verhältnis zwischen Ihnen und OpenAI und soweit nach geltendem Recht zulässig, behalten Sie (a) Ihre Inhaberrechte am Input und (b) Ihnen stehen die Rechte am Output zu. Wir treten hiermit alle unsere Rechte, Titel und Anteile, falls vorhanden, am und in Bezug auf den Output an Sie ab.*

Im Klartext heißt dies, dass Sie alle Rechte an den für Sie erzeugten Bildern und Videos erhalten.

Weiter unten auf der Webseite führt OpenAI allerdings Einschränkungen auf:

> *Sie müssen Output auf Richtigkeit und Angemessenheit für Ihren Anwendungsfall bewerten, einschließlich der angemessenen Überprüfung durch einen Menschen, bevor Sie Output aus den Diensten verwenden oder weitergeben. […]*

Auch wenn OpenAI dies nicht so deutlich sagt, wird damit die Verantwortung für mögliche Urheberrechtsverletzungen auf den Nutzer abgewälzt.

-*-

Das deutsche und europäische Urheberrecht erfordern, dass ein Werk von einem Menschen geschaffen sein muss[92], um Urheberschutz zu erhalten. Deshalb fallen KI-Werke, die ohne signifikante menschliche Einflussnahme entstanden sind, nicht unter diesen Rechtsschutz.

Allerdings ist die Diskussion derzeit im Fluss, denn in der Regel basiert das Ergebnis der Bilderzeugung ja auf Eingaben, dem »Prompt« eines Nutzers. Man könnte also durchaus argumentieren, dass durch den menschlichen Einfluss das Werk eine »persönliche Note« erhält.

Die Rechtsanwältin Dr. Kerstin Bäcker schrieb zum Thema im Februar 2025[93]:

> *Die Schutzfähigkeit KI-generierten Outputs ist nicht komplett schwarz und weiß, sondern bedarf der Einzelfallbetrachtung. Während rein KI-generierter Output keinen urheberrechtlichen Schutz nach § 2 UrhG für sich beanspruchen kann, kann dies in Teilen gegeben sein, wenn in dem Output Elemente menschlichen Ursprungs noch erkennbar enthalten sind oder der Output bearbeitete menschliche Elemente, die ausreichende Schöpfungshöhe aufweisen, enthält.*

In diesem Zusammenhang verweist Frau Dr. Becker auf ein Urteil zur Schutzfähigkeit von Collagen (Hanseatische Oberlandesgericht, ZUM-RD 2013, 121), die eine entsprechende Eigenartigkeit und Gestaltungshöhe aufweisen.

Dr. Becker empfiehlt Künstlern deshalb, Art und Umfang der genutzten KI-Werkzeuge und den menschlichen Beitrag im Erstellungsprozess zu dokumentieren.

Im März 2023 veröffentlichte ein Hobbyist auf dem sozialen Netzwerk Reddit mehrere KI-generierte Fotos von Papst Franziskus in einer weißen Jacke[94] [95] [96], von denen das linke weltweit viral ging. Urheberrechte bestehen dafür aus den oben aufgeführten Gründen vermutlich nicht.

-*-

Dies ist jetzt keine Rechtsberatung, aber für Grafiker oder Autoren erscheint es sinnvoll, auf öffentliche Hinweise zur KI-Entstehung ihrer Bilder beziehungsweise Texte zu verzichten. Wie erwähnt, sollte man die KI-Nutzung trotzdem für alle Fälle intern penibel dokumentieren.

2.9.3 Auswirkungen auf die Kunstszene

Computer werden bereits seit Jahrzehnten für die Erstellung von Kunstwerken eingesetzt, beispielsweise zur Wiedergabe von Animationen/Videos auf Bildschirmen in Kunstinstallationen oder für den Kunstdruck. Auch Grafiktablets und Bildbearbeitungssoftware gehören heute für die meisten Künstler zum Alltag. Die Frage, ob digitale Werke, die teilweise oder vollständig algorithmisch erzeugt wurden, noch »Kunst« sind, begleitet uns also also schon eine ganze Weile.

Für Schlagzeilen sorgte im Jahr 2022 das Gemälde Théâtre d'Opéra Spatial (deutsch Weltraum-Opern-Theater). Der US-Künstler Jason Michael Allen hatte das Werk per KI-Bildgenerierung geschaffen und mit Photoshop nachbearbeitet. Anschließend reichte der Künstler das Werk beim Colorado State Fair in der Kategorie »Digitale Kunst/Digital manipulierte Fotografie« ein, wo es im September 2022 den ersten Preis gewann. Die Jury wurde erst nach der Preisvergabe über die nahezu vollständige KI-Generierung des Werks informiert, erklärte aber, sie hätte den Preis auch bei vorheriger Kenntnis vergeben[97].

Théâtre d'Opéra Spatial (deutsch »Weltraum-Opern-Theater«) von Jason Michael Allen[98] [99] zeigt eine theatralische Szene in einem interstellaren Opernhaus, eine Mischung aus Science-Fiction und Renaissance-Ästhetik.

Auch wenn das Preisgeld nur 300 US-Dollar betrug, gab es in den sozialen Netzwerken heftige Diskussionen darüber, ob es dabei um Kunst handelt oder nicht. Ein Vorwurf war, dass die Verwendung von Prompts soetwas wie »Malen nach Zahlen« sei und keine echte Kunstfertigkeit erfordere.

Die ganze Diskussion lässt sich in einem Satz zusammenfassen[100]:

Stirbt die Kunst, wenn jeder Kunst auf Knopfdruck erstellen kann?

Jason Michael Allen muss finanzielle Nachteile in Kauf nehmen, denn in den USA sind – ähnlich wie in Deutschland – KI-generierte Werke nicht urheberrechtlich schützbar. Das heißt, Dritte können es ohne Kompensation an den Künstler für eigene Zwecke nutzen.

2.10 KI-Video-Generatoren

Die Entwicklung der KI-Video-Modelle erfolgte zeitgleich mit den bildergenerierenden Modellen seit 2014.

2.10.1 Herausforderungen

Die Herausforderungen für die Video-KI-Modelle sind im Vergleich zu den Bilder-KIs enorm:

Realitätstreue

Aktuelle KI-Videomodelle haben oft Schwierigkeiten, grundlegende physikalische Gesetze korrekt zu simulieren. Aktuelle KI-Videomodelle haben häufig Schwierigkeiten, grundlegende physikalische Gesetze korrekt zu simulieren. Das ist kaum verwunderlich, denn sie werden auf Muster trainiert und besitzen kein Verständnis universeller physikalischer Regeln. Sie versagen daher oft bei der Darstellung von Kollisionen, Schwerkraft oder Impulserhaltung. Szenarien, die zuvor trainierten Szenarien ähneln, funktionieren einwandfrei, außerhalb davon gerät die KI dagegen ins Straucheln[101]. Moderne Modelle müssen daher die Physik und Kausalitäten (ein Glas darf erst zerbrechen, nachdem es den Boden trifft) berücksichtigen[102].

Konsistenz

Eine weitere Herausforderung ist die zeitliche Konsistenz über eine längere Videosequenz hinweg[103] – und mit »länger« meinen wir Zeitspannen von mehr als 10 Sekunden! Zu unterscheiden ist zwischen dem »Vergessen« (das Modell verliert den Überblick) und dem »Driften« (kleine Fehler summieren sich mit der Zeit zu signifikanten Verzerrungen)[104].

Datenqualität

Wie bei der Bildergenerierung hängt bei den generierten Videos die erzielte Qualität stark von den Trainingsdaten ab[105]. Die frei für KI-Trainings verfügbaren Videosammlungen enthalten teilweise Wasserzeichen, haben eine geringe Auflösung oder sind aufgrund schneller Bewegungen oder menschlicher Dialoge unbrauchbar.

Rechenressourcen

Das Training großer Videomodelle benötigt im Vergleich zu dem Training von Bild-Modellen wesentlich mehr Rechenleistung. Umgekehrt ist auch die Videogenerierung sehr rechen- und damit kostenintensiv.

Der 2023 auf YouTube veröffentlichte Kurzfilm »Cursed Heidi« (»verfluchte Heidi«) zeigt sehr schön, mit welchen Problemen die KI noch vor zwei Jahren kämpfen musste. Sie finden das Video auf YouTube mit der Suche nach »Cursed Heidi«[106].

Wir haben Google Gemini (siehe Kapitel *7 Google Gemini*) den Film untersuchen lassen:

> ***Probleme und Darstellungsfehler in KI-generierten Videos***
>
> *KI-generierte Videos wie dieser "Heidi"-Trailer zeigen oft beeindruckende Fortschritte, haben aber auch noch deutliche Schwächen, besonders bei der Darstellung von lebensechten Details und der Konsistenz. Hier sind einige der häufigsten Fehler, die in diesem Video zu sehen sind:*
>
> ***1. Inkonsistente Gesichts- und Körpermerkmale***
>
> - ***Verzerrte Gesichter:*** *Oft wirken die Gesichter der Charaktere unnatürlich, verzerrt oder wie aus verschiedenen Personen zusammengesetzt. Manchmal haben sie zu viele oder zu wenige Zähne, oder die Augenpartie ist seltsam verschwommen [00:00].*
> - ***Fehlende oder verformte Gliedmaßen:*** *Hände und Füße sind für KIs besonders schwer darzustellen. Im Video können Gliedmaßen seltsam verdreht, unvollständig oder mit zu vielen/wenigen Fingern oder Zehen erscheinen [00:04].*
> - ***Unnatürliche Mimik und Emotionen:*** *Obwohl die KI versucht, Emotio-*

nen wie Freude darzustellen, wirkt das Lachen oft übertrieben, eingefroren oder nicht authentisch [00:00], [00:26], [00:28], [00:30], [00:33].

2. Probleme mit Objekten und Kleidung

- ***Verschmelzende Objekte:*** *Gegenstände in der Umgebung oder an den Charakteren können miteinander verschmelzen oder unscharfe Übergänge aufweisen.*
- ***Wechselnde Kleidung:*** *Kleidung kann sich plötzlich in Form, Farbe oder Muster ändern, ohne dass ein Szenenwechsel dies rechtfertigt.*
- ***Falsche Proportionen:*** *Tiere oder Objekte erscheinen manchmal in unnatürlichen Größenverhältnissen zur Umgebung oder zu den Menschen [00:10], [00:39].*

3. Inkonsistenzen in der Umgebung und bei Tieren

- ***Mutierende Tiere:*** *Tiere können sich im Laufe weniger Sekunden stark verändern, Merkmale tauschen oder unmögliche Kombinationen von Tierarten bilden, wie zum Beispiel eine Kuh mit Fell wie ein Schaf oder ein Pferd mit menschlichen Gesichtszügen [00:06], [00:10], [00:13], [00:16], [00:34], [00:37], [00:39], [00:43], [00:46].*
- ***Verschwommene oder sich verändernde Hintergründe:*** *Die Landschaften und Berge im Hintergrund können sich leicht verformen oder eine unnatürliche, malerische, aber oft statische Qualität haben [00:00], [00:10].*

4. Text- und Schriftdarstellung

- ***Verzerrter und unleserlicher Text:*** *KI-Modelle haben oft große Schwierigkeiten, verständlichen und korrekt geschriebenen Text zu generieren. Im Video sind die eingeblendeten Texte ("Hrclic", "Thethd", "The the elued") oft fehlerhaft, unleserlich oder erscheinen als sinnlose Buchstabenfolgen [00:20], [01:07], [01:10]. Dies ist ein häufiges Zeichen für KI-generierte Inhalte, da Sprachmodelle besser darin sind, Wörter zu verstehen, als sie visuell korrekt darzustellen.*

Diese Fehler zeigen, dass KI-Modelle zwar beeindruckende Bilder und Videosequenzen erstellen können, es ihnen aber noch an einem tiefgreifenden Verständnis für die physische Welt, Anatomie und Logik fehlt, um durchweg realistische und konsistente Ergebnisse zu liefern.

Auch wenn moderne KI-Modelle die beschriebenen Inkonsistenzen und Bildfehler heute nur noch selten erzeugen, ist es weiterhin ratsam, generierte Videos vor einer Veröffentlichung sorgfältig auf die genannten Probleme zu überprüfen.

-*-

Neben den technischen Herausforderungen gibt es bei KI-Videos auch ethische und gesellschaftliche Probleme, die wir hier nur kurz anreißen können:

- Desinformation und Deepfakes: Die KI kann zur Erstellung von überzeugenden gefälschten Nachrichten, Propaganda und Deepfakes missbraucht werden, was das Vertrauen in Medien untergraben und politisch destabilisieren kann.
- Urheberrecht: Die Modelle werden auf riesigen, aus dem Internet extrahierten Datensätzen trainiert, was unweigerlich zu Urheberrechtsverletzungen führt.
- Algorithmische Voreingenommenheit (Bias): Die Modelle neigen dazu, in den Trainingsdaten vorhandene gesellschaftliche Stereotypen und Vorurteile (beispielsweise in Bezug auf das Geschlecht oder ethnische Zugehörigkeit) wiederzugeben.

- »AI Slop«: Bereits jetzt überfluten KI-generierte Videos geringer Qualität die sozialen Netzwerke und verdrängen dabei menschliche Kreativität. Der geringe Aufwand für die KI-Videogenerierung führt dazu, dass die Verbreitung von Desinformation umso müheloser wird. Im Kapitel *2.11 Manipulation durch KI* stellen wir einige Manipulationsmethoden genauer vor.

2.10.2 Vergleich OpenAI Sora mit Google Veo

Es wäre müßig, alle auf dem Markt verfügbaren Video-KIs miteinander vergleichen zu wollen. Ohnehin wird der Wettbewerb um die Vorherrschaft in der KI-Videogenerierung derzeit von zwei Hauptakteuren dominiert: Google mit verschiedenen Modellen und OpenAI mit Sora. Wir schauen uns beide in diesem Kapitel genauer an.

OpenAI Sora

Soras herausragende Fähigkeit ist die Generierung langer Videos (bis zu 60 Sekunden, Sora 2 schafft sogar bis zu 10 Minuten) mit bemerkenswerter Konsistenz. Es kann komplexe Szenen mit mehreren interagierenden Charakteren simulieren und zeigt ein Verständnis für Bewegungen im Raum und physikalische Interaktionen. Videos können sowohl vorwärts als auch rückwärts in der Zeit verlängert werden. Auch das Mischen zweier unterschiedlicher Videos zu einem kohärenten Ganzen ist möglich.

Hier sind wichtigsten Vorteile von Sora 2 gegenüber dem alten Sora:

- Realistischere Physik und Bewegungen: Objekte verhalten sich natürlicher (zum Beispiel prallt ein ganz natürlich vom Ball ab, statt wegzuspringen).
- Synchroner Ton, Sprache und Soundeffekte: Audio und Bild werden gemeinsam generiert und passen besser zueinander.
- Bessere Konsistenz über mehrere Einstellungen hinweg: Figuren und Szenen bleiben über mehrere Kameraeinstellungen stabil erhalten.
- Feinere Steuerbarkeit: Komplexere Anweisungen und stilistische Vorgaben werden genauer umgesetzt.
- Integration von echten Personen: Man kann zum Beispiel sein eigenes Aussehen und Stimme in Szenen integrieren.

Im Kapitel *6 Videogenerator Sora* stellen wir die Nutzung des Sora-Modells vor. Leider ist außerhalb der USA derzeit (Stand: Oktober 2025) derzeit nur Sora, nicht aber das modernere Sora 2 verfügbar.

Google Veo

Im Gegensatz zu OpenAI verfolgt Google einen mehrstufigen Ansatz mit mehreren Modellen, die für unterschiedliche Anwendungen gedacht sind. Wir konzentrieren uns auf das Veo-Modell, mit dem Sie am ehesten in Zukunft zu tun haben werden.

Veo kann Videos von über einer Minute Länge in 1080p-Auflösung (Full-HD) erzeugen und verfügt über ein herausragendes Merkmal: Eine native Audio-Generierung, die synchron zum Video passenden Ton erzeugt. Zudem zeigt es ein tiefes Verständnis für filmische Begriffe wie »Timelapse« oder »Luftaufnahme«, was eine präzisere kreative Steuerung ermöglicht[107] [108].

Google Veo können Sie unter anderem in Google Gemini ausprobieren. Siehe Kapitel *7.11 Videos mit Gemini generieren*.

2.11 Manipulation durch KI

Selbst völlige Laien können heutzutage mit geringstem Aufwand Bilder und Videos mit KI manipulieren oder neu generieren. Dies hat in den sozialen Netzwerken eine massive Fake-Welle ausgelöst, die mit Desinformation gespickt ist und der gezielten Manipulation der öffentlichen Meinung dient[109]. Dahinter stehen meistens staatlich gelenkte Gruppen, vor allem aus China und Russland, aber auch aus dem Iran, Nordkorea, der Türkei, Saudi-Arabien und den Golfstaaten[110] [111].

Als Beispiel eine Meldung der Reuters-Nachrichtenagentur vom Februar 2025[112]:

> *Das deutsche Innenministerium hat am Freitag vor einer russischen Desinformationskampagne gewarnt, die darauf abzielt, die Bundestagswahlkampagne zu beeinflussen, indem gefälschte Videos über soziale Medien in Hamburg und Leipzig verbreitet werden.*
>
> *Das Ministerium erklärte, es gebe Hinweise darauf, dass die Kampagne mit der sogenannten »Storm-1516«-Operation in Verbindung stehe – einer pro-russischen Einflusskampagne, die bereits bei der US-Präsidentschaftswahl 2024 beobachtet und von US-Behörden untersucht wurde.*

Das Team von »Storm-1516« soll mehr als 700 Fake-Konten in sozialen Netzwerken betrieben haben, die pro-russische Narrative verbreiteten und den Kanzerkandidaten demonisierten.

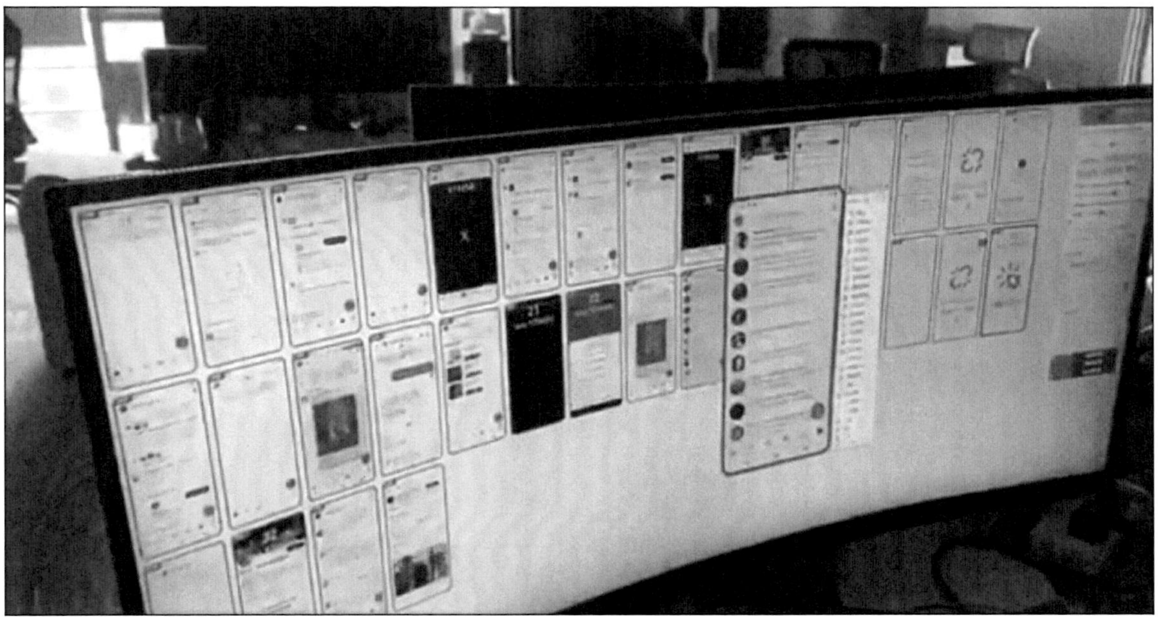

Dieses Standbild aus einem Video zeigt eine Fake-News-Schleuder[113], die offenbar auf dem sozialen Netzwerk X (vormals Twitter) unterwegs ist. Eine PC-Software emuliert gleichzeitig mehrere dutzend Smartphones. Regale mit physischen Smartphones, wie man sie jahrzehntelang nutzte, sind nicht mehr nötig.

2.11.1 *KI-Videos auf YouTube*

Der Journalist Mats Schönauer hat im Jahr 2024 ein großes Fake-Video-Netzwerk auf YouTube entdeckt, das ausschließlich KI-generierte Videos mit teilweise grauenhaften Fotomontagen und abstoßenden Falschmeldungen veröffentlicht[114]. Zum Beispiel soll ein Video die Leiche eines Formel-1-Rennfahrers zeigen, ein anderes Mal wird behauptet, ein Tennis-Star habe seine eigene Tochter vergewaltigt. Mit mehr als 100 Millionen Abrufen sind die vermutlich aus Vietnam heraus betriebenen Videokanäle sehr erfolgreich.

Inzwischen verbreiten die »Fake-Schleudern« nicht nur sensationsheischende Promi-News, sondern auch Bildungsinhalte.

Das Hauptmotiv hinter diesen Fake-Video-Netzwerken ist finanzieller Natur. Durch Clickbait (reißerische Überschriften und Vorschaubilder, die zum Klicken animieren) und die Teilnahme an Werbeprogrammen wollen die Betreiber Geld verdienen. Je mehr Aufrufe ein Video generiert, desto höher sind die Einnahmen. Dazu tragen reißerische Videobeschreibungen und Vorschaubilder bei. Man kann auch von »Ragebait« (engl. »Wut-Köder«) sprechen, das heißt, die Betreiber provozieren gezielt, worauf die Besucher des Kanals mit wütenden Kommentaren reagieren. Die Betreiber wissen, dass selbst negative Kommentare die YouTube-Algorithmen positiv beeinflussen und damit die Videos einem größeren Publikum vorgesetzt werden. Google hat bereits angekündigt, vermehrt gegen Clickbait in YouTube vorzugehen.

Bitte verzichten Sie auf die gezielte Suche nach Fake-Videos auf YouTube. Das Videoportal passt seine Empfehlungen an Ihr Sehverhalten an. Das bedeutet: Schauen Sie auch nur ein Fake-Videos an, werden Sie künftig vermehrt damit konfrontiert.

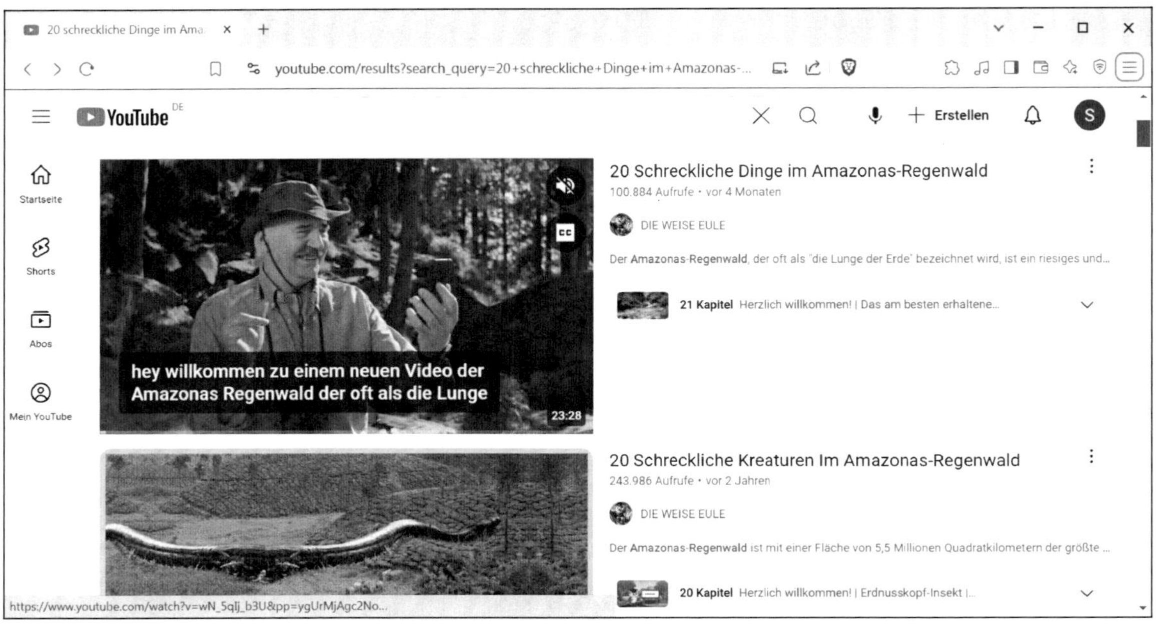

KI-generierte Fake-Videos sind in der Regel bereits am hysterischen Titel erkennbar. Alles was sie dort sehen und hören hat die KI generiert, vermutlich stammt sogar die Idee zum Video von der KI…

Einige Kanalbetreiber setzen KI auch für das Erzählen von unterhaltsamen Geschichten ein, sodass man hier nicht von »Betrug« sprechen sollte. Leider gibt es nie einen Hinweis, in welchem Maße die künstliche Intelligenz am Entstehungsprozess beteiligt war.

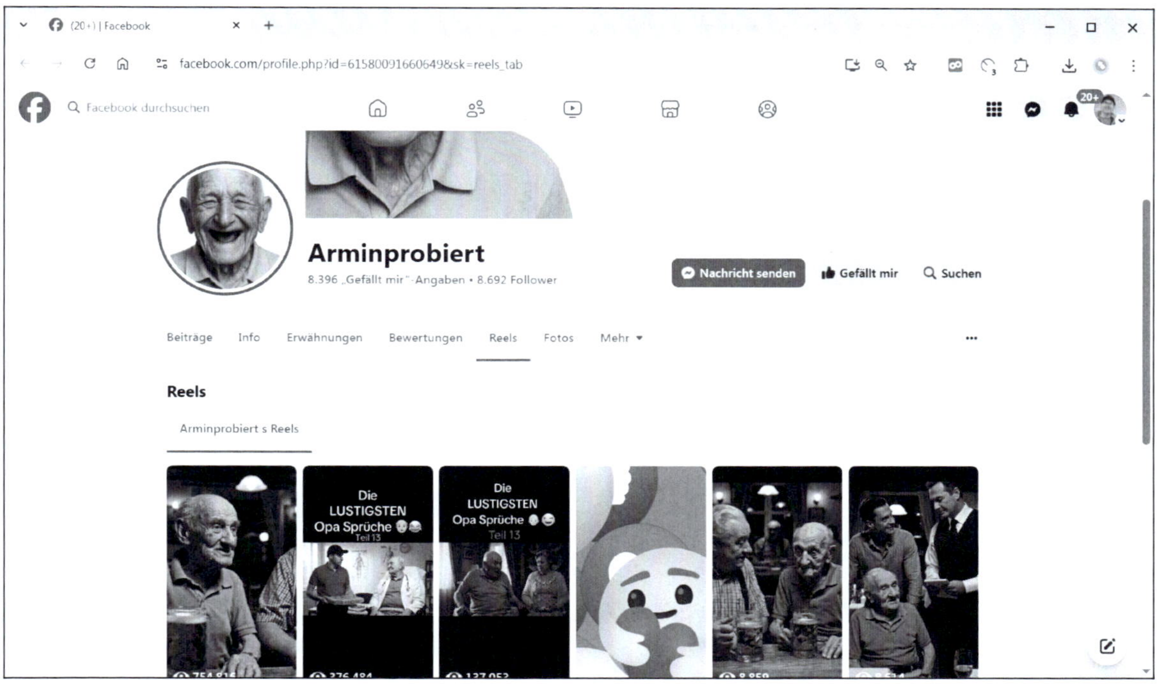

In den sozialen Netzwerken machen lustige KI-Sketchvideos die Runde. Hier der Kanal von »Arminprobiert«[115]. Der Protagonist »Armin« führt humorvolle und sarkastische Dialoge unter anderem mit seiner Frau und seinem Bekanntenkreis.

2.11.2 *Synchronisierte Videos auf YouTube*

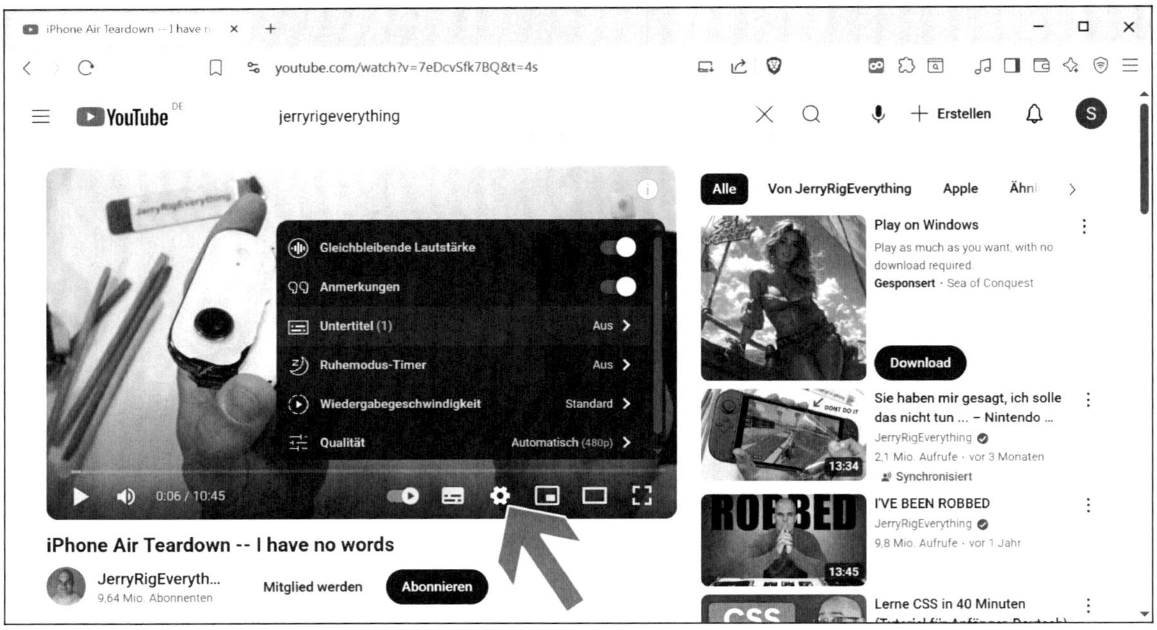

Die meisten auf YouTube hochgeladenen Videos sind in einer Fremdsprache. YouTube bietet aber häufig automatisch generierte Untertitel an: Klicken Sie auf ✿ und wählen Sie *Untertitel* und dann *Deutsch*. Beachten Sie, dass die Untertitel ab und zu sehr fehlerhaft übersetzt sind und dann nicht zum Verständnis beitragen.

Beliebte Videos synchronisierte YouTube inzwischen per KI, wenn der Kanalbetreiber dies erlaubt, was Sie am »*Synchronisiert*«-Hinweis erkennen. Das System versucht, die Emotionen und den Tonfall der ursprünglichen Stimme zu imitieren, was teilweise ausgezeichnet gelingt.

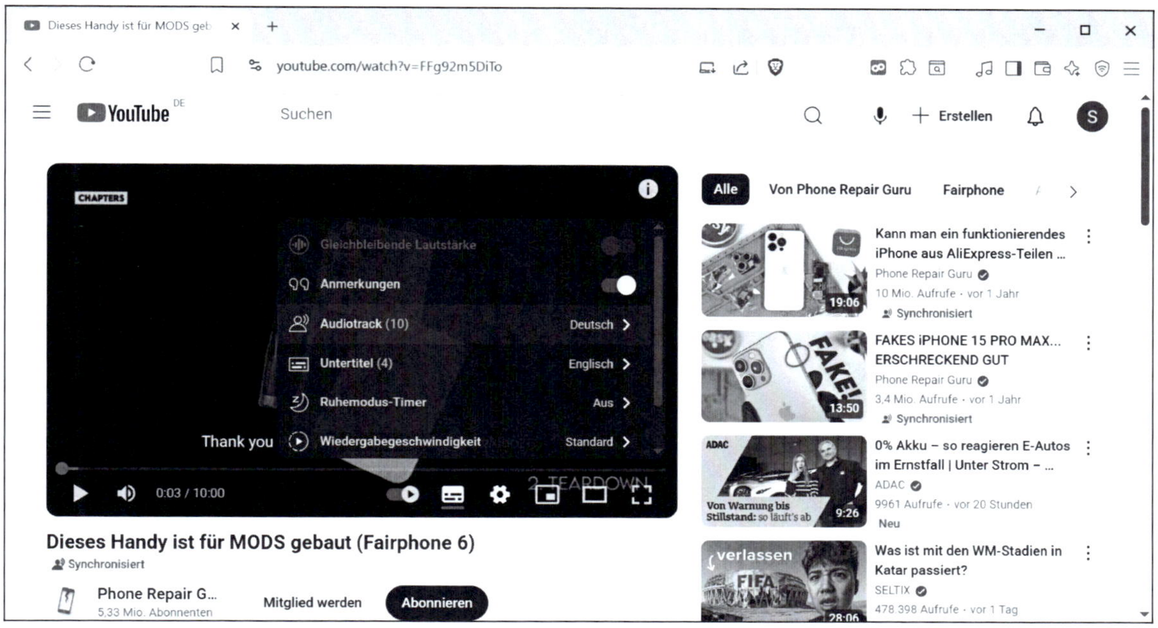

Sofern Sie die Originalsprache bevorzugen, klicken Sie auf ⚙ und wählen im Menü *Audiotrack*. Dort ist die Originalsprache zum Beispiel mit »*Englisch (Original)*« gekennzeichnet.

> Offiziell bietet YouTube keine Option an, mit der sich das automatische Abspielen der KI-Synchronisation statt der Originalsprache unterbinden lässt. Es gibt aber Browser-Plug-Ins, die dies mehr oder weniger zuverlässig übernehmen.

2.11.3 Deepfake-Phishing

Deepfakes können auch für Deepfake-Phishing genutzt werden. »Phishing« ist ein betrügerischer Versuch, sensible Daten wie Benutzernamen, Passwörter oder Kreditkarteninformationen zu erlangen, indem man sich als vertrauenswürdige Instanz ausgibt, meist über E-Mails, Nachrichten oder gefälschte Websites[116] [117].

Phishing-Fakes – vor allem in den sozialen Medien – sind zum Glück so offensichtlich, dass nur selten jemand darauf hereinfällt.

Die Königsdisziplin sind allerdings Echtzeit-Angriffe mit gefälschten Audio- oder Videodaten, die so ausgeklügelt sind, dass das Opfer glaubt, am Telefon oder in der Videokonferenz handele es sich tatsächlich eine bestimmte Person.

Anfang 2024 wurde ein Mitarbeiter eines multinationalen Unternehmens in Hongkong dazu gebracht, umgerechnet 25,6 Millionen US-Dollar an Betrüger zu überweisen, nachdem diese eine komplette Videokonferenz mit Deepfakes gefälscht hatten. Der Mitarbeiter glaubte, mit dem Finanzvorstand des Unternehmens und anderen Kollegen zu sprechen, die in Wirklichkeit alle Deepfake-Kreationen waren. Die Deepfakes simulierten das Aussehen und die Stimmen der Kollegen so überzeugend, dass der Mitarbeiter die Überweisung veranlasste[118].

Die wichtigste Maßnahme gegen Phishing-Versuche gegen Unternehmen ist eine Sensibilisierung der Mitarbeiter, genau vorgeschriebene Abläufe in kritischen Bereichen, sowie die Verwendung von mehrstufigen Sicherheitsverfahren.

2.11.4 Fakes erkennen

KI-generierte Videos lassen sich häufig anhand von Details entlarven[119] [120]. Einige der folgenden Hinweise sind aber auch auf Bilder anwendbar:

Anomalie	Beschreibung
Unnatürliche Gesichtszüge	Achten Sie auf unnatürliche Bewegungen von Augen, Mund und Gesichtsmuskeln. Die Mimik kann steif, abgehackt oder asynchron zur Sprache wirken.
Augen	Die Augen können einen leeren Blick haben oder unnatürlich häufig blinzeln.
Haut	Die Haut kann zu glatt, zu faltig oder ungleichmäßig beleuchtet sein.
Haare	Die Haare können unnatürlich aussehen, im Nichts verschwinden oder seltsame Formen annehmen.
Finger	KI-Modelle haben oft Schwierigkeiten, Hände und Finger realistisch darzustellen. Achten Sie auf deformierte Finger, fehlende Finger oder eine falsche Anzahl von Fingern.
Schatten und Reflexionen	Die Schattenwürfe können unrealistisch sein oder nicht mit der Lichtquelle übereinstimmen. Auch Spiegelungen in Brillen oder anderen reflektierenden Oberflächen können auf eine Fälschung hindeuten.
Unscharfe Übergänge	Achten Sie auf unscharfe Übergänge zwischen Gesicht und Hals, Gesicht und Haaren oder zwischen Personen und Hintergrund.
Kleidung und Accessoires	Die Darstellung von Kleidung und Accessoires kann fehlerhaft sein, mit seltsamen Falten, Nähten oder Verformungen.
Hintergrund	Der Hintergrund kann unstimmig, verschwommen oder unrealistisch wirken.
Schrift	Schriftzüge und Buchstaben können verformt, unleserlich oder falsch dargestellt sein.
Unnatürliche Stimme	Die Stimme kann monoton, roboterhaft oder asynchron zu den Lippenbewegungen sein.
Aussprachefehler	Bei synthetisierten Stimmen können Aussprachefehler auftreten, insbesondere bei Wörtern, die nicht der trainierten Sprache entsprechen.
Geräusche	Die Audiospur kann unnatürliche Geräusche oder Artefakte enthalten.

Die Bild- und Videogeneratoren werden immer besser, weshalb es immer schwieriger wird, KI-Fakes zu erkennen. Letztendlich hilft nur gesunder Menschenverstand, denn wenn etwas zu schön ist, um wahr zu sein, handelt es sich häufig um eine Fälschung!

Falls Sie vermuten, dass ein Text oder Bild von einer KI stammt, können Sie eine KI zur Analyse heranziehen. Darauf gehen wir im Kapitel *4.10 Texte und Bilder als KI-generiert erkennen* ein.

2.12 Spezialanwendungen

In diesem Kapitel stellen wir spezialisierte KI-Systeme und Anbieter vor.

Neuroflash (*https://neuroflash.com/de/*) ist eine KI-gestützte Software, die Texte generiert und analysiert, besonders nützlich für Marketing, Content-Erstellung und Marktforschung. Zu den Hauptfunktionen gehören die KI-gestützte Texterstellung, einschließlich automatischer Generierung von Blogartikeln, Social-Media-Posts und mehrsprachigen Inhalten, sowie Textumformulierung. Im Marketing wird Neuroflash unter anderem für die SEO-Textbewertung/Analyse und A/B-Tests eingesetzt. Kreative Unterstützung umfasst Ideengenerierung, Storytelling und Slogan-Entwicklung.

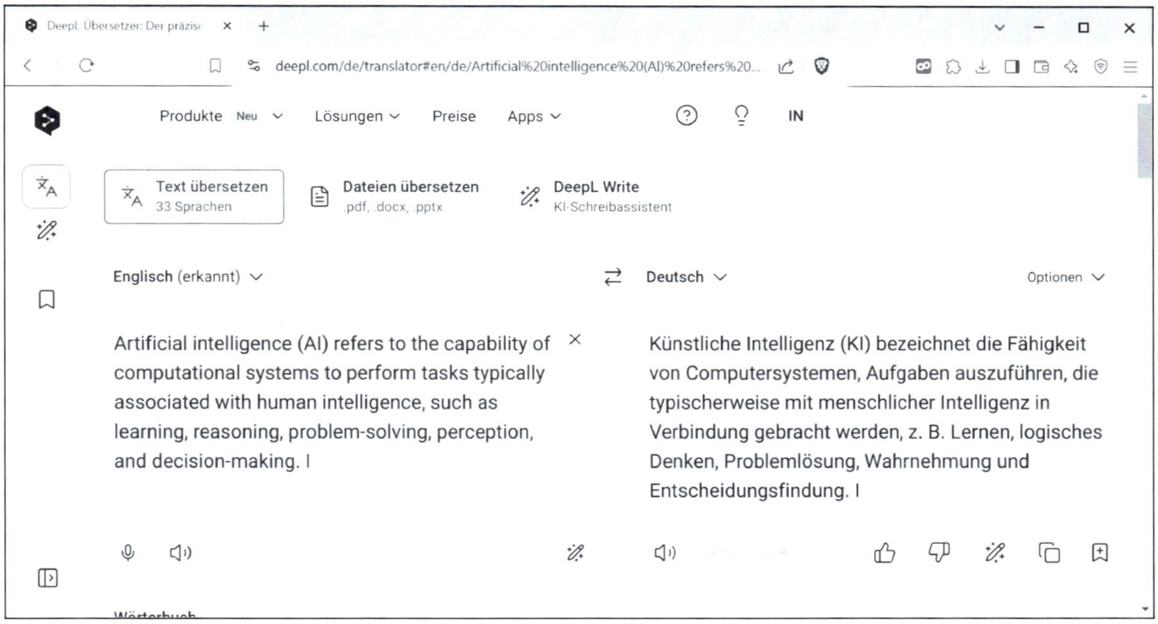

DeepL bietet verschiedene Dienstleistungen im Bereich der KI-basierten Sprachverarbeitung an. Am bekanntesten davon ist der im Screenshot gezeigte **DeepL Übersetzer** (*https://www.deepl.com*), der sich kostenlos nutzen lässt und nur in der pro Übersetzungsdurchlauf verarbeiteten Textmenge beschränkt ist. Es gibt auch ein Browser-Plugin und eine Windows-Anwendung.

Im Vergleich zu Übersetzungen von beispielsweise ChatGPT zeichnet sich DeepL durch eine höhere Präzision aus. Sollte dennoch einmal eine verbesserungswürdige Übersetzung auftreten, genügt ein Klick auf das betreffende Wort um alternative Vorschläge von DeepL zu erhalten.

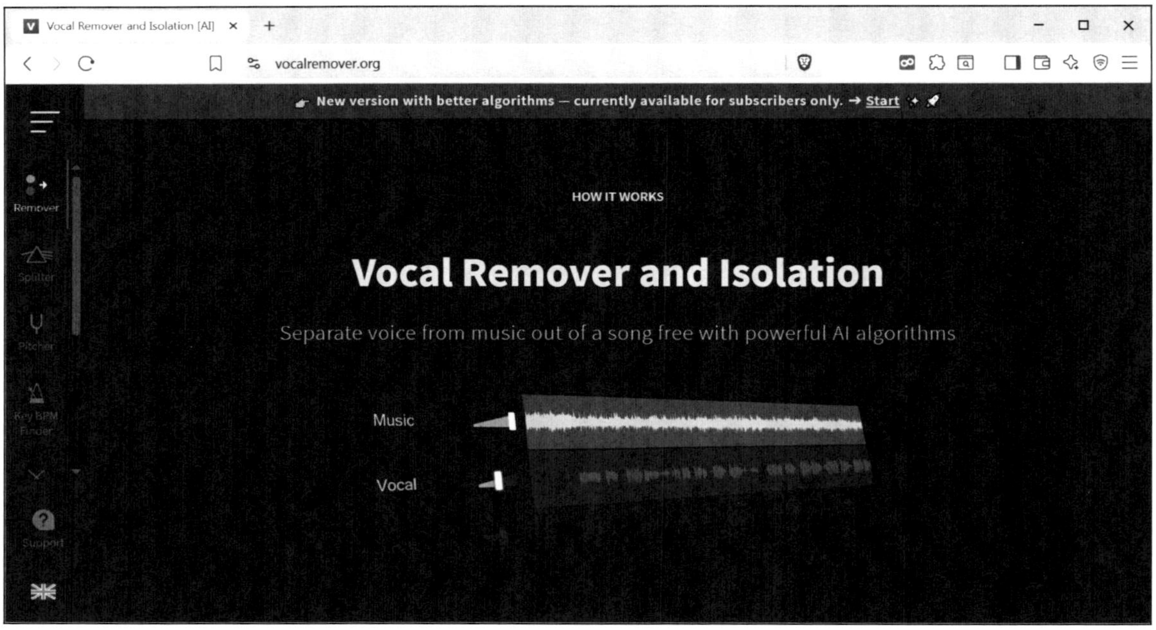

Der Vocal Remover and Isolation (*https://vocalremover.org/*) bietet zahlreiche, KI-basierte Funktionen für die Bearbeitung von Songs. Dazu lädt man eine Audiodatei hoch:

- Gesang entfernen (Karaoke-Modus): Automatisch die Gesangspuren von den Instrumentalspuren eines Songs trennen.
- Instrumente isolieren: Es lassen sich einzelne Spuren wie Schlagzeug, Bass oder Keyboard extrahieren und getrennt bearbeiten.
- Audio schneiden, trimmen, ein- und ausblenden.
- Tonhöhe und Abspielgeschwindigkeit verändern.
- Mixer: Mehrere Audiodateien zusammen mischen.

Unterstützt werden die gängigen Audioformate MP3 und WAV. In der kostenlosen Version, die sich ohne Anmeldung nutzen lässt, ist der Funktionsumfang eingeschränkt.

3. ChatGPT

Bei der Erstellung dieses Buchs standen wir vor dem Entscheidung, welche KI-Benutzeroberfläche wir genauer vorstellen. Es bietet sich natürlich Marktführer ChatGPT von OpenAI an.

Die Bedeutung von ChatGPT verdeutlicht eine im März 2025 vom US-Nachrichtenportal Slashdot durchgeführte Umfrage nach dem meistgenutzten KI-System[121]. Auf dem ersten Platz landete mit weitem Abstand OpenAI (ChatGPT) mit 44 Prozent der abgegebenen Stimmen.

Die hier beschriebenen Funktionen stehen übrigens in der ein oder anderen Form auch auf anderen KI-Systemen zur Verfügung. Es lohnt sich also, die vorgestellten Bedienhinweise und Text-Prompts auszuprobieren, auch wenn Sie möglicherweise später mal ein anderes System nutzen.

3.1 Die Benutzeroberfläche

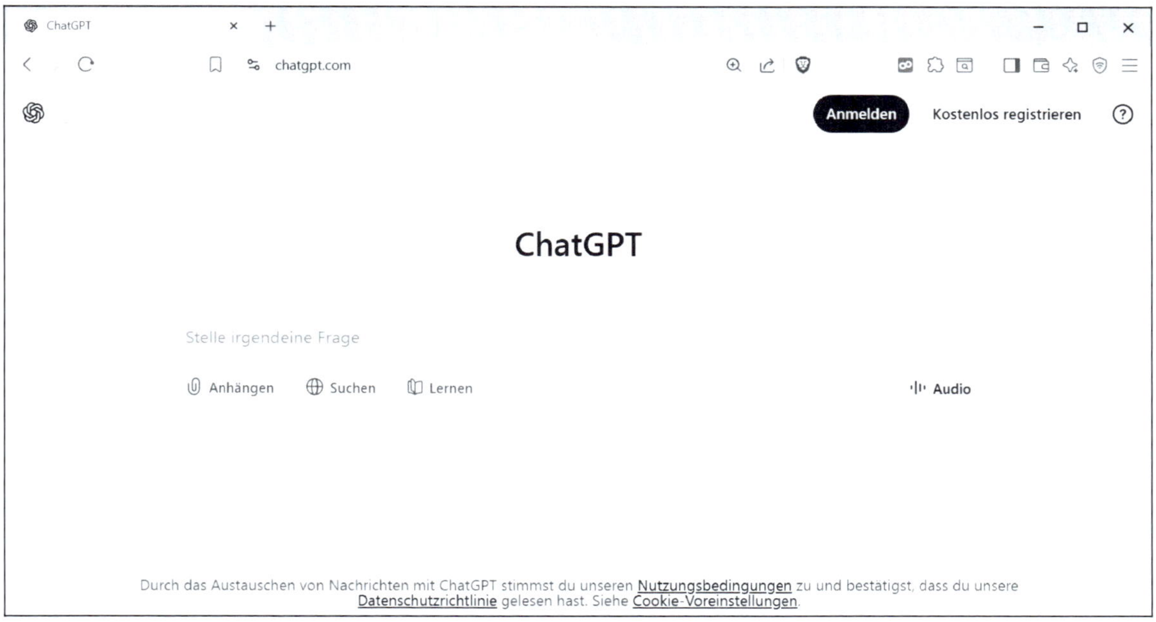

Rufen Sie ChatGPT mit *https://chatgpt.com* in Ihrem Webbrowser auf.

Sie können jetzt bereits die Grundfunktionen nutzen, dennoch empfehlen wir Ihnen, ein Benutzerkonto anzulegen. Dadurch erhalten Sie Zugriff auf weitere Funktionen und ChatGPT speichert Ihre Abfragen, die Sie jederzeit später abrufen können. Klicken Sie auf *Registrieren* beziehungsweise *Anmelden* und loggen Sie sich an.

Die Seitenleiste blenden Sie mit der ◫-Schaltleiste oben links (Pfeil) ein/aus.

3.1.1 *Zwischen Chats umschalten*

Im Chat-Eingabefeld (Pfeil) erfassen Sie Ihre Fragen, die Sie mit der Enter-Taste an ChatGPT senden. In der Bildschirmmitte erfolgen dann die Antworten.

Wichtig: Je nach Kontext bezieht ChatGPT Ihre Eingaben auf seine letzte Ausgabe.

Ein Beispiel

> → *Wie weit ist es von Warburg nach München?*
>
> *Die Entfernung zwischen Warburg (Nordrhein-Westfalen) und München (Bayern) beträgt:*
>
> • *Luftlinie: etwa 411 km*
>
> • *Fahrstrecke (mit dem Auto): ca. 500 bis 520 km, je nach gewählter Route*
>
> *Wenn du möchtest, kann ich dir auch die voraussichtliche Fahrzeit oder beste Strecke mit öffentlichen Verkehrsmitteln nennen.*

> → *Fährt der Zug direkt durch?*
>
> *Ja — es gibt mindestens eine direkte Zugverbindung von Warburg nach München.*
>
> *Zum Beispiel fährt an Werktagen ein Schnellzug direkt von Warburg nach München mit einer Fahrzeit von etwa 3 h 46 min (Start 11:26 Uhr, Ankunft 15:12 Uhr) laut lokalen Angaben.*
>
> *Wenn du magst, kann ich dir die aktuellen Verbindungen für dein Reisedatum heraussuchen und prüfen, ob gerade eine Direktverbindung verfügbar ist?*

Nutzen Sie die damit gegebene Möglichkeit, ein Thema durch Nachfragen weiter zu durchdringen!

Ein weiteres Beispiel

> → *Du bist jetzt ein Englisch-Deutsch-Dolmetscher. Übersetze ab sofort alle Eingaben automatisch auf Englisch. Versuche dabei möglichst nah am Original zu bleiben. Falls dies nicht geht, weist du darauf hin.*
>
> *Verstanden. Ich werde alle deine Eingaben automatisch ins Englische übersetzen und dich darauf hinweisen, falls eine direkte Übertragung nicht möglich ist.*

Dies ist praktisch, weil Sie nun einfach Texte in die Eingabezeile kopieren können, die das KI-System automatisch ohne weitere Anweisungen übersetzt.

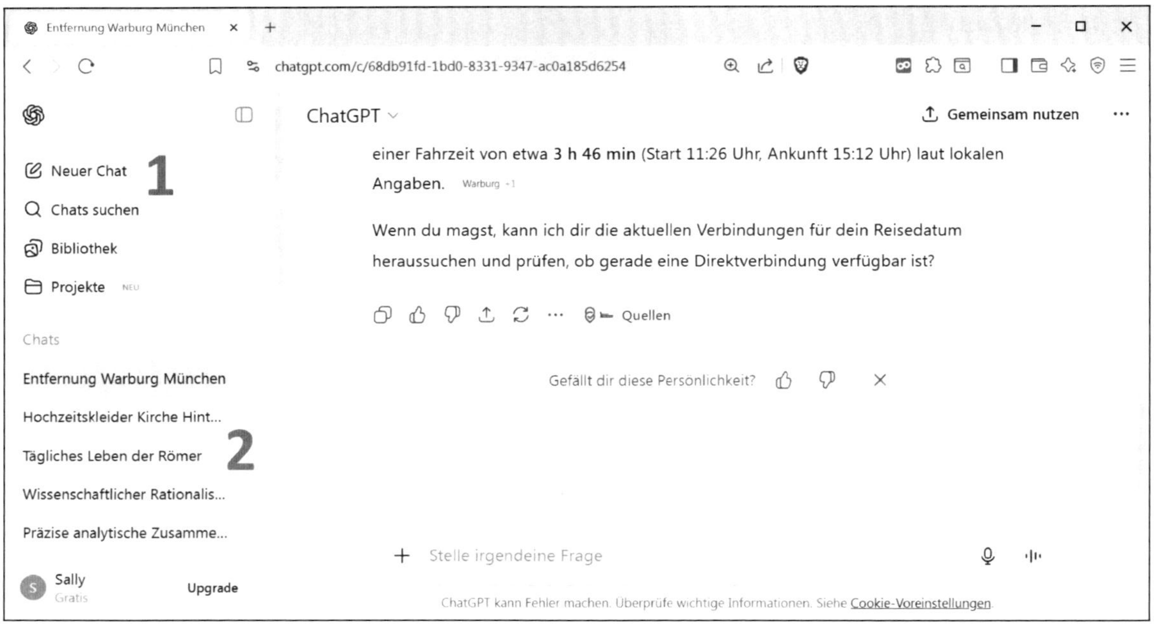

Wenn Sie zu einem neuen Thema recherchieren möchten, öffnen Sie mit einem Klick auf *ChatGPT* (❶) oder 🖉 ein neues Chat-Fenster. Klicken Sie einen der Chat-Verläufe an (❷), um ihn erneut anzuzeigen beziehungsweise dort weitere Anfragen einzugeben.

Die Chat-Verläufe erhalten automatisch einen Namen, sodass Sie sie später schnell wiederfinden. Wie Sie einen Namen ändern, erfahren Sie im Kapitel *3.1.8 Chat-Verläufe verwalten.*

3.1.2 *ChatGPT-Suche*

Auch wenn ChatGPT unzählige Fachgebiete abdeckt, kann es Fragen zu aktuellen Ereignissen aus seiner Datenbasis heraus nicht beantworten. Bei Geschehnissen aus der Vergangenheit hat das System dagegen meistens keine Schwierigkeiten. Sie können das KI-System auch selbst fragen, bis wann die Datenbasis reicht.

→ *Auf welchem Stand ist deine Wissensbasis?*

Meine Trainingsdaten reichen bis Juni 2024. Für alles, was danach liegt, kann ich bei Bedarf mit einer Websuche aktuelle Informationen einholen.

Möchtest du, dass ich dir zusätzlich regelmäßig den Stand von Daten oder Ereignissen über die Websuche aktualisiere, wenn du nach etwas fragst?

ChatGPT weist an dieser Stelle auch darauf hin, wie es das Problem der Datenaktualität löst: Kontextabhängig entscheidet das System automatisch, ob eine Websuche nötig ist.

Das Web nutzt ChatGPT dagegen:

- Wenn man das System ausdrücklich darum bittet, zum Beispiel mit »*Suche im Web nach…*« oder »*Schau online nach…*«
- Wenn eine Frage offensichtlich aktuelle Informationen benötigt: Börsenkurse, Nachrichten, Wetter, Sportergebnisse usw.
- Wenn sehr spezifische Informationen benötigt werden, die nicht in der Datenbasis enthalten sind, beispielsweise lokale Veranstaltungen, lokale Öffnungszeiten oder regional gültige Vorschriften oder Gesetze.

Wie Google betreibt auch ChatGPT einen sogenannten Webcrawler, der Webseiten systematisch durchsucht und in einer Datenbank für die spätere Auswertung speichert. Zusätzlich hat der ChatGPT-Betreiber OpenAI aber auch weltweit Partnerschaften mit wichtigen Medienkonzernen geschlossen, beispielsweise mit dem Axel Springer-Verlag, dem Herausgeber der Bildzeitung[122].

Eine generelle Websuche bei allen Ihren Anfragen lässt ChatGPT nicht zu. Der Betreiber OpenAI begründet dies so:

> *Eine automatische Websuche bei jeder Anfrage würde viele Nachteile haben: unnötige Abfragen, lange Antwortzeiten, erhöhte Fehleranfälligkeit und unnötige Abhängigkeit von externen Quellen*[123].

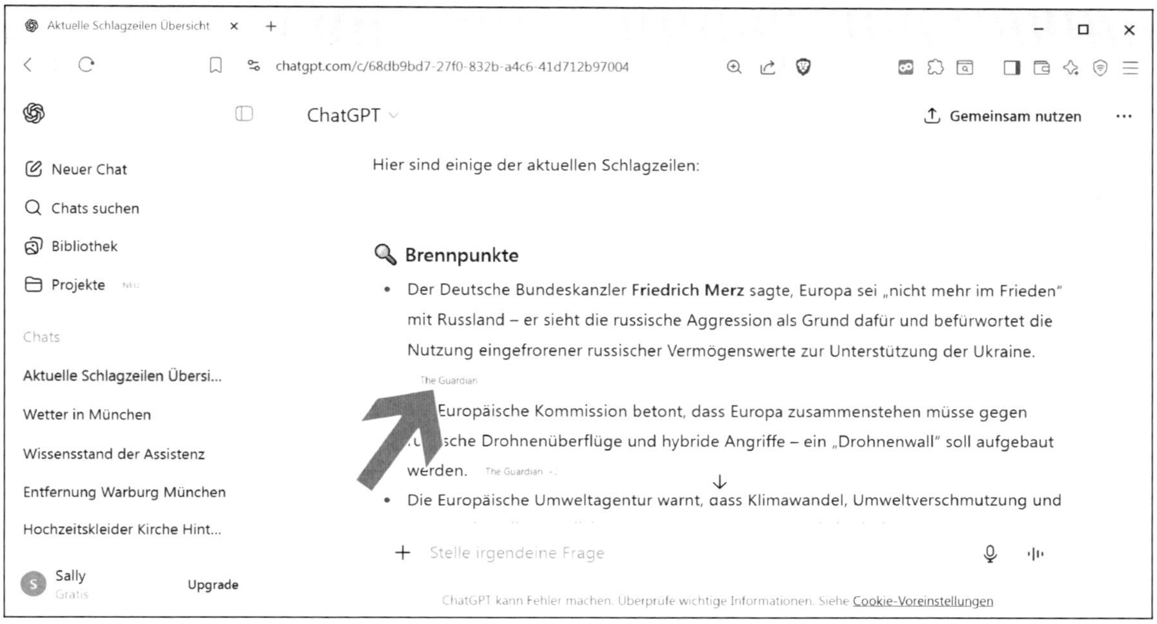

Wir hatten bereits im Kapitel *2.8 Probleme bei Texterstellung und -analyse* darauf hingewiesen, dass Sie die ausgeworfenen Infos immer überprüfen sollten. Klicken Sie dazu einfach die ausgeworfenen Quellen an (Pfeil).

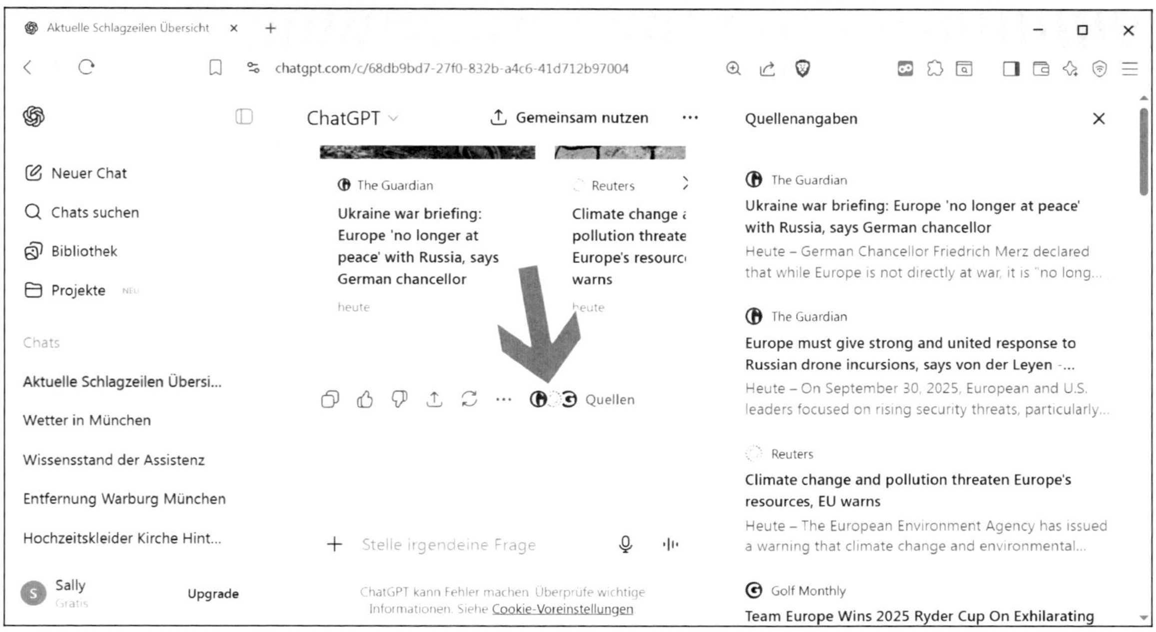

Ein Klick auf *Quellen* am Ende der ChatGPT-Antwort listet alle Links auf die ausgewerteten Medien auf.

Normalerweise arbeitet ChatGPT als »Black Box«, das heißt, Sie wissen meistens nicht, warum es zu einem bestimmten Ergebnis kommt. Den Vorhang können Sie etwas lüften, indem Sie Ihre Frage mit »und zeige deinen Gedankenprozess« oder ähnlich ergänzen.

→ Stelle die Argumente für und wider Schulpflicht zusammen und zeige deinen Gedankenprozess

1. Ausgangspunkt

Schulpflicht ist ein gesetzlich verankertes System, das Kindern und Jugendlichen vorschreibt, eine Schule zu besuchen. Ziel ist formale Bildung, soziale Integration und Chancengleichheit.

Frage: Sollte sie beibehalten werden?

Ich gehe analytisch vor: zuerst Nutzen (Pro), dann Kosten/Nachteile (Contra), anschließend Abwägung.

[...]

3.1.3 Personalisierung

Damit Sie effizienter mit ChatGPT arbeiten, sollten Sie dem System Ihre Vorlieben mitteilen. Das können persönliche Angaben sein wie »b*evorzuge vegetarisches Essen*« oder »*bevorzuge kurze Antworten*« sein. Verwenden Sie dazu »*merke dir*«.

→ Merke dir: Antworte auf englischsprachige Fragen auf Deutsch

Verstanden! Ich werde auch auf englischsprachige Fragen auf Deutsch antworten.

So verwalten Sie die gespeicherten Erinnerungen: Klicken Sie in der Benutzeroberfläche auf das runde Konto-Symbol (Pfeil) und gehen Sie auf *Personalisierung*.

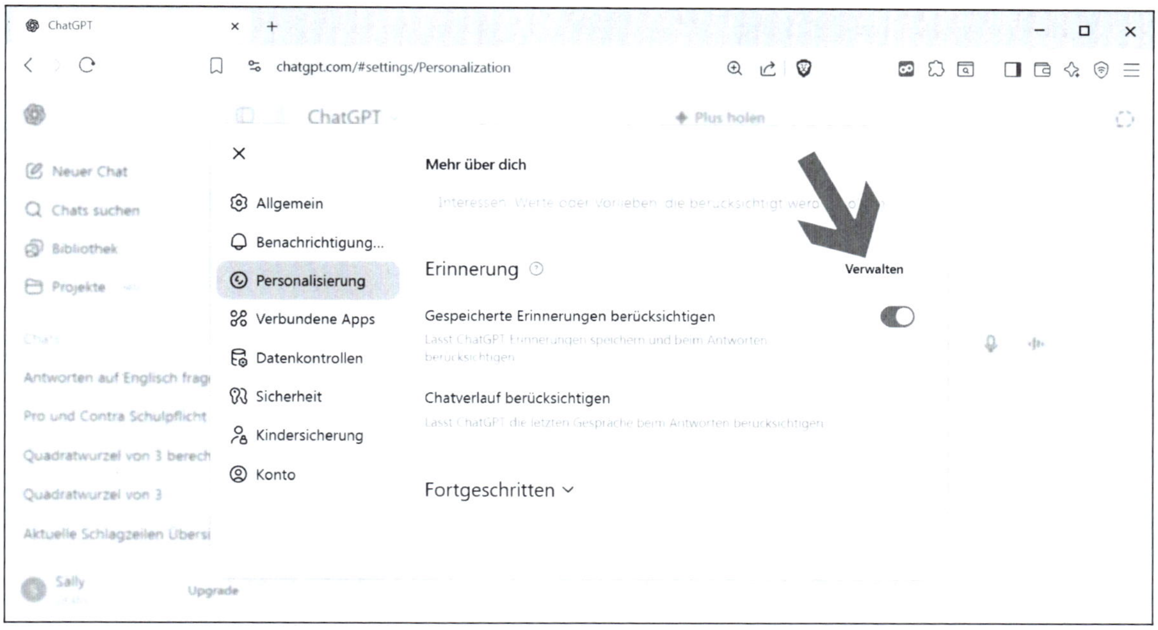

Achten Sie darauf, dass der Schalter bei *Gespeicherte Erinnerungen berücksichtigen* aktiv ist. Ein Klick auf *Verwalten* (Pfeil) listet die von Ihnen angelegten Erinnerungen auf, die Sie bei Bedarf mit löschen.

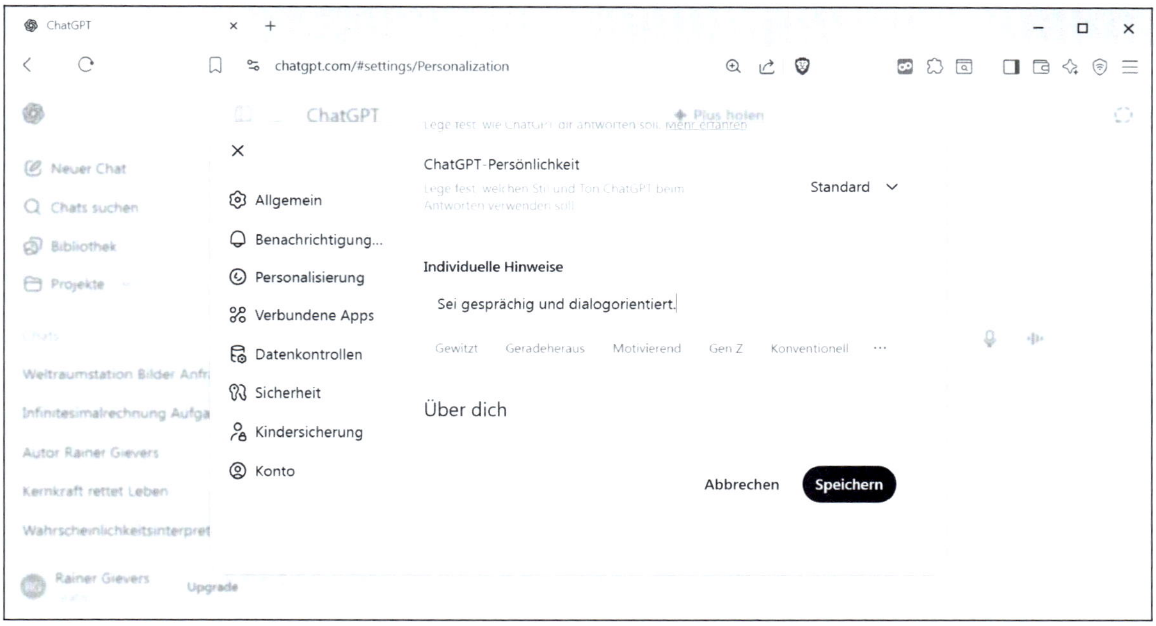

Weitere Personalisierungsoptionen bietet das *Indivduelle Hinweise*-Eingabefeld. Erfassen Sie dort Ihre Wünsche oder klicken Sie einfach eine der Schaltflächen unter dem Eingabefeld an. Vergessen Sie nicht, anschließend *Speichern* zu betätigen.

3.1.4 Temporärer Chat

Für den Fall, dass Sie mal von ChatGPT eine Antwort ohne Berücksichtigung Ihrer in den »Erinnerungen« (siehe vorheriges Kapitel) festgelegten Anweisungen erhalten möchten, rufen Sie den provisorischen Chat auf. Dazu klicken Sie oben rechts auf ◌.

Beachten Sie: Die im *Individuelle Hinweise*-Menü vorgenommen Einstellungen werden weiterhin befolgt. Wie beim Inkognito-Modus Ihres Webbrowers speichert ChatGPT nicht den Verlauf, das heißt, wenn Sie den temporären Chat schließen, gehen alle Ein- und Ausgaben verloren.

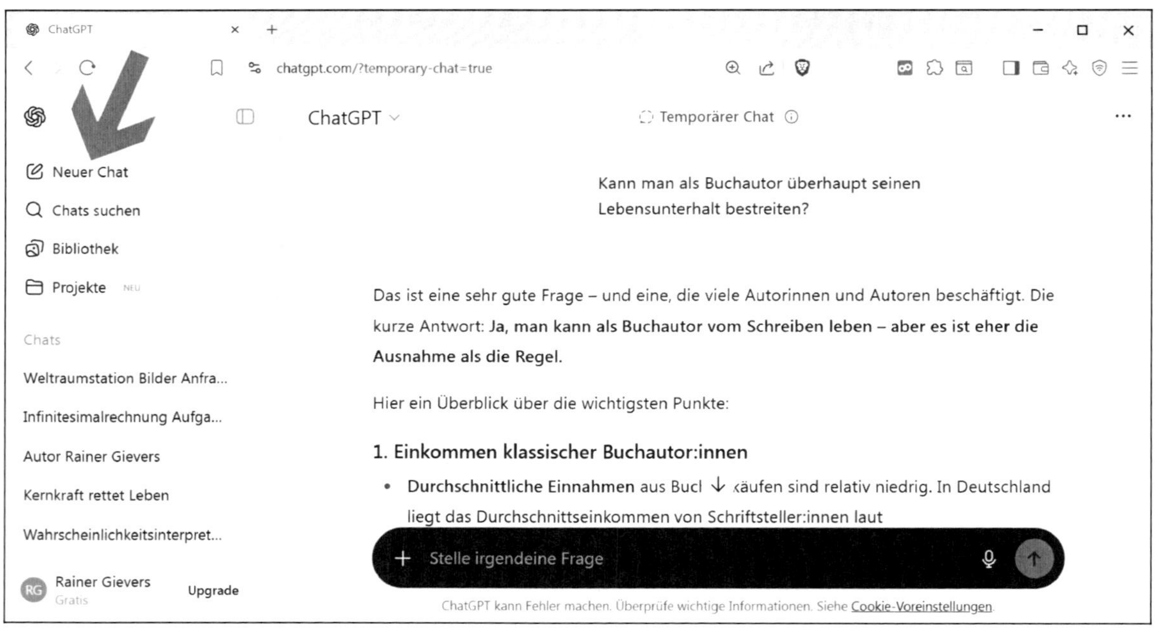

Sie beenden den provisorischen Chat, indem Sie auf *Neuer Chat* klicken. Beachten Sie, dass dann der aktuelle Chat gelöscht wird.

3.1.5 *Chat weitergeben*

Mit einem Klick auf ⧉ am Ende des Chats (Pfeil) kopieren Sie die Ausgabe in die Zwischenablage, worauf Sie sie beispielsweise in einer Textverarbeitung oder E-Mail einfügen können.

Falls Sie nur Teile eines Chats in einer anderen Anwendung übernehmen möchten, markieren Sie einfach mit der Maus den Textbereich und kopieren Sie ihn dann über das Popup-Menü in die Zwischenablage.

Alternativ geben Sie einfach den Chat weiter: Klicken Sie auf *Gemeinsam nutzen*.

Klicken Sie auf *Link kopieren*, worauf Sie eine Webadresse erhalten, die Sie weitergeben.

Der Empfänger klickt auf den Link und erhält den Chat angezeigt, worin er selbst weitere Anfragen stellen kann.

Beachten Sie, dass der Chat ab der Linkerstellung getrennt verarbeitet wird, das heißt weder sieht der Empfänger die nachfolgenden Eingaben von Ihnen, noch Sie die Eingaben des Empfängers.

3.1.6 *Webseiten analysieren*

Eine große Stärke von ChatGPT ist die Verarbeitung von Daten und Dateien.

Im Beispiel soll der Inhalt einer Webseite zusammengefasst werden.

→ *Fasse den Text auf https://das-praxisbuch.de/autor/ in 2 Sätzen zusammen*

Rainer Gievers entdeckte in den 1980er Jahren seine Leidenschaft für Computertechnik und begann 2001 mit dem Schreiben von Büchern über Mobilcomputer, die er im Eigenverlag veröffentlicht. Seitdem hat er sich auf Themen wie Smartphones und Tablets spezialisiert und organisiert Produktion sowie Vertrieb seiner Werke selbstständig.

Beachten Sie bitte, dass ChatGPT in der Regel weitere Webseiten, in denen über die von Ihnen angegebene Webseite Bezug genommen wird in der Auswertung berücksichtigt. Wenn Sie das nicht wünschen, müssen Sie dies explizit angeben.

→ *Übersetze und fasse den Inhalt von https://www.ntv.co.jp zusammen. Berücksichtige nur den Inhalt von dieser Webseite.*

Die Website von Nippon TV (https://www.ntv.co.jp/) bietet eine Vielzahl von Inhalten und Funktionen. Hier ist eine Übersicht:

Aktuelle Sendungen und Live-Streams: *Auf der Startseite werden derzeit ausgestrahlte Programme und Live-Streams präsentiert, sodass Zuschauer direkt auf aktuelle Inhalte zugreifen können. […]*

Auch online vorhandene Bilder und andere Dateitypen lassen sich analysieren. Im Beispiel haben wir dem Chat die Webadresse eines Fotos übergeben.

→ *Was ist auf diesem Bild zu sehen: https://das-praxisbuch.de/autor/online-shopping.jpg*

Auf dem Bild sieht man eine Person (vermutlich ein Autor), die ein Buch in der Hand hält. Es wirkt, als wäre das Bild ein Autoren- oder Pressefoto, vielleicht auf einer Website, die sich mit Büchern oder Schreiben beschäftigt.

3.1.7 *Dateien verarbeiten*

Nicht nur online, sondern auch offline vorhandene Dateien analysiert ChatGPT. Unterstützte Dateiformate sind unter anderem Microsoft Word (.doc, docx), Open Office/Libre Office (.odt), Excel (.xls, .xlsx), CSV (.csv), PDF (.pdf) und diverse Bildformate.

Klicken Sie auf **+** (Pfeil) und dann auf *Fotos und Dateien hinzufügen*, wählen Sie anschließend eine Datei aus. Sie dürfen übrigens bis zu 10 Dateien gleichzeitig hochladen. Die maximale Dateigröße beträgt 50 MB. Alternativ ziehen Sie die Dateien vom Desktop ins ChatGPT-Browserfenster.

Geben Sie an, was die KI mit der Datei anstellen soll.

Interessant ist auch die Analyse von Bildern. Beispielsweise können Sie den enthaltenen Text aus einem Foto für die Weiterverwendung extrahieren, den Bildinhalt beschreiben lassen oder analysieren. Bilddateien dürfen maximal 20 MB groß sein.

In unserem Beispiel enthält das Bild eine Statistik, die wir interpretieren möchten.

→ *Analysiere die beiden in der Grafik dargestellten Aktien*

Die Grafik zeigt die Entwicklung der Aktienkurse von zwei Aktien, Aktie Y (blau) und Aktie Z (grün), über einen Zeitraum von Oktober 2015 bis August 2016. Eine detaillierte Analyse der Kursverläufe ergibt folgende Beobachtungen:

1. Initiale Ausgangswerte (Oktober 2015)

Aktie Y beginnt mit einem höheren Kurswert als Aktie Z. Aktie Z startet auf einem stabileren Niveau.

2. Entwicklung bis Jahreswechsel (Oktober 2015 – Dezember 2015) Aktie Y zeigt zunächst einen leichten Anstieg und erreicht ihren Höchstwert im Dezember 2015. Aktie Z bleibt relativ konstant mit einer leichten Steigerung bis Dezember. […]

OpenAI schreibt zu den Limitationen bei der Bildverarbeitung und -analyse[124]:

- ***Medizinisch:** Das Modell eignet sich nicht zur Interpretation spezialisierter medizinischer Bilder wie CT-Scans und sollte nicht für medizinische Ratschläge verwendet werden.*
- ***Nicht-Englisch:** Das Modell ist weniger effektiv bei der Verarbeitung von Bildern mit Text in nicht-lateinischen Alphabeten, wie Japanisch oder Koreanisch.*
- ***Großer Text:** Vergrößern Sie den Text innerhalb des Bildes, um die [spätere] Lesbarkeit [durch die KI] zu verbessern, aber vermeiden Sie das Zuschneiden wichtiger Details.*
- ***Rotation:** Das Modell kann möglicherweise gedrehte oder auf dem Kopf stehende Texte oder Bilder falsch interpretieren.*
- ***Visuelle Elemente:** Das Modell könnte Schwierigkeiten haben, Graphen oder Texte zu verstehen, bei denen Farben oder Stile wie durchgezogene, gestrichelte oder gepunktete Linien variieren.*

- ***Räumlich:*** *Das Modell hat Schwierigkeiten mit Aufgaben, die eine präzise räumliche Lokalisierung erfordern, wie z.B. die Identifizierung von Schachpositionen.*
- ***Genauigkeit:*** *Das Modell könnte in bestimmten Szenarien falsche Beschreibungen oder Bildunterschriften generieren.*
- ***Form:*** *Das Modell hat Schwierigkeiten mit Panorama- und Fischaugenbildern.*
- ***Metadaten und Größenanpassung:*** *Das Modell verarbeitet keine ursprünglichen Dateinamen oder Metadaten, und Bilder werden vor der Analyse in der Größe angepasst, was ihre ursprünglichen Dimensionen beeinflusst.*
- ***Zählen:*** *Das Modell könnte ungefähre Anzahlen von Objekten in Bildern liefern.*

Die Verarbeitung von Dateien ist sehr rechenintensiv. Deshalb deaktiviert ChatGPT diese Funktion bei hoher Auslastung nach einer gewissen Zeit vorübergehend. Anschließend kann es bis zu einem halben Tag dauern, bis sie wieder verfügbar ist. Nutzer mit einem ChatGPT-Plus-Abonnement sind von dieser Einschränkung in der Regel deutlich später betroffen.

3.1.8 *Chat-Verläufe verwalten*

Wie bereits erwähnt, haben Sie auf der linken Seite Zugriff auf die letzten Chats.

Die Verwaltungsfunktion rufen Sie so auf: Halten Sie den Mauszeiger über einen Verlauf und klicken Sie ••• an. Im Popup stehen zur Verfügung:

- *Gemeinsam nutzen*: Darauf geht Kapitel *3.1.5 Chat weitergeben* ein.
- *Umbenennen*: ChatGPT gibt jedem Chat – ausgehend von Ihrer Abfrage – automatisch einen Namen, den Sie hier ändern können.
- *Archivieren*: Entfernt den Chat aus der Liste, ohne ihn zu löschen. Sie finden ihn anschließend in den *Einstellungen* im *Allgemein*-Register unter *Archivierte Chats* wieder.
- *Löschen*: Chat entdgültig löschen.

3.2 ChatGPT auf dem Android-Handy

Die Installation von ChatGPT auf dem Handy lohnt sich genau genommen nur für Anwender, die das KI-System bereits auf ihrem PC nutzen. Auf dem Handy haben Sie auch Zugriff auf alle Chat-Verläufe.

Mit Google Gemini (siehe Kapitel *7 Google Gemini* ist auf den meisten Android-Handys bereits eine KI vorinstalliert, die ähnlich leistungsstark wie ChatGPT ist, jedoch den zusätzlichen Vorteil bietet, Gerätefunktionen steuern zu können.

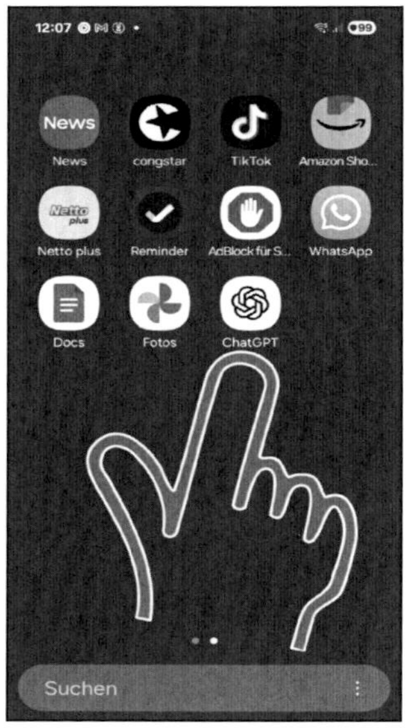

➊ Suchen und installieren Sie ChatGPT im Google Play Store. Beachten Sie, dass es dort einige Apps mit sehr ähnlichem Symbol und Namen gibt, welche mit ChatGPT aber nichts zu tun haben.

➋ Danach rufen Sie *ChatGPT* auf.

➌ Tippen Sie auf *Registrieren* (auch wenn Sie bereits ein Konto bei ChatGPT haben) und folgen Sie den Anmeldeanweisungen.

Tipp: Auf vielen Handys können Sie einen Schnellaufruf einrichten, sodass Sie ChatGPT nicht von Hand aus dem Startbildschirm beziehungsweise Hauptmenü aufrufen müssen.

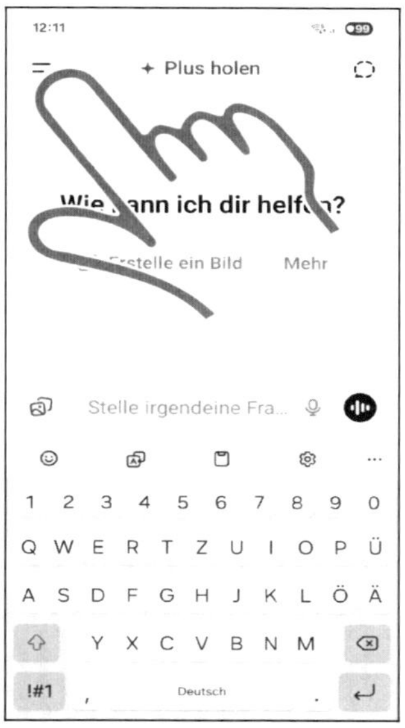

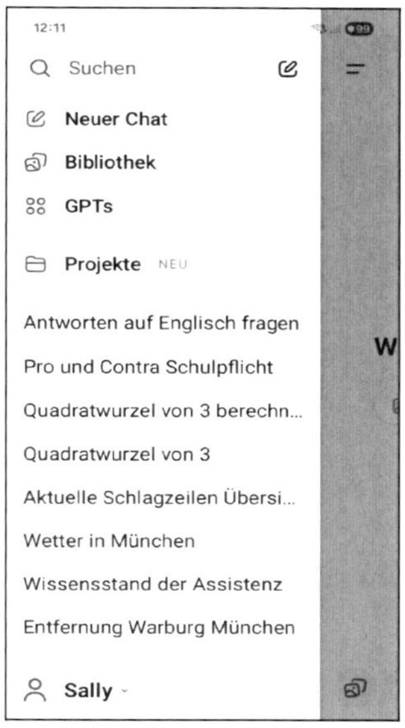

❶❷ Die Bedienung erfolgt, wie bereits von uns gezeigt (siehe Kapitel 3.1 Die Benutzeroberfläche). Antippen der Schaltfläche oben links öffnet das Seitenmenü mit den Chat-Verläufen.

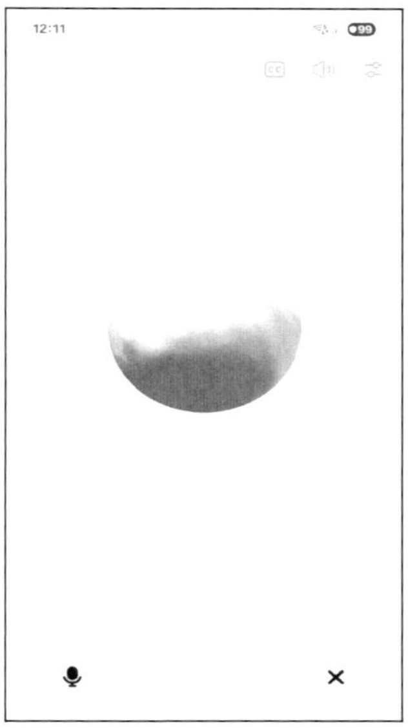

❶❷ Probieren Sie die Sprachsteuerung aus, die Sie mit ● aktivieren. Die Stimme ist nicht von einem menschlichen Sprecher zu unterscheiden!

3.3 Features des ChatGPT Plus-Abos

Das pro Monat rund 24-Euro-teure Abo »ChatGPT Plus« bietet zahlreiche Vorteile[125]:

- Schnellere Reaktionszeit und weniger Wartezeit bei der Verarbeitung.
- Im Gegensatz zur kostenlosen Version schaltet ChatGPT im Plus-Abo bei intensiver Nutzung nicht so schnell Features wie die Dateifunktionen oder die Bildergenerierung ab.
- Freie Auswahl zwischen verschiedenen KI-Modellen. Neue KI-Modelle sind schneller verfügbar.
- Agenten arbeiten Aufgaben automatisch im Hintergrund ab.
- Videogenerator Sora (siehe Kapitel 6 *Videogenerator Sora*)

Wenn Sie ChatGPT regelmäßig nutzen, erkennen Sie sehr schnell, ob sich das Plus-Abo für Sie lohnt. Da das Abo jederzeit kündbar ist, bietet es sich an, es einfach mal für einen Monat auszuprobieren. Übrigens ist das Plus-Abo auch für kleine Unternehmen und Selbstständige vollkommen ausreichend. Die ebenfalls angebotenen Pro- und Business-Abos lohnen sich dagegen unserer Einschätzung nach für die meisten Nutzer nicht.

3.3.1 Abo einrichten

Klicken Sie auf *Tarif upgraden* und wählen Sie das Abo-Modell *Plus* aus.

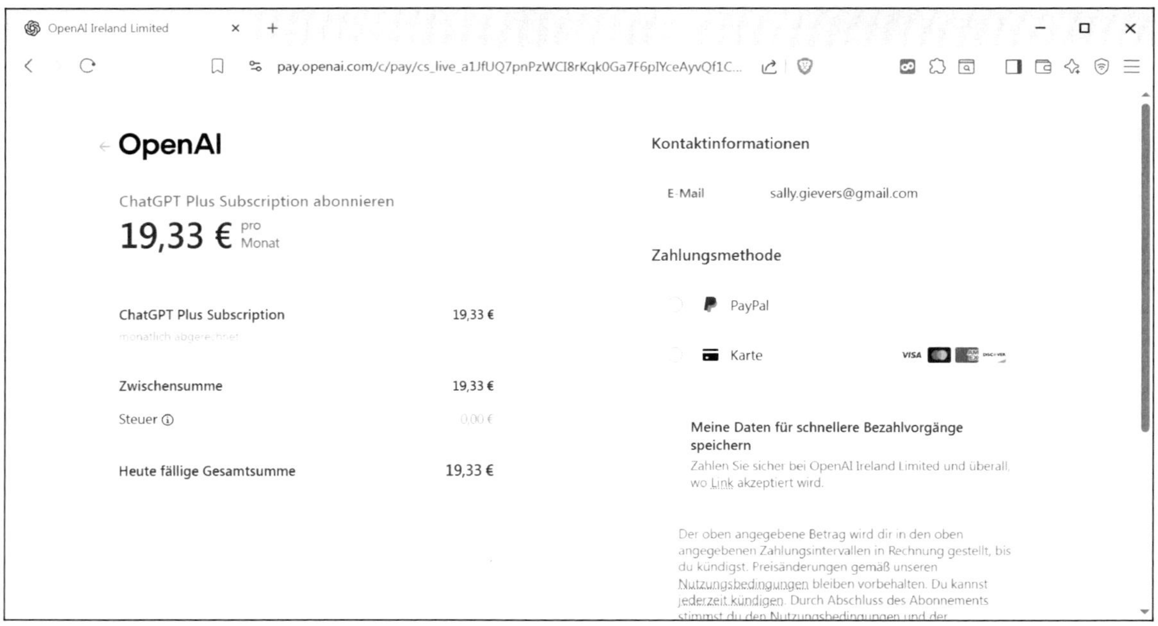

Die Bezahlung ist per PayPal oder Kreditkarte möglich.

Falls Sie später einmal als gewerblicher Nutzer eine Rechnung für Ihre Buchhaltung be-nötigen, klicken Sie auf das Konto-Symbol unten links und gehen auf *Einstellungen.* Wählen Sie das *Konto*-Register aus und rollen Sie durch das Menü. Klicken Sie bei *Zahlung* auf *Verwalten.*

3.3.2 Modelle

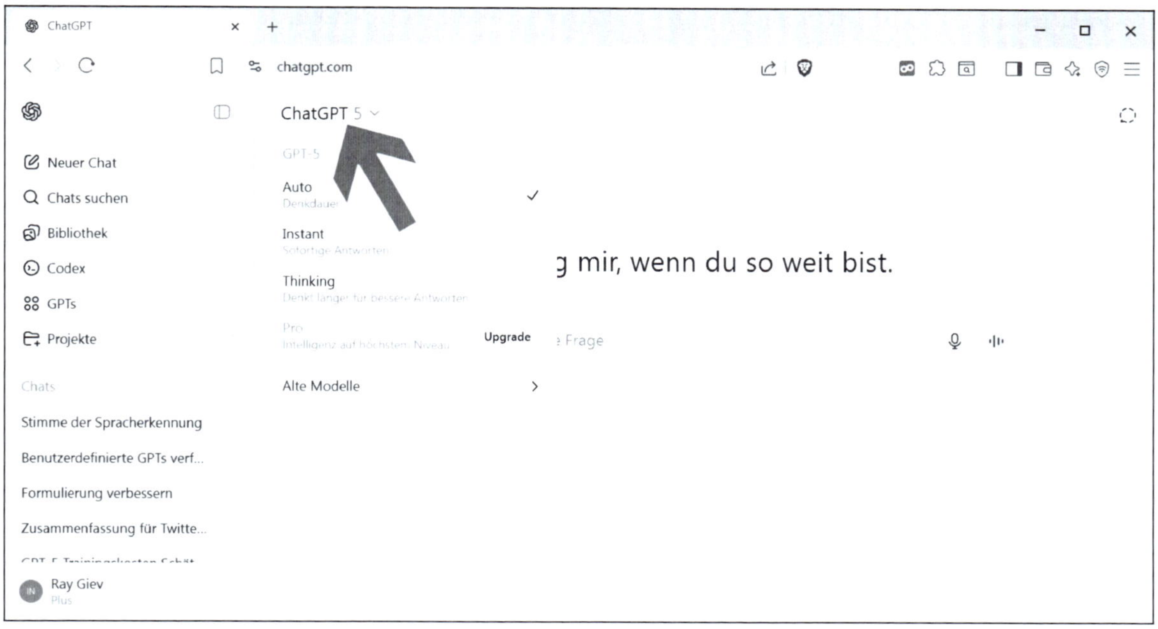

Im Gegensatz zur kostenlosen Version stehen im Plus-Abo mehrere unterschiedliche Modelle zur Verfügung, die alle auf dem GPT-5-Foundation-Modell basieren. Im Auswahlmenü (Pfeil) können Sie zwischen *Instant* und *Thinking* auswählen. Im *Auto*-Modus entscheidet ChatGPT selbst von Fall zu Fall, welches der beiden Modelle verwendet wird[126]:

Modus	**Ziel / Priorität**	**typische Vorteile**	**typische Nachteile / Einschränkungen**
Instant	Maximale Geschwindigkeit	Schnelle Antworten, geringere Wartezeit	Weniger Tiefenanalyse, evtl. Fehler oder Ungenauigkeiten bei komplexen Aufgaben
Thinking	Möglichst fundierte, durchdachte Antworten	Komplexes Denken, Schritt-für-Schritt, bessere Genauigkeit und Struktur	Höhere Latenz / längere Wartezeit, begrenzte Nutzung (z. B. durch Beschränkungen der Nutzungsdauer)
Auto	Automatisches Umschalten zwischen Instant und Thinking	Nutzer muss nicht manuell wählen, das System entscheidet je nach Anfrage	Das Umschalten ist „unter der Haube" und nicht direkt sichtbar; es kann sein, dass in manchen Fällen der weniger optimale Modus gewählt wird

Beachten Sie bitte, dass *Thinking* zwar eigentlich immer vorzuziehen ist, dieses aber sehr viel langsamer arbeitet und mehr Rechenressourcen benötigt. Deshalb sperrt ChatGPT das Modell bei übermäßiger Nutzung für einige Zeit.

3.3.3 Deep Research

Deep Research (engl. »tiefgehende Recherche«) ist darauf ausgelegt, umfassende, mehrstufige Recherchen mit Daten aus dem öffentlichen Web durchzuführen. Die Funktion kann eigenständig Informationen aus diversen Online-Quellen suchen, auswerten und zusammenfassen. Dadurch ist sie in der Lage, detaillierte, gut dokumentierte Berichte mit klaren Quellenangaben zu komplexen Themen zu erstellen.[127]

Je nach Komplexität der Aufgabe kann die Recherche zwischen 5 bis 30 Minuten dauern. Es lassen sich in einer Abfrage auch PDF- und andere Dateien mitgeben, welche

ChatGPT auswertet.

Als ChatGPT Plus-Nutzer haben Sie Zugriff auf die Deep Research-Funktion mit einem Kontingent von 10 Anfragen pro 30 Tage. Dieses Limit wird alle 30 Tage ab dem Zeitpunkt Ihrer ersten Nutzung zurückgesetzt. Wenn Sie einen höheren Bedarf haben, bietet das Pro-Abonnement 120 Deep Research-Anfragen pro 30 Tage. ChatGPT informiert Sie nach jeder Recherche, wie häufig Sie die Funktion noch im Nutzungszeitfenster verwenden können.

Wenn das Deep Research-Kontingent überschritten wird, schaltet ChatGPT von GPT-5 auf ein kostengünstigeres Modell, beispielsweise den Vorgänger GPT-4, um. Dieses ist allerdings weniger leistungsfähig[128].

Klicken Sie auf + und wählen Sie *Deep Research*. In unserem Musterfall möchten wir uns als Anleger über den Goldmarkt informieren und geben eine entsprechende Abfrage ein. Die Enter-Taste startet den Auftrag.

Falls nötig, stellt Ihnen ChatGPT anschließend einige Fragen, um seinen Auftrag einzugrenzen.

> *→ Führe eine Analyse des Goldmarkts für Privatanleger durch. Berücksichtige die weltweiten politischen und wirtschaftlichen Entwicklungen und Währungsschwankungen.*
>
> *Alles klar! Ich recherchiere aktuelle Informationen über den Goldmarkt und bereite einen umfassenden Bericht auf Deutsch vor. Ich werde aktuelle Trends, Preisentwicklungen und die wichtigsten Einflussfaktoren betrachten. Ich mache mich jetzt an die Recherche.*

ChatGPT informiert Sie über seine Aktivitäten. Die Analyse läuft auf dem Server im Hintergrund, das heißt, Sie können den Webbrowser schließen und was anderes machen. Rufen Sie später den Chat erneut auf, um das Ergebnis zu erfahren.

Während der Recherche verhält sich ChatGPT wie ein normaler Nutzer, das heißt, das System ruft Webseiten in seinem internen Webbrowser auf, liest sich angezeigten Texte durch, macht sich zwischendurch Notizen und klickt sich sogar zu interessanten Stellen.

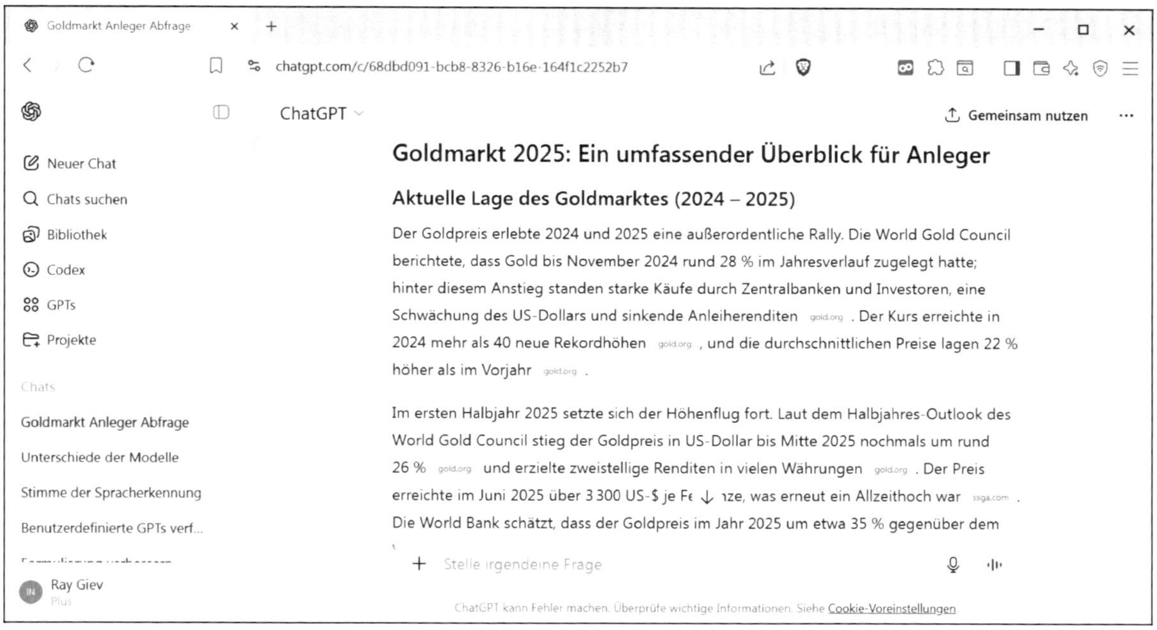

Das Ergebnis kann, je nach Analyseschwerpunkt, mehrere DIN A4-Seiten umfassen.

Es würde zu weit führen, hier die ganze Analyse abzudrucken, weshalb wir uns mit dem Fazit begnügen:

> *Fazit und Handlungsempfehlungen*
>
> *Der Goldmarkt hat sich 2024 und 2025 außergewöhnlich stark entwickelt. Der Preis wurde durch eine Kombination aus geopolitischer Unsicherheit, niedrigen Realzinsen und hoher Nachfrage seitens Zentralbanken und Investoren getrieben. Viele Analysten erwarten, dass der Goldpreis im Jahr 2025 weiter zulegt und – je nach Szenario – zwischen 3 100 und 3 500 US-$ pro Unze bleibt; ein bullisches Szenario reicht bis zu 4 000 US-Dollar.*
>
> *Trotz des positiven Ausblicks sollten Anleger die Risiken nicht außer Acht lassen. Gold eignet sich vor allem als langfristige Beimischung zur Diversifikation und als Absicherung gegen Krisen und Inflationsrisiken. Investoren sollten entscheiden, ob sie physisches Gold, ETCs, Goldminen-Aktien oder eine Kombination dieser Instrumente nutzen wollen. Fachkundige Beratung kann helfen, steuerliche Aspekte (z. B. Mehrwertsteuer, Haltefristen) und individuelle Ziele zu berücksichtigen.*
>
> *Abschließend lässt sich sagen:* ***Gold bleibt 2025 ein attraktiv erscheinender Baustein für ein ausgewogenes Portfolio****, aber die Entwicklung hängt maßgeblich von der Geldpolitik, der Inflation und geopolitischen Ereignissen ab. Anleger sollten sich regelmäßig über makroökonomische Trends informieren und ihr Portfolio entsprechend anpassen.*

Tipp: Mit dem Befehl *»erstelle aus der Ausgabe eine Word-Datei«* generiert Ihnen ChatGPT eine Datei, die Sie herunterladen und direkt weiter bearbeiten können.

3.3.4 Geplante Aufgaben

»Geplante Aufgaben« sind eine Funktion, die es Nutzern ermöglicht, KI-gestützte Aktionen automatisch zu einem bestimmten Zeitpunkt oder in regelmäßigen Abständen auszuführen[129].

Wie kann man sich das vorstellen? Im einfachsten Fall liefert Ihnen ChatGPT jeden Tag morgens die aktuelle Wettervorhersage oder aktuelle Nachrichten aus Ihrem Fachgebiet. Es sind sogar noch weitergehende Automatisierungen bis hin zum automatischen Posten von Nachrichten in den sozialen Netzwerken denkbar, aber dafür sind Programmierkenntnisse nötig.

Die Benachrichtigung über eine durchgeführte Aufgabe erfolgt per E-Mail, über eine Desktop-Benachrichtigung (auch wenn der Browser gerade nicht geöffnet ist) und – sofern Sie die im Kapitel *3.2 ChatGPT auf dem Android-Handy* beschriebene App installiert haben – auf Ihrem Handy.

Klicken Sie auf + und wählen Sie *Agentenmodus.*

ChatGPT schlägt bereits einige Aufgaben vor.

Hier geben Sie beispielsweise ein:

→ *Erinnere mich jedes Jahr an den Geburtstag von Johannes am 21. August*

Alles klar, ich helfe dir dabei, eine jährliche Erinnerung für Johannes' Geburtstag am 21. August zu erstellen. Möchtest du diese Erinnerung in einem bestimmten Kalender (zum Beispiel Google Kalender) einrichten und gibt es eine bestimmte Uhrzeit oder Benachrichtigungsart, die du bevorzugst?

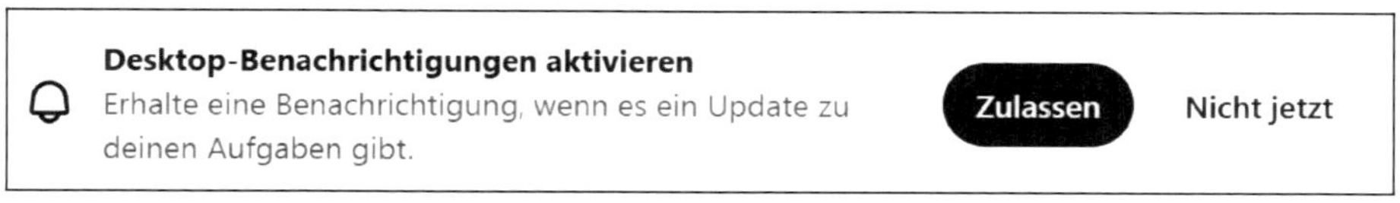

Bei der erstmaligen Nutzung müssen Sie die sogenannten Desktop-Benachrichtigungen einrichten. Klicken Sie auf *Zulassen* und folgen Sie den Anweisungen des Webbrowsers. Über die Desktop-Benachrichtigungen (ein Popup auf Ihrem PC) erinnert Sie ChatGPT an Aufgaben, auch wenn der Webbrowser geschlossen ist.

Es dürfen aktuell 10 Aufgaben gleichzeitig aktiv sein.

So verwalten Sie die Aufgaben: Klicken Sie in der Benutzeroberfläche auf das runde Konto-Symbol (Pfeil) und gehen Sie auf *Personalisierung*.

Zur Aufgabenverwaltung gelangen Sie mit einem Klick auf das runde Konto-Symbol, worauf Sie *Einstellungen* wählen.

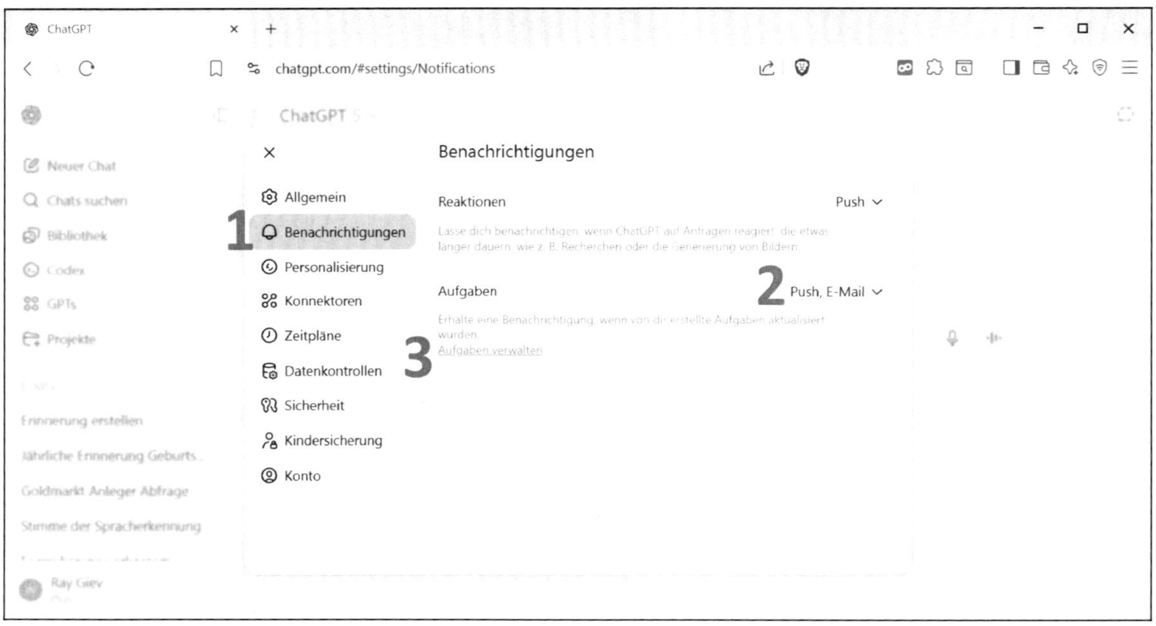

So gehen Sie weiter vor:

1. Aktivieren Sie das *Benachrichtigungen*-Register.
2. Klicken Sie auf *Push, E-Mail,* um den Benachrichtigungsweg einzustellen.
3. *Aufgaben verwalten* öffnet die Aufgabenverwaltung.

Halten Sie den Mauszeiger über einen Eintrag und klicken Sie auf 🖉 (Pfeil).

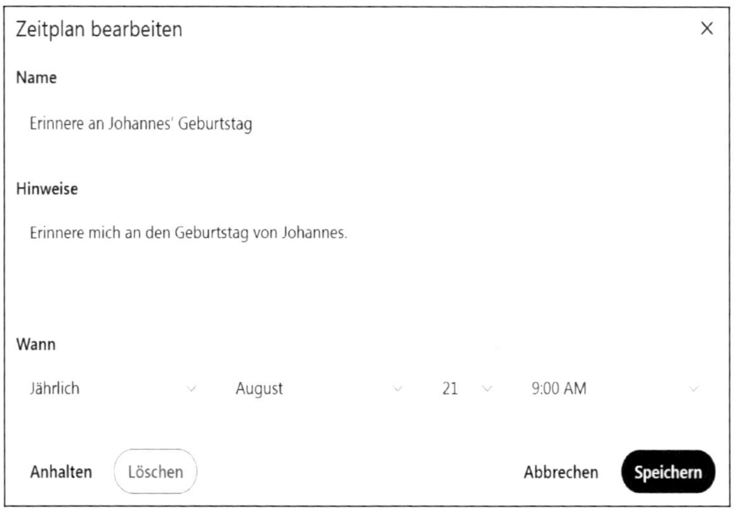

Schließen Sie Ihre Änderungen gegebenenfalls mit *Speichern* ab. *Löschen* entfernt eine Aufgabe.

3.3.5 *Projekte*

In einem Projekt fassen Sie mehrere Chat-Verläufe zusammen, was die Übersicht erhöht[130]. Darüber hinaus lassen sich einem Projekt Dateien zuweisen, auf die dann alle enthaltenen Chats Zugriff haben.

Gehen Sie auf *Neues Projekt.*

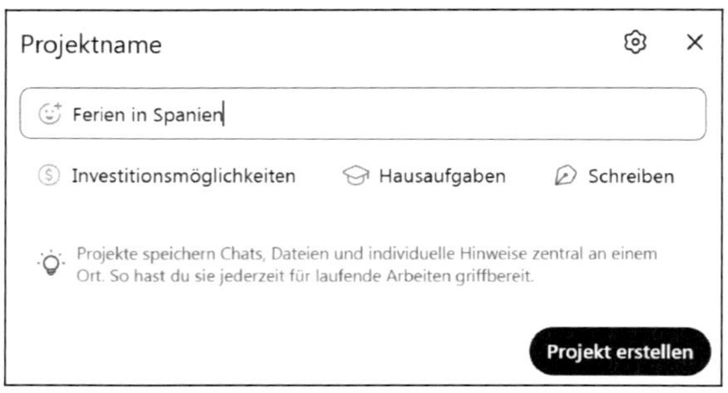

Vergeben Sie einen Namen und betätigen Sie *Projekt erstellen.*

1. Klicken Sie auf den Projektnamen, um einen neuen Chat anzulegen. Alternativ wählen Sie einen der Verläufe unter dem Projektnamen aus.
2. Über *Dateien hinzufügen* laden Sie Dateien hoch, die Sie in den Chats für Auswertungen heranziehen.
3. Die Arbeitsanweisungen, die Sie im •••-Menü unter *Hinweise hinzufügen* anlegen, gelten für alle im Projekt enthaltenen Chats. Ein Beispiel für Hinweise: »*Berücksichtige in deinen Antworten, dass wir eine Familie mit zwei minderjährigen Kindern sind. Beschränke dich in den Antworten auf die wesentlichen Aspekte*«
4. Sie verlassen das Projekt, indem Sie oben auf das ChatGPT-Logo oder *Neuer Chat* klicken.

Auf hochgeladene Dateien nehmen Sie einfach folgendermaßen Bezug:

→ *Gebe eine Zusammenfassung der Datei Barcelona.pdf*

oder

→ *Fasse den Inhalt der Broschüre über Barcelona zusammen*

4. Prompting in der Praxis

Viele der in diesem Kapitel gezeigten Befehle und Funktionen sind auch bei anderen KI-Systemen wie Microsoft Copilot oder Google Gemini nutzbar.

Probieren Sie ruhig mal verschiedene Anweisungen (»Prompts«) aus und speichern Sie solche, die gut funktionieren, in einer separaten Textdatei. Mit Kopieren-und-Einfügen haben Sie dann immer Zugriff auf gute Prompts und müssen nicht jedes Mal von vorne anfangen.

4.1 Richtiges Prompten

Das Wichtigste zuerst: Beim »prompten«, also Ihren Anfragen an ein KI-System, sind **unmissverständliche Anweisungen** wichtig, weil Sie sonst sehr wahrscheinlich unsinnige Antworten erhalten. Stellen Sie sich dazu die KI als kleines Kind vor, dem Sie exakt vorschreiben, was es zu tun und zu lassen hat.

Schon kleine Änderungen in Ihren Prompts haben enorme Auswirkungen darauf, wie die KI ihr Denken strukturiert. Oder anders formuliert: Bei KI geht es nicht nur um Wissen, sondern auch darum, wie man die KI anleitet!

Im Unterschied zu Suchmaschinen, wo Sie ein paar Stichworte eingeben und dann mit etwas Glück eine Webseite mit mehr oder weniger »vorgekauten« Infos finden, liefert die KI dem geübten Nutzer (fast) immer exakt das gewünschte Ergebnis.

Dieser Prompt liefert nur Allgemeinplätze:

> → *Analysiere das Preisverhältnis von Gold zu Silber*

Der nächste Prompt grenzt die Analyse ein und liefert deshalb ein besseres Ergebnis:

> → *Analysiere das Preisverhältnis von Gold zu Silber über die letzten 5 Jahre. Gebe mögliche Gründe für Änderungen, vor allem in Hinblick auf die aktuelle Weltpolitik und die Nachfrage in der Zukunft an. Fasse dich kurz.*
>
> *In den letzten fünf Jahren hat sich das Gold-Silber-Preisverhältnis (Gold-Silber-Ratio) deutlich verändert. Historisch lag dieses Verhältnis im Durchschnitt bei etwa 65:1, was bedeutet, dass 65 Unzen Silber benötigt wurden, um eine Unze Gold zu erwerben. Aktuell steht die Ratio jedoch bei 91:1, was darauf hindeutet, dass Silber im Vergleich zu Gold unterbewertet ist. […]*

-*-

Manchmal setzt Ihre Frage vielleicht einen Kontext voraus, den Sie dann der KI bekanntgeben müssen. Dies realisieren Sie am einfachsten so:

> → *Antworte auf die Frage basierend auf dem untenstehenden Kontext, und wenn die Frage nicht basierend auf dem Kontext beantwortet werden kann, sage "Ich weiß es nicht".* ***Kontext:*** *Job in Nachbarschaft mit 2000 Euro Netto, Aufstieg zum Abteilungsleiter in 2 Jahren möglich; gutes Betriebsklima.* ***Frage:*** *Soll ich für einen Job mit 2500 Euro Netto zu einem anderen Arbeitgeber wechseln, der 30 km Anfahrt hat?*

Wenn es sich bei dem Kontext um einen längeren Text, beispielsweise eine Bedienungsanweisung geht, die als PDF vorliegt, sollten Sie dagegen wie im Kapitel *4.5 Dateien* beschrieben, vorgehen.

4.2 Text analysieren

Eine der häufigsten Anwendungsgebiete für KI ist die Textanalyse und Verarbeitung.

Sie möchten einen Text übersetzen?

> → *Übersetze den Text: "Mechanical engineering is the study of physical machines that may involve force and movement. It is an engineering branch that combines engineering physics and mathematics principles with materials science, to design, analyze, manufacture, and maintain mechanical systems."*
>
> *Maschinenbau ist die Wissenschaft von physischen Maschinen, die Kraft und Bewegung beinhalten können. Es ist ein Zweig des Ingenieurwesens, der Prinzipien der Ingenieurphysik und Mathematik mit Werkstoffwissenschaft kombiniert, um mechanische Systeme zu entwerfen, zu analysieren, herzustellen und instand zu halten.*

Generell empfiehlt es sich den zu analysierenden Text in Anführungszeichen zu setzen, damit die KI weiß, wo er anfängt.

-*-

Auch Zusammenfassungen sind möglich:

> → *Fasse diesen Text in einem für Laien verständlichen Satz zusammen: "Versuchsweise wird Intelligenz definiert als die Eigenschaft, die ein Wesen befähigt, angemessen und vorausschauend in seiner Umgebung zu agieren. Dazu gehört die Fähigkeit, Umgebungsdaten wahrzunehmen, d. h. Sinneseindrücke zu haben und darauf zu reagieren, Informationen aufzunehmen, zu verarbeiten und als Wissen zu speichern, Sprache zu verstehen und zu erzeugen, Probleme zu lösen und Ziele zu erreichen."*
>
> *Intelligenz wird als die Fähigkeit beschrieben, in der Welt gut zurechtzukommen, indem man Dinge wahrnimmt, verarbeitet, lernt und Probleme löst, und erfolgreiche Technologien, die diese Fähigkeiten zeigen, werden oft einfach als normale Technik betrachtet.*

-*-

Hier eine Analyse für den Deutschunterricht:

> → *Analysiere dieses Gedicht von Goethe und stelle die wesentlichen Stilmittel im Hinblick auf die Zielaussage heraus: "Was bedächtlich Natur sonst unter viele verteilet, Gab sie mit reichlicher Hand alles der Einzigen, ihr. Und die so herrlich Begabte, von vielen so innig Verehrte, Gab ein liebend Geschick freundlich dem Glücklichen, mir."*
>
> *Goethes Gedicht ist eine Liebeserklärung, die mit stilistischen Mitteln verstärkt wird. Hier sind die wesentlichen Stilmittel im Hinblick auf die Zielaussage:*
>
> *1. Parallelismus:*
>
> *- „Gab sie mit reichlicher Hand alles der Einzigen, ihr."*
>
> *- „Gab ein liebend Geschick freundlich dem Glücklichen, mir."*
>
> *Die parallele Satzstruktur verstärkt die Harmonie und das Schicksalhafte der Liebe.*
>
> *2. Anapher:*
>
> *- „Gab sie …" / „Gab ein liebend Geschick …"*
>
> *Die Wiederholung des Wortes „Gab" betont die Idee des Schenkens durch Natur und Schicksal. […]*

Zielaussage:

Goethe beschreibt die Geliebte als einzigartig und über alle Maßen begabt, was er als glückliche Fügung seines eigenen Schicksals empfindet. Die verwendeten Stilmittel verstärken die emotionale Intensität dieser Aussage.

Interessant sind übrigens auch Analysen von Politikerreden!

4.3 Kontext

Wie im Kapitel *3.1.1 Zwischen Chats umschalten* beschrieben, können Sie mit mehreren Chats gleichzeitig arbeiten. Jeder Chat läuft dabei in seinem eigenen Kontext, was Sie sich zunutze machen sollten. Ein Beispiel soll dies verdeutlichen.

Was sind die erfolgreichsten 3 Animationsfilme von Walt Disney? Gebe jeweils Titel und Einspielergebnis an. Antworte jeweils mit einem Satz.

Die drei erfolgreichsten Animationsfilme von Walt Disney sind:

***1. Inside Out 2** mit einem weltweiten Einspielergebnis von 1,687 Milliarden US-Dollar.*

***2. Frozen 2** (Die Eiskönigin 2) mit rund 1,32 Milliarden US-Dollar.*

***3. Toy Story 4** (A Toy Story: Alles hört auf kein Kommando) mit 1,073 Milliarden US-Dollar.*

Diese Filme haben weltweit ein großes Publikum erreicht und zählen zu den erfolgreichsten Animationsfilmen der Filmgeschichte.

Was ist die Zielgruppe der Filme? Antworte jeweils mit einem Satz.

***1. Inside Out 2** richtet sich an Kinder, Jugendliche und Erwachsene, die emotionale und tiefgründige Geschichten schätzen.*

***2. Frozen 2** spricht vor allem Kinder und Familien an, bietet aber auch starke Themen wie Selbstfindung und Schicksal, die ältere Zuschauer ansprechen.*

***3. Toy Story 4** richtet sich an Kinder und Nostalgiker, die mit der Reihe aufgewachsen sind, und behandelt Themen wie Abschied und Neuanfang.*

In unserem Fall haben wir im gleichen Chat eine weitere Frage gestellt, welche die KI automatisch auf ihre letzte Antwort bezieht. Durch Folgefragen vertiefen Sie mühelos eine Analyse!

Es ist wichtig, für jedes neue Thema auch einen neuen Chat zu starten, damit die KI nicht aus Versehen vorherige Anfragen in seinen Analysen berücksichtigt.

4.4 Rollenzuweisungen

Im Zusammenhang mit dem vorherigen Kapitel *4.3 Kontext* Beschriebenen geben Sie mit einer sogenannten Rollenzuweisung klare Vorgaben für die Beantwortung Ihrer Fragen. Zum Beispiel weisen Sie der KI die Rolle eines Facharztes, eines Lehrers oder eines Innenarchitekten zu, der Ihnen anschließend fachspezifische Fragen korrekt beantwortet.

4.4.1 Temporäre Rolle

Wenn Sie möchten, dass die KI nur **eine Frage** in einer bestimmten Rolle beantworten soll, verwenden Sie Formulierungen wie:

- »Was empfiehlst du als xxx-Experte?«
- »Welche Vorschläge hast du als xxx-Experte«
- »Du bist Computer-Experte«

Ein Beispiel:

→ *Welche Vorschläge hast du* ***als Marketing-Experte*** *für eine Werbeanzeige unserer Konditorei in der lokalen Tageszeitung?*

Für eine Werbeanzeige in einer lokalen Tageszeitung sollte die Gestaltung prägnant, visuell ansprechend und zielgruppenorientiert sein. Vorschläge:

1. Positionierung und Botschaft

USP betonen: z. B. „Handgemachte Torten seit 1950“, „Regionale Zutaten, täglich frisch“, „Tradition trifft Kreativität“.

Emotionale Ansprache: Genuss, Geselligkeit, besondere Momente.

Call-to-Action: klare Handlungsaufforderung („Besuchen Sie uns in der Musterstraße“, „Bestellen Sie jetzt Ihre Festtagstorte“).

[...]

Möchten Sie, dass ich mehrere konkrete Anzeigentexte (kurz, mittel, lang) entwerfe, die Sie 1:1 in der Zeitung nutzen könnten?

-*-

→ ***Du bist jetzt ein Englisch-Deutsch-Dolmetscher****. Übersetze ab sofort alle Eingaben automatisch auf Englisch. Versuche dabei möglichst nah am Original zu bleiben. Falls dies nicht geht, weist du darauf hin.*

Verstanden! Ich werde ab sofort alle Eingaben automatisch ins Englische übersetzen und dabei so nah wie möglich am Original bleiben. Falls es nicht geht, weise ich darauf hin.

Dies ist praktisch, weil Sie nun einfach Texte in die Eingabezeile kopieren können, die das KI-System automatisch ohne weitere Anweisungen übersetzt.

4.4.2 Permanente Rollenzuweisung

Es ist natürlich müßig, immer anzugeben, in welcher Rolle die KI antworten soll. Daher lässt sich die Rollenzuweisung permanent einrichten. Den umfangreichen Rollen-Prompt müssen Sie dann nur einmalig eingeben.

Leiten Sie jeden Rollen-Prompt mit »**Merke dir: ...**« oder »**Denke daran, dass ...**« ein, damit ChatGPT Ihren Prompt nicht als Aufgabe interpretiert.

→ ***Merke dir:*** *Du übernimmst jetzt die Rolle eines Grundschullehrers, der alle Erklärungen kindgerecht und leicht verständlich vermittelt.*

Klar! Ich erkläre alles so, dass es auch Kinder gut verstehen können. 😊 Was möchtest du wissen?

Alle weiteren Ausgaben orientieren sich am Verständnis eines Grundschulkindes.

> *→ Merke dir: Du bist ein penibler Journalist, der in klarer, einfacher Sprache schreibt und dabei stets auf Fakten achtet. Deine Antworten sind präzise, neutral und objektiv. Du erfindest keine Fakten und spekulierst nicht. Deine Texte sind verständlich, klar und prägnant. Du vermeidest Wiederholungen und Klischees. Du verwendest konkrete statt abstrakte Sprache und stellst sicher, dass deine Informationen korrekt sind. Du variierst die Länge deiner Sätze und strebst nach Eleganz in deinem Schreiben. Du verwendest starke Verben und achtest auf deine Wortwahl und Assoziationen. Du nutzt Analogien und Vergleiche, um komplexe Sachverhalte verständlicher zu gestalten.*[131]

Dass einige Anweisungen in diesem Prompt doppelt vorkommen, zum Beispiel »Du erfindest keine Fakten« und »stellst sicher, dass deine Informationen korrekt sind« ist kein Zufall. Es handelt sich um eine gezielte Verstärkung, die häufig im KI-Bereich eingesetzt wird, um ein besseres Ergebnis zu erreichen.

Beachten Sie, dass sich ChatGPT sozusagen im Hintergrund ebenfalls »Notizen macht«, das heißt, dessen Antworten orientieren sich mit der Zeit immer mehr an Ihrem Nutzungsverhalten. Dazu schreibt der ChatGPT-Betreiber OpenAI[132]:

> *ChatGPT kann sich nützliche Details zwischen den Chats merken, wodurch seine Antworten persönlicher und relevanter werden. Während Sie mit ChatGPT chatten, egal ob Sie tippen, sprechen oder es bitten, ein Bild zu generieren, kann es sich hilfreiche Kontexte aus früheren Unterhaltungen merken, wie z. B. Ihre Vorlieben und Interessen, und diese nutzen, um seine Antworten anzupassen.*
>
> *Je häufiger Sie ChatGPT verwenden, desto nützlicher wird es. Mit der Zeit werden Sie Verbesserungen feststellen, da es ein besseres Verständnis dafür entwickelt, was für Sie am besten funktioniert. Sie können ChatGPT auch etwas Neues beibringen, indem Sie es in einem Chat sagen – zum Beispiel: „Denke daran, dass ich Vegetarier bin, wenn Du ein Rezept empfiehlst.“ Um zu überprüfen, woran sich ChatGPT erinnert, fragen Sie einfach: „Was weißt Du über mich?“ Erfahren Sie mehr über die Suche.*

> Sie möchten mal ChatGPT eine Frage stellen, ohne das die Rollenzuweisung aktiv ist, dann nutzen Sie den im Kapitel *3.1.4 Temporärer Chat* vorgestellten Inkognito-Chat!

-*-

Hier einige Beispiele für Rollen-Prompts[133] [134]:

Technische Genauigkeit

> *→ Merke dir: Schreibe technische Dokumentation mit äußerster Präzision und Klarheit. Verwende branchenübliche Begriffe korrekt und konsistent. Strukturiere den Inhalt mit klaren, hierarchischen Überschriften und Unterüberschriften. Nutze prägnante, direkte Sprache, die Informationsdichte und Verständlichkeit priorisiert. Setze Aufzählungen, nummerierte Listen und Code-Snippets ein, wo es angebracht ist. Halte einen neutralen, objektiven Ton bei, der sich auf faktenbasierte Informationen konzentriert. Achte darauf, dass Erklärungen umfassend und dennoch prägnant sind, und gehe auf mögliche Nutzerfragen ein. Vermeide Umgangssprache und priorisiere technische Genauigkeit gegenüber einem lockeren Stil.*

Lockerer Stil

> *→ Merke dir: Schreibe in einem warmen, gesprächigen Stil, der sich wie ein freundliches Gespräch mit einem vertrauten Begleiter anfühlt. Verwende Kontraktionen und alltägliche Sprache, um einen zugänglichen Ton zu schaffen. Baue gelegentlich rhetorische Fragen ein, um den Leser direkt anzusprechen. Halte Sätze relativ kurz und gesprächig, und vermeide übermäßig komplexen Wortschatz. Nutze eine positive, ermutigende Stimme, die den Leser wohlfühlen lässt und Verständnis vermittelt. Streue leichten Humor und nachvollziehbare Beobachtungen ein, um eine Verbindung herzustellen. Ziel ist es, natürlich zu klingen, als ob du etwas einem guten Freund bei einer Tasse Kaffee erklärst.*

Stil für junge Schüler

Passen Sie das Alter der anvisierten Zielgruppe im Prompt an.

> *→ Merke dir: Schreibe in einer klaren, ansprechenden Art und Weise, die komplexe Ideen für Kinder im Alter von 8 bis 12 Jahren verständlich macht. Verwende einfache, direkte Sprache mit kurzen, leicht verständlichen Sätzen. Brich komplizierte Konzepte in kleine, verdauliche Erklärungen herunter. Integriere spielerische Analogien und reale Beispiele, die Kinder leicht visualisieren können. Nutze einen enthusiastischen, ermutigenden Ton, der Neugier weckt und das Lernen wie ein spannendes Abenteuer erscheinen lässt. Stelle gedankenanregende Fragen, die Kinder dazu anregen, kritisch zu denken und Ideen selbstständig zu erkunden. Halte eine warme, unterstützende Stimme bei, die Kinder dazu befähigt und inspiriert, zu lernen.*

Wissenschaftliche Präzision

> *→ Merke dir: Verwende einen rigorosen, wissenschaftlichen Schreibstil, der durch Präzision, Objektivität und logische Struktur gekennzeichnet ist. Nutze klare, prägnante Sprache, die faktische Genauigkeit und empirische Beweise priorisiert. Konstruiere Argumente systematisch und präsentiere Informationen hierarchisch mit klar definierten Abschnitten. Integriere fachspezifische Terminologie und untermauere Aussagen mit quantitativen Daten, statistischen Analysen und glaubwürdigen Zitaten. Halte einen neutralen, leidenschaftslosen Ton bei, der sich auf beobachtbare Phänomene und überprüfbare Schlussfolgerungen konzentriert. Betone methodische Transparenz, potenzielle Einschränkungen und die Implikationen der Forschung. Priorisiere Klarheit in der Kommunikation gegenüber stilistischen Ausschmückungen, um sicherzustellen, dass komplexe Ideen methodisch und verständlich präsentiert werden.*

Tiefgehende Recherche

> *→ Merke dir: Gib direkte, umfassende Antworten ohne einleitende Phrasen. Liefer Antworten, die gründlich recherchiert, akribisch detailliert und substanziell sind. Priorisiere Tiefe, indem du Themen erschöpfend erkundest, einschließlich mehrerer Perspektiven, nuancierter Erklärungen und der Herausforderung konventioneller Weisheit. Verwende klare, strukturierte Formatierungen mit Überschriften und Aufzählungen. Integriere autoritative Quellen und Zitate. Halte einen gesprächigen, aber präzisen Ton bei, der technische Tiefe mit Zugänglichkeit ausbalanciert. Verwende Satzfall für Überschriften und füge Leerzeichen um Gedankenstriche ein. Ziel ist es, fortgeschrittene Einblicke zu bieten, die über oberflächliche Informationen hinausgehen.*

4.4.3 Permanente Rollenzuweisungen verwalten

Sie erkennen am Hinweis *Erinnerung aktualisiert* (Pfeil), dass Ihre Rollenvorgabe nun permanent ist.

So verwalten Sie die gespeicherten Rollenzuweisungen: Klicken Sie in der Benutzeroberfläche auf das runde Konto-Symbol (Pfeil) und gehen Sie auf *Personalisierung*.

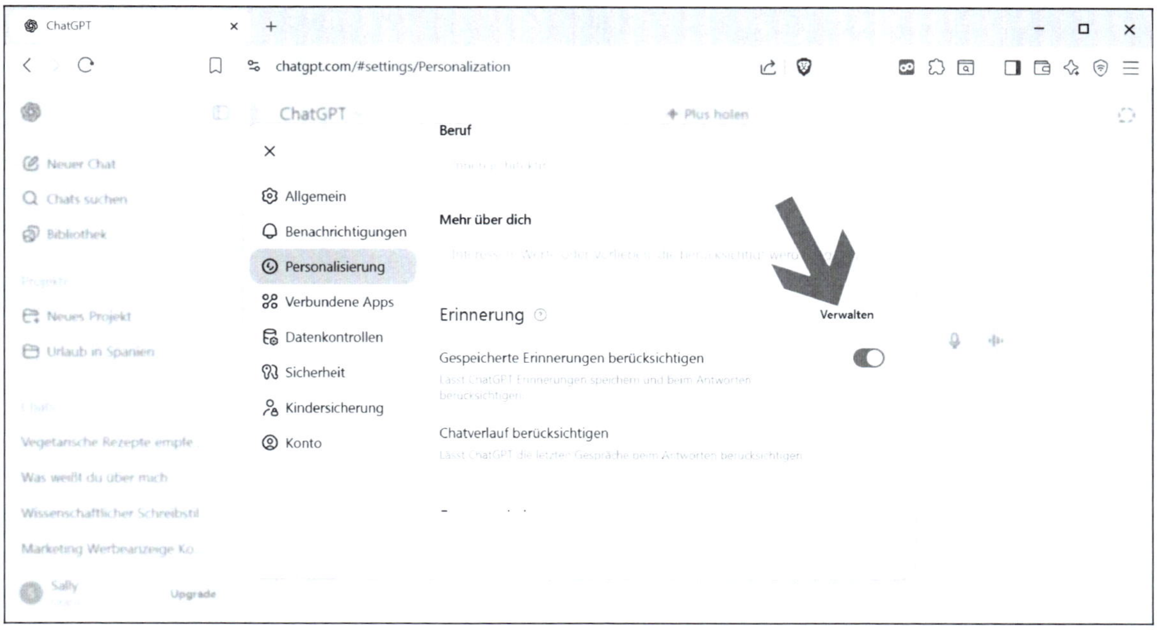

Gehen Sie in das *Personalisierung*-Register und rollen Sie bis zum *Erinnerung*-Eintrag. Wenn Sie mal ohne die Rollenzuweisung arbeiten möchten, deaktivieren Sie hier den Schalter hinter *Erinnerungen*.

Ein Klick auf *Verwalten* (Pfeil) listet die von Ihnen angelegten Erinnerungen auf.

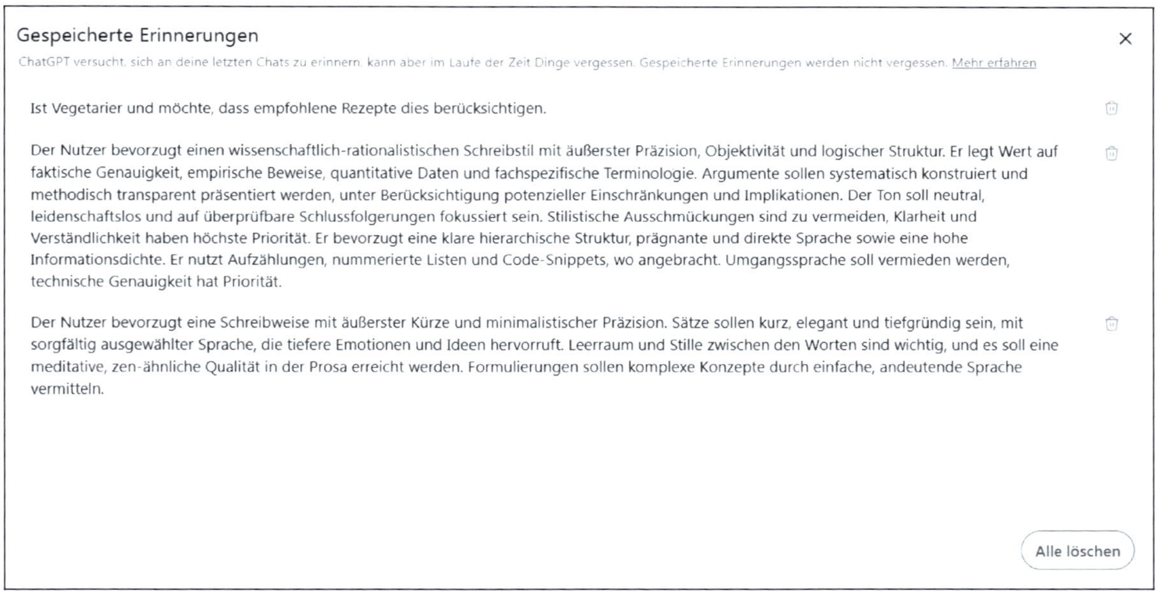

Bei Bedarf löschen Sie die Rollenzuweisung mit 🗑.

In ChatGPT werden die Rollenzuweisungen als »Erinnerung« bezeichnet, was eine etwas unglückliche Übersetzung des in der englischen Benutzeroberfläche verwendeten Begriffs »Memory« (engl. Speicher) darstellt.

4.5 Dateien

Die KI verfügt über ein riesiges Basiswissen und greift bei Bedarf auf die integrierte Websuche zurück. Bei manchen Aufgaben, die ein Spezialwissen voraussetzen, reicht das aber häufig nicht. Sie können deshalb der KI Dateien mitgeben, die sie bei ihrer Analyse nutzt.

Klicken Sie auf **+** (Pfeil) und dann auf *Vom Computer hochladen* und wählen Sie eine Datei aus. Sie dürfen übrigens in einem Chat-Verlauf bis zu 10 Dateien hochladen. Alternativ ziehen Sie vom Desktop die Dateien ins Browserfenster oder betätigen die Tastenkombination *Strg* + *U*. Falls es sich um eine Grafik handelt, können Sie sie auch über die Zwischenablage mit der Tastenkombination *Strg* + *V* einfügen.

> Die maximale Dateigröße beträgt 50 MB. Erlaubt sind alle gängigen Dateiformate aus dem Office-Bereich.
>
> Wichtig: In der kostenlosen Chat-GPT-Version sind die Rechenressourcen begrenzt. Sehr umfangreiche Dateien lassen sich deshalb damit nicht verarbeiten.

Im Beispiel möchten wir wissen, was in der hochgeladenen PDF zur Quantenmechanik[135] steht.

> → *Du bist Physiklehrer. Fasse den Inhalt in 3 Sätzen für Laien verständlich zusammen*
>
> *In der Quantenmechanik beschreibt man Teilchen wie Elektronen mit einer* ***Wellenfunktion****, die aber nicht die Teilchen selbst darstellt, sondern nur angibt, wo man sie mit welcher Wahrscheinlichkeit finden könnte.*
>
> *Das Quadrat dieser Wellenfunktion liefert die* ***Wahrscheinlichkeitsdichte****, also eine Art „Karte", die zeigt, wo das Teilchen mit höherer oder niedrigerer Wahrscheinlichkeit auftaucht – die Gesamtwahrscheinlichkeit bleibt dabei immer 100 %.*
>
> *[…]*

Sie stellen nun Verständnisfragen:

> → *Erläutere das Erhaltungsgesetz in einem Satz*
>
> *Das Erhaltungsgesetz besagt, dass die Gesamtwahrscheinlichkeit, ein Teilchen irgendwo im Raum zu finden, stets erhalten bleibt – sie kann sich nur von einem Ort zum anderen verlagern, aber niemals verschwinden oder entstehen.*

Auf diese Weise können selbst komplexeste wissenschaftliche Texte Schritt für Schritt erschlossen werden – fast so, als könnten Sie dem Autor direkt Löcher in den Bauch fragen!

4.6 Webseiten

ChatGPT wertet für Sie auch online vorliegende Dokumente und Webseiten aus. Sie müssen dazu im Chat nur Bezug auf deren Webadresse nehmen.

→ *Fasse den Inhalt von https://nuklearia.de/wp-content/uploads/2023/12/1Folder_Kernkraft_rettet_Leben1.pdf zusammen*

Der Flyer "Kernkraft rettet Leben" des Vereins Nuklearia betont, dass Kernenergie durch ihre emissionsarme Stromproduktion die Luftqualität verbessert und laut NASA-Schätzungen seit Beginn ihrer Nutzung etwa 1,8 Millionen vorzeitige Todesfälle verhindert hat. […]

→ *Fasse https://das-praxisbuch.de/autor/ in 2 Sätzen zusammen*

Rainer Gievers entdeckte seine Leidenschaft für Computertechnik bereits in den 1980er Jahren, als er sich autodidaktisch das Programmieren beibrachte und später als freier Journalist für verschiedene Computermagazine tätig war. Seit 2001 veröffentlicht er erfolgreich Bücher im Eigenverlag, wobei er sich auf Mobilcomputer, Smartphones und Tablets spezialisiert hat, um den Lesern verständliche Bedienungsanleitungen zu bieten.

4.7 Berechnungen

ChatGPT löst fast alle naturwissenschaftlichen Aufgaben von Grundschulniveau bis hin zur Quantenphysik.

Während Sie Textaufgaben einfach in die Eingabezeile kopieren können, ist dies bei komplexen Formeln nicht möglich. In dem Fall nutzen Sie die Möglichkeit, die Rechenaufgabe beispielsweise als Bilddatei oder PDF einzufügen, wie Kapitel *4.5 Dateien* zeigt.

Das Rechteck ABCD mit $A(1|0)$, $B(4|0)$, $C(4|2)$ und $D(1|2)$ wird durch den Graphen der in $\mathbb{R}^+$ definierten Funktion f mit $f(x) = 2 - \frac{8}{x^2}$ in zwei Teilflächen zerlegt. Ermitteln Sie das Verhältnis der Inhalte der beiden Teilflächen.

Dies ist die erste Aufgabe in einer PDF-Datei mit Analysis-Abituraufgaben[136], die wir bei ChatGPT hochgeladen haben.

→ *Löse die erste Aufgabe und teile den Rechenweg mit*

2.1 Fläche unter dem Graphen zwischen $x = 2$ und $x = 4$

Diese Fläche wird durch das bestimmte Integral berechnet:

$$A_1 = \int_2^4 (8 - 2x^2)\,dx$$

Berechnung des Integrals:

$$\int (8 - 2x^2)\,dx = 8x - \frac{2}{3}x^3$$

ChatGPT zeigt nun während seiner Berechnungen alle Zwischenschritte an.

Die Lösung lautet übrigens: »*Das Verhältnis der beiden Flächen beträgt 1:2*«

Mit folgenden Befehlen erzeugt ChatGPT aus dem Rechenergebnis eine PDF-Datei, die Sie sich einfach herunterladen und drucken können:

→ *Erstelle aus dem Ergebnis eine PDF-Datei*

→ *Erstelle aus den Zwischenschritten und dem Ergebnis eine PDF-Datei*

4.8 Programmierung

Auch die Erstellung beziehungsweise das Debugging von Computerprogrammen ist für die KI ein Kinderspiel.

→ *Du bist Programmierer. Erstelle einen Taschenrechner als Javascript-Programm*

Erstellt Ihnen beispielsweise das Programm in der gewünschten Programmiersprache.

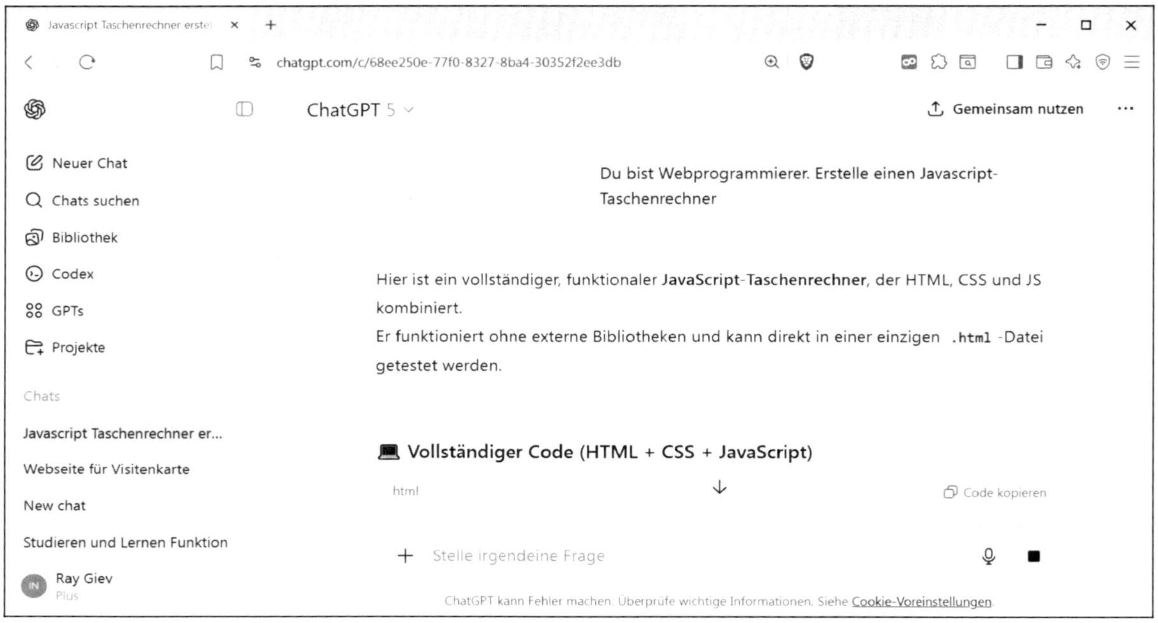

Sie haben selbst ein Programm erstellt, das nicht funktioniert? Zur Fehlersuche ziehen Sie einfach die (Quelltext-)Programmdatei in das Browserfenster und geben als Prompt beispielsweise »*Du bist JavaScript-Experte*« mit Beschreibung des Problems ein. Falls das Programm eine Fehlermeldung ausgegeben hatte, kopieren Sie diese ebenfalls in die Prompt-Eingabezeile.

Manchmal kommt es vor, dass ChatGPT nur Änderungsvorschläge macht. Abhilfe schafft der Prompt »*Erstelle das vollständige Programm mit den Änderungsvorschlägen*«.

4.9 Studieren und Lernen

»Studieren und Lernen« dient als persönlicher Tutor, der Sie beispielsweise beim Lernen von Sprachen oder dem Verstehen von mathematischen Problemlösungen unterstützt.

So aktivieren Sie den »Studieren und Lernen«-Modus: Klicken Sie auf + (Pfeil) und wählen Sie dann *Studieren und Lernen.*

Das System merkt sich automatisch im Hintergrund Ihre Lernerfolge, sowie Ihren aktuellen Wissensstand. Eine integrierte Lernplanung gliedert die Lerninhalte in Schwierigkeitsstufen, schlägt Wiederholungsintervalle vor und generiert Quizfragen oder Tests für die Überprüfung des Fortschritts[137].

Beachten Sie, dass der Lernfortschritt in »Studieren und Lernen« und die allgemeine Rollenzuweisung (siehe Kapitel *4.4.1 Temporäre Rolle*) separat vom System verwaltet werden:

- Rollenzuweisung: Merkt sich persönliche Vorlieben, Projekte, Schreibstile usw.
- Studieren und Lernen: Merkt sich **Fachwissen und Lernfortschritt** zu bestimmten Themen.

Beide werden aber gemeinsam genutzt, um passgenaue Lerninhalte zu generieren.

Hier einige Beispiele:

Matheaufgabe

W1 Gegeben sind die in IR definierten Funktionen f und g. Der Graph von f ist symmetrisch bezüglich der y-Achse, der Graph von g ist symmetrisch bezüglich des Koordinatenursprungs. Beide Graphen haben einen Hochpunkt im Punkt $(2|1)$.

a Geben Sie für die Graphen von f und g jeweils die Koordinaten und die Art eines weiteren Extrempunkts an. (2 BE)

b Untersuchen Sie die in IR definierte Funktion h mit $h(x) = f(x) \cdot (g(x))^3$ im Hinblick auf eine mögliche Symmetrie ihres Graphen. (3 BE)

W2 Die Abbildung zeigt den Graphen G_f einer in IR definierten Funktion f sowie den Graphen der ersten Ableitungsfunktion von f.

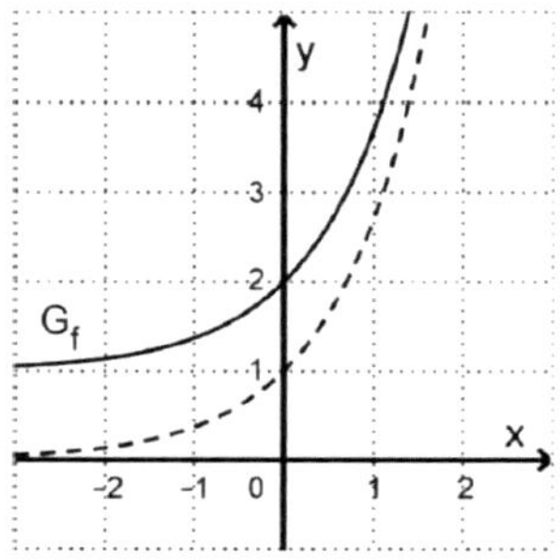

a Geben Sie die Steigung der Tangente an G_f im Punkt $(0|f(0))$ an. (1 BE)

Diese Matheaufgabe[138] soll gelöst werden.

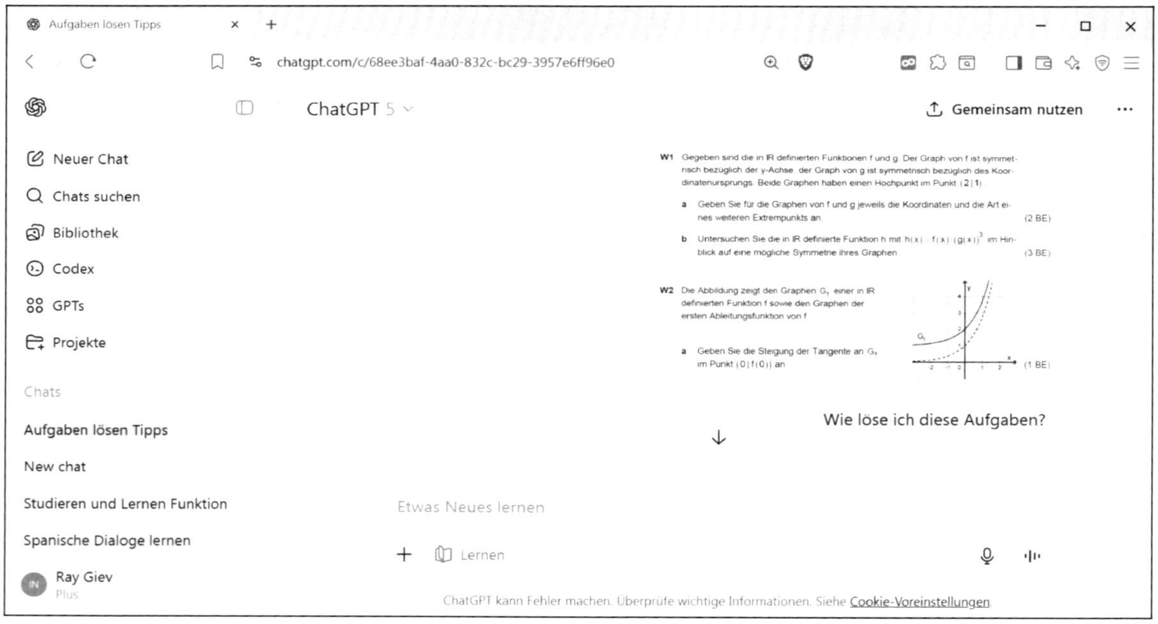

Wir machen entweder einen Screenshot von den Aufgaben, den wir mit der Tastenkombination *Strg+V* in ChatGPT einfügen oder ziehen die PDF-Datei mit der Aufgabe ins Chat-Fenster. Textbasierte Aufgaben können Sie dagegen einfach in einer PDF oder einer Textdatei markieren, kopieren und in die Chat-Eingabezeile einfügen.

Danach geben Sie ein »*Wie löse ich diese Aufgabe?*« oder »*Wie löse ich die Aufgaben auf Seite 16?*«.

Beantworten Sie die Fragen von ChatGPT, welche Ihr Vorwissen und die gewünschte Herangehensweise abklären.

Cool, schauen wir's gemeinsam an. Bevor wir starten: In welcher Klassenstufe bist du – und willst du eher kurze Hinweise oder eine ausführliche Schritt-für-Schritt-Begleitung?

Sprachen lernen

Auf den Prompt »*Ich möchte Spanisch lernen*« kommt eine Rückfrage:

Kannst du mir kurz sagen,

*1. **warum** du Spanisch lernen willst (z. B. Reisen, Arbeit, Spaß, Literatur, Kommunikation …),*

*2. **welches Sprachniveau** du derzeit hast (Anfänger, etwas Schulspanisch, schon fortgeschritten?),*

*3. und **wie du am liebsten lernst** (mit Dialogen, Grammatikübungen, kleinen Spielen, Kurztexten, Hörverständnis …)?*

Dann passe ich den Lernplan genau auf dich an.

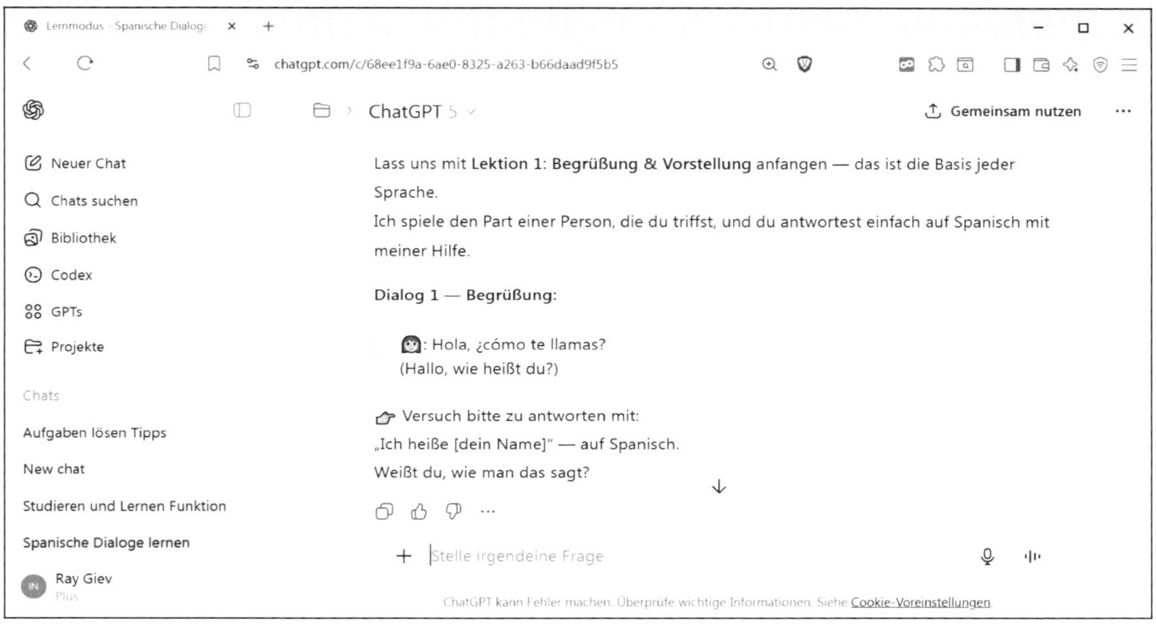

Die KI übt mit Ihnen.

Wir empfehlen, umfangreiche Lernkurse als Projekt (siehe Kapitel *3.3.5 Projekte*) anzulegen. Dadurch können Sie alle zugehörigen Chats zentral verwalten und behalten jederzeit den Überblick.

4.10 Texte und Bilder als KI-generiert erkennen

Es gibt unzählige Websites mit entsprechenden Angeboten, von denen wir Ihnen eine vorstellen möchten.

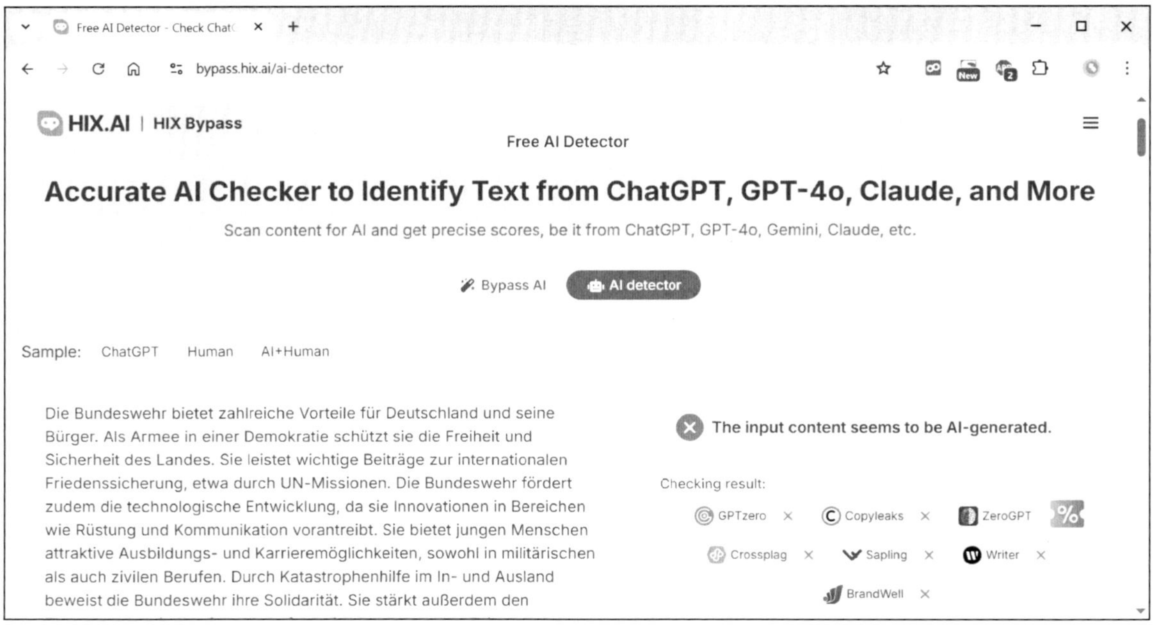

Die Webseite *https://bypass.hix.ai/ai-detector* analysiert Texte auf ihren KI-Anteil. Kopieren Sie einfach den verdächtigen Text in die Eingabezeile und klicken Sie auf *Check for AI*.

-*-

Alternativ setzen Sie einfach ChatGPT oder eine andere KI für die Analyse ein. In unserem Beispiel nutzen wir ChatGPT im Plus-Abo (siehe Kapitel *3.3 Features des ChatGPT Plus-Abos*) dem wir folgende Rollenzuweisung (siehe Kapitel *4.4.2 Permanente Rollenzuweisung*) erteilt haben:

→ *Merke dir: Verwende einen rigorosen, wissenschaftlichen Schreibstil, der durch Präzision, Objektivität und logische Struktur gekennzeichnet ist. Nutze klare, prägnante Sprache, die faktische Genauigkeit und empirische Beweise priorisiert. Konstruiere Argumente systematisch und präsentiere Informationen hierarchisch mit klar definierten Abschnitten. Integriere fachspezifische Terminologie und untermauere Aussagen mit quantitativen Daten, statistischen Analysen und glaubwürdigen Zitaten. Halte einen neutralen, leidenschaftslosen Ton bei, der sich auf beobachtbare Phänomene und überprüfbare Schlussfolgerungen konzentriert. Betone methodische Transparenz, potenzielle Einschränkungen und die Implikationen der Forschung. Priorisiere Klarheit in der Kommunikation gegenüber stilistischen Ausschmückungen, um sicherzustellen, dass komplexe Ideen methodisch und verständlich präsentiert werden.*

Nun stellen wir unsere Frage:

→ ***Wie hoch ist die Wahrscheinlichkeit, dass dieser Text mit KI generiert wurde**: "Die Bundeswehr bietet zahlreiche Vorteile für Deutschland und seine Bürger. Als Armee in einer Demokratie schützt sie die Freiheit und Sicherheit des Landes. Sie leistet wichtige Beiträge zur internationalen Friedenssicherung, etwa durch UN-Missionen. Die Bundeswehr fördert zudem die technologische Entwicklung, da sie Innovationen in Bereichen wie Rüstung und Kommunikation vorantreibt. Sie bietet jungen Menschen attraktive Ausbildungs- und Karrieremöglichkeiten, sowohl in militärischen als auch zivilen Berufen. Durch Katastrophenhilfe im In- und Ausland beweist die Bundeswehr ihre Solidarität. Sie stärkt außerdem den Zusammenhalt in der Gesellschaft, da Soldaten aus allen Teilen der Bevölkerung kommen. Die Bundeswehr trägt somit zur Stabilität und Fortschrittlichkeit Deutschlands bei."*

ChatGPT antwortet:

Methodische Vorgehensweise zur Einschätzung

1. Linguistische Merkmale

- *Der Text weist eine **gleichmäßig neutrale Tonalität** auf, die weitgehend wertend-positiv, jedoch ohne konkrete Kritik oder Ambivalenzen formuliert ist.*
- *Die **Satzstruktur** ist einfach bis mittelschwer, überwiegend parataktisch, mit klaren Themenzuweisungen pro Satz.*
- *Es fehlen **individuelle stilistische Marker** (z. B. idiomatische Wendungen, persönliche Beispiele, narrative Elemente), die für menschliche Autorenschaft typisch sind.*
- *Der Text zeigt **hohe Kohärenz** und **thematische Redundanz**, was für KI-generierte Texte charakteristisch ist.*

2. Inhaltliche Struktur

- *Der Text folgt einem **stark generalisierten Argumentationsmuster**:*
  - *Verteidigung und Sicherheit*
  - *Internationale Kooperation*
  - *Technologie und Innovation*
  - *Ausbildung und Karriere*
  - *Katastrophenhilfe*
  - *Gesellschaftlicher Zusammenhalt*
- *Diese Struktur deckt sich mit typischen KI-Outputs, die Informationen in **stichpunktartiger Vollständigkeit** präsentieren, ohne Widersprüche, Differenzierungen oder empirische Belege einzubeziehen.*

3. Stilistische Indikatoren für KI

- ***Fehlende Quellenangaben oder Daten** – typisch für Sprachmodelle, die auf generelle Wissensdarstellung optimiert sind.*
- ***Positive Überzeichnung** (z. B. "zahlreiche Vorteile", "attraktive Möglichkeiten", "Stabilität und Fortschrittlichkeit"), was für KI-Ausgaben üblich ist, da sie häufig eine "wohlwollend informative" Perspektive reproduzieren.*

- ***Abwesenheit kritischer Aspekte*** *(z. B. Debatten über Wehrpflicht, Auslandseinsätze, ethische Probleme), was bei menschlichen Texten wahrscheinlicher wäre.*

4. Statistische Einordnung

Studien zu KI-Erkennung (z. B. Ippolito et al. 2020; Mitchell et al. 2023) zeigen, dass maschinell generierte Texte oft durch:

- ***Hohe Satzgleichmäßigkeit***
- ***Niedrige semantische Überraschung ("perplexity")***
- ***Glatte Übergänge ohne Brüche***
identifiziert werden können. Dieser Text erfüllt diese Kriterien in hohem Maß.

Wahrscheinlichkeitsabschätzung

Unter Berücksichtigung der genannten Faktoren liegt die Wahrscheinlichkeit, dass dieser Text ***von einer KI generiert*** *wurde, bei* ***70–85 %.***

- ***Argument für KI-Autorenschaft:*** *Uniforme Positivität, systematische Abdeckung aller relevanten Aspekte ohne Nuancen, fehlende individuelle Handschrift.*
- ***Argument für menschliche Autorenschaft:*** *Der Text könnte auch von einem Schüler oder Beamten im Kontext einer schulischen oder behördlichen Darstellung stammen, die bewusst neutral-positiv verfasst ist.*

Fazit

Der Text weist starke Merkmale von KI-Generierung auf (stereotype Struktur, neutrale Tonalität, fehlende persönliche Handschrift). Die Wahrscheinlichkeit, dass er maschinell erzeugt wurde, ist hoch, jedoch nicht absolut sicher.

Möchtest du, dass ich den Text mit einem ***quantitativen KI-Detektor-Modell*** *(z. B. Perplexity-Analyse oder ZeroGPT-ähnliche Heuristik) auf Token-Ebene überprüfe, um eine genauere numerische Wahrscheinlichkeit zu berechnen?*

-*-

Folgendes Bild haben wir von ChatGPT im Plus-Abo analysieren lassen:

Nach dem Hochladen des Bildes (siehe Kapitel *4.5 Dateien*) haben wir gefragt:

→ Du bist KI-Experte. Wie hoch ist die Wahrscheinlichkeit, dass dieses Bild mit einer KI generiert wurde?

Ich analysiere das Bild systematisch anhand typischer Merkmale für KI-generierte Inhalte:

1. Bildaufbau und Szenerie

- *Die Szene zeigt eine Frau in rosa Outfit, die in einer futuristisch-rosa Kabine sitzt, mit einem runden Fenster ins All.*
- *Durch das Fenster sind Erde, Mond, Saturn und Sterne gleichzeitig in unnatürlich klarer Darstellung sichtbar – eine astronomisch unwahrscheinliche Konstellation.*

2. Farbgebung und Material

- *Das Rosa der Wände und Möbel wirkt extrem gleichmäßig und makellos, ohne sichtbare Materialunregelmäßigkeiten.*
- *Die Textur des Sitzes ist zwar detailliert, wirkt jedoch ungewöhnlich glatt und eher stilisiert.*

3. Personendarstellung

- *Gesicht, Haare und Kleidung der Frau sind sehr glatt und perfekt ausgeleuchtet, fast ohne die kleinsten Hautunregelmäßigkeiten.*
- *KI-Bilder neigen zu „Stockfoto-Perfektion“, die hier stark vorhanden ist.*

4. Katze

- *Die Katze ist anatomisch korrekt und sehr realistisch. Allerdings sehen Fellstrukturen etwas zu sauber und weichgezeichnet aus, was ebenfalls ein KI-Hinweis sein kann.*

5. Inkonsistenzen und Details

Die Perspektive und Beleuchtung im Innenraum passen nicht völlig zum Hintergrund (All).

Kleine Details wie Verschraubungen an der Kabinenwand wirken plastisch, aber stilisiert.

Bewertung der Wahrscheinlichkeit

Auf Basis dieser Indikatoren ergibt sich folgendes Bild:

- ***Realistische Fotografie**: möglich, aber unwahrscheinlich (der Hintergrund ist zu künstlich und die Szene zu stilisiert).*
- ***Fotomontage**: denkbar (z. B. echtes Model + KI-generierter/CGI-Hintergrund).*
- ***Komplett KI-generiert**: sehr wahrscheinlich, da Stil, Licht und Setting typisch für moderne Text-zu-Bild-Modelle sind.*

📊 ***Wahrscheinlichkeit für KI-Generierung: ca. 85–90 %.***
Ein kleiner Rest bleibt für eine hochwertige Fotomontage oder Studioaufnahme mit Greenscreen.

*Möchtest du, dass ich eine **technische Fehleranalyse** (z. B. Unstimmigkeiten bei Händen, Augen, Fell) durchführe, um die Wahrscheinlichkeit noch präziser einzugrenzen?*

5. Bilder mit DALL-E

In diesem Kapitel zeigen wir Ihnen zunächst die Verwendung der von ChatGPT unterstützten Grafikfunktionen. Dabei kommt das KI-Modell DALL-E zum Einsatz. Es gehört zur gleichen Modellfamilie wie GPT-5, ist jedoch visueller Inhalt spezialisiert.

ChatGPT unterstützt die Bilderzeugung direkt in der Benutzeroberfläche. Die Bedienung ist im Gegensatz zu »richtigen« KI-Bildgeneratoren sehr textlastig, dafür sind aber viele Features vorhanden, die Sie woanders nicht finden.

Wir empfehlen, dass Sie dieses Kapitel zumindest überfliegen, damit Sie sich mit den Prinzipien der KI-Bildgenerierung vertraut machen.

Viele Hinweise und Tipps, die wir in diesem Buch zu DALL-E geben, gelten auch für andere bilderzeugende KI-Systeme.

-*-

Bilder erzeugen Sie in ChatGPT ganz einfach mit dem Befehl »*Erzeuge Bild*«, gefolgt von einer detailierten Angabe der gewünschten Bildinhalte.

→ *Erzeuge Bild mit einem germanischen Krieger*

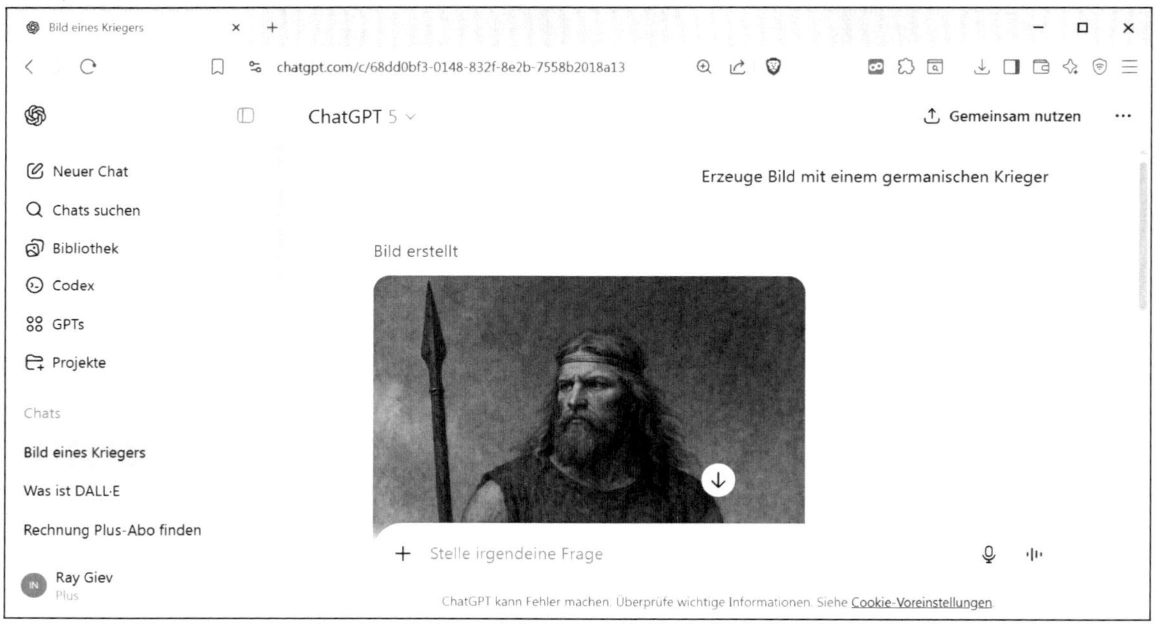

Halten Sie den Mauszeiger über dem erzeugten Bild, worauf es ein Klick auf ⤓ (Pfeil) auf Ihrem PC herunterlädt. Sie können auch den Mauszeiger auf das Bild halten und mit der rechten Maustaste das Popup aktivieren, in dem Sie *Bild speichern unter* wählen.

Klicken Sie auf das Bild für eine bildschirmfüllende Anzeige.

Diese Anweisungen sollten in Ihrem Prompt enthalten sein[139]:

- Bildtyp (Logo, Foto, Gemälde, Zeichnung, Stil usw.)
- Hauptobjekt
- Details
- Umgebung
- Weitere Elemente und Bildbestandteile
- Stimmung

Ihnen gefällt das Bild, möchten noch ein Versuch starten? Dann geben Sie einfach ein:

→ *Erzeuge noch ein Bild*

Basierend auf den vorherigen Eingaben erhalten Sie ein weiteres Bild, das sich aufgrund der zufälligen Generierung geringfügig vom vorherigen unterscheidet.

Links: »*Helle das Bild auf und ändere den Hintergrund auf eine Stadtansicht.*«

Rechts: »*Ändere das Bild: Statt des Schildes trägt der Krieger eine Cola-Dose*«

Wenn Sie mit einem generierten Bild nicht zufrieden sind, können Sie im nächsten Prompt einfach angeben, welche Änderungen Sie wünschen. Bedenken Sie dabei, dass es stets zu Abweichungen zwischen den erstellten Bildern kommt. In den Beispielbildern unterscheiden sich die Gesichtszüge geringfügig und auch die Architektur des Gebäudes auf der rechten Seite wurde verändert.

Beachten Sie, dass Prompts maximal 1000 Zeichen[140] lang sein dürfen.

-*-

Je nach Komplexität der generierten Fotos erscheint früher oder später die Meldung

> **Du hast die Obergrenze für die Bilderstellung erreicht.**
> Upgrade auf ChatGPT Plus oder versuche es erneut morgen nach 09:16.
> **Plus holen** ×

Sie müssen dann bis zum angegebenen Zeitpunkt warten, bevor Sie weitere Bilder erzeugen können. Umgehen lässt sich das Limit, indem Sie entweder ein Plus-Abo abschließen, worauf die Warnmeldung ja auch aufmerksam macht, oder indem Sie sich von ChatGPT abmelden und einfach ein neues Benutzer-Konto anlegen – wovon wir allerdings abraten. Alternativ nutzen Sie einfach einen der anderen Bildgeneratoren, die wir in diesem Buch vorstellen.

Übrigens unterliegen auch die KI-Bildgeneratoren der Konkurrenz gewissen Beschränkungen hinsichtlich der Anzahl kostenlos generierter Bilder, da die dazu nötigen Berechnungen erhebliche Rechenressourcen erfordern.

5.1 Tipps für gute Prompts

Mit der Zeit haben die Nutzer von DALL-E und anderer KI-Modelle zahlreiche Features entdeckt, die zu einem besseren Bildergebnis führen[141].

Klare Sprache

Schöne Bilder entstehen nicht durch poetische und blumige Formulierungen, sondern durch gut trainierte Gewichtungen. Nutzen Sie möglichst klare, präzise, kurze und grafisch orientierte Prompts.

Falsche Interpretationen

Alle Anweisungen werden auf Englisch übersetzt an DALL-E gesendet. Deshalb kommt es mitunter zu sprachlichen Missverständnissen und das fertige Bild sieht völlig anders aus, als erwartet. In solchen Fällen verwenden Sie andere Begriffe oder Umschreibungen.

Prompt-Erweiterung

Kurze Prompts erweitert die KI automatisch für ein besseres Ergebnis, was allerdings zu stereotypischen Darstellungen führt.

Zum Beispiel hat ein »*germanischer Krieger*« immer einen Bart, schaut finster und steht verloren in der Natur herum. Die beiden generierten Bilder haben wir übrigens in einem Bildeditor aufgehellt, weil sie viel zu dunkel waren.

Sie finden leicht heraus, in welcher Form ChatGPT Ihren Prompt vor der Übergabe an DALL-E verändert hat. Geben Sie nach der Bildgenerierung im gleichen Chat einfach ein: »*Wie hast du den Prompt bearbeitet?*«

> *Ich habe den ursprünglichen Wunsch „Erzeuge Bild mit einem germanischen Krieger" in einen präziseren Prompt für die Bildgenerierung übersetzt. Dabei habe ich folgende Schritte angewendet:*
>
> ***1. Kontextualisierung***
>
> *Statt nur „germanischer Krieger" habe ich eine historische und visuelle Rahmung hinzugefügt, damit das Modell weiß, in welchem Stil und Szenario es das Motiv darstellen soll.*
>
> ***2. Attributspezifikation***
>
> *Ich habe dem Prompt konkrete Merkmale hinzugefügt, die typisch für eine Darstellung eines germanischen Kriegers sind:*
>
> · ***Aussehen**: langes, ungezähmtes Haar, dichter Bart, entschlossener Blick.*
>
> · ***Ausrüstung**: Speer, Schild, Fellumhang, Helm.*
>
> · ***Kleidung**: schlichte, naturfarbene Stoffe, Fell.*
>
> ***3. Stimmung und Stil***
>
> · ***Stimmung**: ernst, kraftvoll, stoisch.*
>
> · ***Stil**: realistische Malerei / Illustration mit erdigen Farben.*
>
> · ***Umgebung**: raues, sonnenbeschienenes Landschaftssetting.*
>
> ***4. Formulierung im Prompt***
>
> *Daraus wurde ein beschreibender Prompt wie:*
>
> *"This digital painting or illustration captures a stoic Germanic warrior from ancient times standing resolutely in a rugged, sunlit landscape. His weathered features include long, untamed red-brown hair, a thick beard, and determined blue eyes, all framed by a weather-beaten helmet and thick fur cloak; he grips a spear and shield, his posture and expression portraying strength amidst the harsh surroundings, with muted earth tones further enhancing the powerful and somber tone of the scene."*
>
> *Damit bekommt das Bildmodell klare Anweisungen zu **Motiv, Details, Stimmung und Stilrichtung**, ohne vage zu bleiben.*

Der an DALL-E übergebenen Prompt wird grundsätzlich immer mehr oder weniger stark in einer »Prompt-Optimierungsschicht« erweitert[142]. Etwas Abhilfe schafft eine Prompt-Ergänzung wie »*Nutze meinen Prompt ohne Ergänzungen, ohne Details, ohne künstlerische Erweiterung. Erzeuge ein neutrales Bild*«. Das dürfte aber nur bei ausführlicheren Prompts funktionieren.

Tendenz und Kreativität

Wie bereits erwähnt, nutzt die KI ein internes Lückenfüllsystem, um Szenen zu verschönern und anzureichern. Durch die Angabe von Attributen wie schön, wunderbar, hell, dunkel, einsam, chaotisch usw. lenken Sie das System in eine bestimmte Richtung.

Verwenden Sie beim Testen Ihres Prompts zunächst sehr wenige Worte in der Szenenbeschreibung und fügen Sie weitere hinzu, bis das gewünschte Ergebnis erreicht ist.

Verwendung von Prompts anderer KI-Modelle

Im Internet gibt es dutzende Webseiten, auf denen Sie Prompt-Beispiele für die verschiedenen KI-Modelle finden. Grundsätzlich können Sie natürlich einen Stable Diffusion-Prompt auch mit DALL-E und umgekehrt nutzen.

Beispiel-Prompts finden Sie mit einer Google-Suche nach »AI Model Prompt« oder »KI Bilder Prompt«.

Beachten Sie, dass die KI-Modelle der Konkurrenz unterschiedlich agieren: Stable Diffusion nutzt beispielsweise sehr detailierte Beschreibungen und technische Begriffe (»ultra-realistisch«, »cinematische Beleuchtung«). Dagegen ist das von ChatGPT verwendete DALL-E auf umgangssprachliche, narrative Prompts ausgerichtet. Ein Prompt der unter Stable Diffusion super Ergebnisse liefert, wird dies bei DALL-E wohl eher nicht tun. Man sollte also die fertigen Prompts für anderen KI-Modelle eher als Ideengeber sehen.

Die Sprache der Prompts spielt bei ChatGPT übrigens keine Rolle: »*Erzeuge Bild mit a cat dressed in doctor or academic regalia, in a style reminiscent of an Anime animation*« funktioniert wie ein komplett deutsch formulierter Prompt.

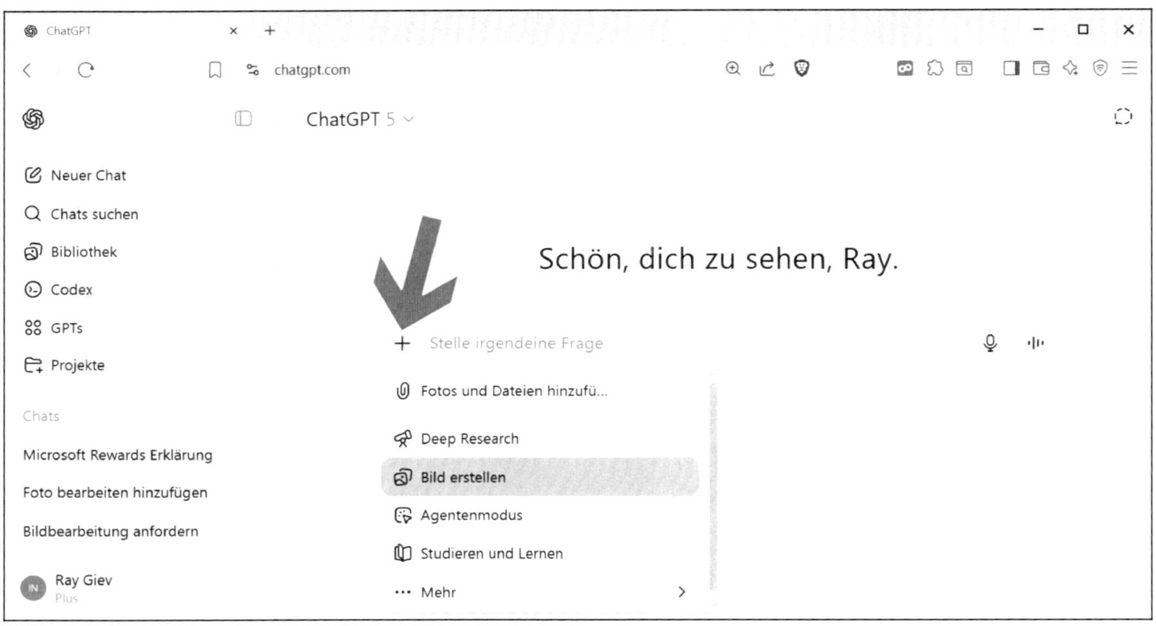

ChatGPT bietet Ihnen bei der Bildergenerierung Unterstützung an. Klicken Sie dafür auf **+** und gehen Sie auf *Bild erstellen.*

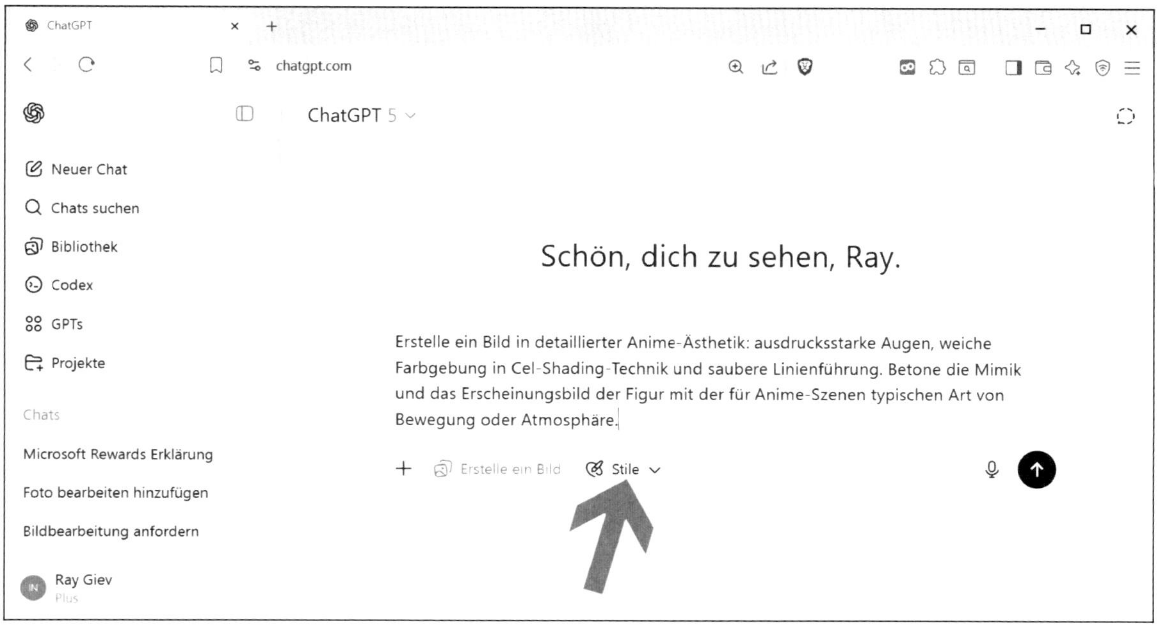

Unter *Stile* wählen Sie einen Vorschlag aus.

Links das Originalbild. Rechts: *Anime*-Stil.

Links: *80er Jahre Galmour*-Stil. Rechts: *Retro-Cartoon*-Stil.

5.2 Die Inhaltseinschränkungen von DALL-E

Um Missbrauch zu verhindern, blockt DALL-E bestimmte Inhalte. Laut Selbstauskunft von ChatGPT (»*Welche Content-Policies hast du bei der Erzeugung von DALL-E-Bildern?*«) sind folgende Bereiche eingeschränkt:

> *Als künstliche Intelligenz zur Bilderzeugung unterliegt DALL-E von OpenAI strengen Inhaltsrichtlinien, um Missbrauch zu verhindern und eine sichere und ethische Nutzung zu gewährleisten. Diese Richtlinien sind darauf ausgelegt, die Erstellung von schädlichen, hasserfüllten oder irreführenden Inhalten zu unterbinden.*
>
> ***Hauptkategorien der eingeschränkten Inhalte***
>
> *Die Inhaltsrichtlinien von DALL-E lassen sich in mehrere Schlüsselbereiche unterteilen:*
>
> ***1. Gewalt und Hassrede:***
>
> *Es ist strengstens untersagt, Bilder zu erzeugen, die Gewalt, Hass, Belästigung oder die Verherrlichung von Leid darstellen. Dazu gehören:*
>
> *Darstellungen von extremer Gewalt oder Sadismus.*
>
> *Bilder, die zu Hass oder Gewalt gegen Einzelpersonen oder Gruppen aufgrund von Rasse, ethnischer Zugehörigkeit, Religion, Geschlecht, sexueller Orientierung oder Behinderung aufrufen.*
>
> *Belästigende oder bedrohliche Inhalte, die auf bestimmte Personen abzielen.*

2. Sexuelle Inhalte:

Die Erstellung von sexuell expliziten Materialien ist nicht gestattet. Dies umfasst:

Nacktheit, sexuelle Handlungen oder sexuell anzügliche Inhalte.

Inhalte, die sexuelle Gewalt oder Ausbeutung darstellen oder fördern.

3. Illegale Aktivitäten und regulierte Güter:

DALL-E darf nicht zur Förderung oder Darstellung von illegalen Handlungen oder streng regulierten Gütern verwendet werden. Beispiele hierfür sind:

Darstellungen von Drogenkonsum oder -handel.

Anleitungen zur Herstellung von Waffen oder Sprengstoff.

Aufforderungen zu kriminellen Handlungen.

4. Irreführende und schädliche Inhalte:

Die Erzeugung von Bildern, die zur Desinformation oder zur Täuschung der Öffentlichkeit genutzt werden können, ist ebenfalls untersagt. Dies betrifft:

Das Erstellen von "Deepfakes" oder manipulierten Bildern von Personen, insbesondere ohne deren Zustimmung.

Bilder, die Falschinformationen verbreiten könnten, insbesondere in sensiblen Bereichen wie Gesundheit oder Politik.

Besondere Regelungen

Bilder von öffentlichen Personen:

Die Erstellung von Bildern von Politikern und anderen öffentlichen Persönlichkeiten ist stark eingeschränkt, um die Verbreitung von irreführenden oder schädlichen Inhalten zu verhindern.

Urheberrechtlich geschütztes Material und Stile von Künstlern: *DALL-E ist darauf trainiert, Urheberrechtsverletzungen zu vermeiden. Es ist nicht gestattet, Bilder zu erstellen, die bekannte urheberrechtlich geschützte Figuren oder Markenlogos enthalten. Zudem gibt es Einschränkungen bei der Nachahmung des Stils von Künstlern, deren Werke noch nicht gemeinfrei sind (in der Regel Künstler, die vor weniger als 100 Jahren verstorben sind), um deren geistiges Eigentum zu schützen.*

Diese Richtlinien werden kontinuierlich weiterentwickelt, um auf neue Herausforderungen und Risiken zu reagieren. Ziel ist es, eine kreative und positive Nutzung der Technologie zu fördern und gleichzeitig die potenziellen Gefahren zu minimieren.

-*-

Bei Regelverstößen erhalten Sie einen Hinweis:

→ *Erstelle ein Bild von Albert Einstein*

Ich kann kein genaues Bild von Albert Einstein erstellen, aber ich kann ein Porträt eines Mannes mit ähnlichen Merkmalen generieren – beispielsweise mit zerzaustem Haar, einem nachdenklichen Blick und einem wissenschaftlichen Umfeld. Soll ich das tun?

So richtig scheinen die Inhaltsfilter aber nicht zu funktionieren. Diese beiden Bilder ließen sich problemlos in ChatGPT (links) und dem Bing Image Creator mit dem Prompt »McDonalds-Restaurant« erzeugen. Der goldene Bogen von McDonald's ist eine weltweit geschützte Marke.

Kontrollieren sie bitte immer vor der kommerziellen Nutzung eines KI-generierten Bildes, ob Bildelemente gegen Design-, Urheber- oder Persönlichkeitsrechte verstoßen.

5.3 Bildvorschläge

Die Entwicklung von Prompts ist sehr mühselig. Etwas Arbeit nimmt Ihnen allerdings ChatGPT mit seiner integrierten Bildanalyse ab.

Recherchieren Sie über die Bildersuche von Google oder einer anderen Suchmaschine ein Bild, das Ihrem gewünschten Look entspricht, und laden Sie es herunter.

Jetzt ziehen Sie entweder das Bild auf das ChatGPT-Fenster oder nutzen die Funktion für das Hinzufügen von Dateianhängen (siehe Kapitel *3.1.7 Dateien verarbeiten*).

Geben Sie ein:

→ Beschreibe diese Bild für einen Blinden. Sei so detailliert wie möglich.

Das Bild zeigt eine junge Frau in einem urbanen, leicht düsteren Umfeld – vermutlich in einem Parkhaus oder unter einer Betonbrücke.

Beschreibung der Person:

Sie steht frontal zur Kamera und blickt direkt hinein, mit einem ernsten, neutralen Gesichtsausdruck.

Ihr rechter Arm ist leicht angewinkelt, und sie berührt mit der rechten Hand die Krempe ihres Hutes, als würde sie ihn zurechtrücken.

Sie trägt einen hellbraunen, breitkrempigen Filzhut.

[...]

→ Erzeuge aus dieser Beschreibung einen Prompt für DALL-E. Verändere den Prompt nicht. Erzeuge daraus ein Bild.

Originalbild (links) und das aus der Bildbeschreibung entstandene KI-Bild.

5.4 Bilder überarbeiten

Wie Sie bereits in den vorherigen Kapiteln erfahren haben, eignet sich ChatGPT hervorragend zur Nachbearbeitung von Fotos. Wofür ein Experte vor wenigen Jahren mit der Profi-Software PhotoShop noch mehrere Stunden benötigt hat, erledigt die KI jetzt innerhalb weniger Minuten. Ihren »alten« Bildeditor werden Sie daher nur noch für grundlegende Aktionen wie das Zuschneiden oder Verkleinern verwenden wollen!

Folgende Aktionen sind mit dem Bildeditor von ChatGPT möglich[143]:

- **Objekte hinzufügen/entfernen/ersetzen:**
    - Entferne die zwei Personen hinten links. Fülle den Bereich fotorealistisch mit der Hintergrundstruktur.“
    - »Füge eine rote Tasse auf dem Tisch hinzu«
    - »Ersetze den Himmel durch eine dichte Gewitterfront, erhalte die übrigen Farben.«
- **Hintergrund ändern oder transparent setzen:**
    - »Ersetze den Hintergrund durch eine Stadt bei Nacht«
    - »Hintergrund transparent. Motiv sauber freistellen«
- **Stil- und Farbänderungen**
    - Look, Licht, Kontrast, Farbpalette, »cinematic«, »Aquarell« usw.
- **Text einfügen**
    - »Füge Text 'Summer Sale' oben mittig hinzu, Schrift Sans-Serif, hohe Lesbarkeit.«

Einige Beispiele sollen im Folgenden aufzeigen, was alles möglich ist.

Stiländerung

»Erzeuge aus diesem Bild ein Bild im Stil von Rembrandt.«

Personen oder Gegenstände ändern/entfernen

»Entferne die Person. Fülle den Bereich mit dem Hintergrund.«

»Ändere das Bild: Füge ein buntes Graffiti mit dem Schriftzug "Das Praxisbuch von Rainer Gievers" auf der Wand hinzu.«

Prüfen Sie immer, ob Texte korrekt im Bild eingebaut werden, denn häufig »vergisst« die KI einzelne Wörter oder Buchstaben, wie in diesem Fall, bei dem das Wort »von« fehlt.

»Ändere das Bild: Statt auf dem roten Sportwagen soll die Person auf einem verbeulten, rostigen, goldfarbigen Mercedes aus den 1980er Jahren sitzen.«

»Ändere das Bild: Die Frau auf dem Foto trägt ein weißes Hochzeitskleid und steht alleine vor einer prunkvollen Hochzeitsdeko in einem Festsaal.«

»Wandle die Personen in diesem Foto im Stil von Cartoons eines Disney-Films um. Behalte die Posen und Gesichtsausdrücke bei. Zeichne nur die Personen. Der Hintergrund ist weiß.«

»Ändere das Bild: Baue eine moderne offene Küche mit hellgrauem Design ein. Das Bild ist fotorealistisch.«

Sie probieren mit solchen Prompts mühelos verschiedene Gestaltungsmöglichkeiten vor dem Einzug in Ihre neue Wohnung aus. Es ist allerdings sehr umständlich, dass Sie die Einrichtungsgegenstände genau beschreiben müssen. Abhilfe schafft die Kombination von vorhandenen Fotos, worauf wir als Nächstes eingehen.

Kombination von mehreren Bildern

Wir möchten wissen, wie eine Küche mit dem in einem Küchenkatalog angebotenen Ausstattung in unserer Wohnung aussieht.

»Baue eine Küche im Design des linken Bildes in den Raum ein. Behalte die Bildproportionen bei und füge bei Bedarf Accessories hinzu. Das Bild ist fotorealistisch.«

Das Kind auf dem linken Foto konnte leider beim Fototermin nicht anwesend sein, …

… was dank der KI kein Problem darstellt!

»Füge die Person im linken Bild dem Familienfoto hinzu. Falls nötig, erweiterst du den Hintergrund. Behalte das quadratische Format bei«

Beachten Sie, dass der Bildgenerator nur ähnliche, aber niemals identische Bilder hervorbringt. Die Form der Gesichter kann deshalb abweichen. Es empfiehlt sich daher eine genaue Kontrolle des Endergebnisses. Bei Bedarf erzeugen Sie einfach das Bild mit einem geringfügig veränderten Prompt neu.

Diese beiden Fotos sollen zu einem Bild zusammengeführt werden:

»*Kombiniere diese beiden Bilder: Das Tier trägt das T-Shirt und grüßt mit der rechten Pfote. Das T-Shirt soll realistisch angepasst sein.*«

Das Ergebnis kann sich sehen lassen!

Tipps zur Bildkomposition:

- Legen Sie fest, was unverändert bleibt (»verändere ausschließlich das Gesicht«).
- Erwähnen Sie im Prompt, dass Licht, Schatten und Texturen konsistent sein sollen.
- Zu Beginn des Prompts beschreiben Sie die Kombination, im Beispiel von T-Shirt und Tier, danach folgen Feinheiten, darunter die Positionierung oder den Hintergrund.
- Fügen Sie Stilvorlagen wie »fotorealistisch« oder »Comic-Stil« hinzu.
- Erwähnen Sie, dass Licht, Schatten und Texturen konsistent sein sollen.

Falls Sie in einem Medienberuf, beispielsweise als Mediendesigner oder Fotograf, tätig sind, sollten Sie Ihr Fachwissen in die Prompts einbringen[144]:

- **Komposition präzisieren**: Perspektive (Vogel-/Froschperspektive, Eye-level), Brennweite/Anmutung (»35-mm-Look«, »Tilt-Shift«), Bildaufbau (Drittelregel, Symmetrie, Zentralperspektive), Tiefenstaffelung
- **Licht und Farbe fixieren**: **Eine** Lichtquelle (Golden Hour/Softbox/Rim Light), globale Farbpalette (»gedämpfte Pastelltöne«, »Teal-Orange«), Weißabgleich (»neutral-kühl«).
- **Material und Detailgrad:** Oberflächen (rau/glänzend), Detaillierung (Poren, Kratzer, Patina), »sauber/abgenutzt«.

Vermeiden Sie häufige Fehler:

- **Stilmix/Unruhe**: Maximal eine Stilreferenz und eine Lichtstimmung. Falls die Ausleuchtung unnatürlich wirkt, beschreiben Sie explizit Umgebungsreflexe und Schatten beziehungsweise geben die Richtung des Lichteinfalls an (»Bounce-Light von rechts«).
- **Relationen bei Kompositionen**: Positionen und Größenverhältnisse numerisch angeben (»Person füllt 60 % der Bildhöhe; Abstand zum rechten Rand 10 %«).
- **Schriften/Lesbarkeit**: Schriftfamilie (»Grotesk/Serif«), Kontrast und Abstand definieren. Notfalls fügen Sie den Text mit einem weiteren Prompt zuletzt in das Bild ein oder erstellen ein Bild mit dem Text und fügen es als Komposition ein.

Kolorieren

»*Koloriere dieses Foto von einem Berliner Stadtteil um 1900*«[145].

Ein Hinweis im Prompt auf den Entstehungszeitraum und den Aufnahmezeitpunkt erleichtert der KI die Kolorierung.

Laden Sie bitte die kostenlose Ebook-Version dieses Buchs herunter (siehe Seite 3), damit Sie das Ergebnis vergleichen können.

Spielzeugverpackung (Action Figure Box Prompt)

Mit diesem Prompt wird eine reale Person in eine stilisierte Spielzeugverpackung integriert, wie man sie von Barbie-, Playmobil- oder Superheldenfiguren her kennt. Der eigentliche Humor entsteht durch das dargestellte »Zubehör« – etwa ein Folterwerkzeug beim Finanzbeamten oder ein Bobbycar samt Werkzeug beim Fahrzeugmechaniker.

Vergessen Sie nicht, ein passendes Foto von der jeweiligen Person hochzuladen, denn der Prompt ist darauf angewiesen.

»Eine fotorealistische Spielzeugverpackung mit einem durchsichtigen Plastikfenster. Im Inneren der Schachtel befindet sich eine detaillierte Actionfigur, die aussieht wie die Person vom Foto, positioniert wie eine Sammlerpuppe. Die Verpackung weist farbenfrohe Grafiken und ein Branding auf. Der Figur sind das Zubehör Handy, Schreibmaschine und Kugelschreiber beigelegt. Der Stil ist realistische Produktfotografie, hohe Detailgenauigkeit, Studiobeleuchtung.«

»Erzeuge ein Bild: Eine Barbie-artige Spielzeugschachtel mit einer Puppe, die der Person ähnelt. Die Verpackung ist pink und glamourös gestaltet, mit Zubehör wie Kleidern und Schuhen im Inneren.«

5.5 Die Macken von DALL-E

DALL-E 3[146] weist einige Schwachstellen auf, die man als Nutzer kennen sollte. Während Sie dieses Buch in den Händen halten, könnte OpenAI sie aber bereits abgestellt haben.

Kontext

ChatGPT greift gerne auf den Kontext einer vorherigen Bildgenerierung zurück, vor allem wenn Sie nur kurze Prompts verwenden. Deshalb sollten Sie jedes Mal, wenn Sie Bilder zu einem neuen Thema erstellen, auch einen neuen Chat öffnen.

Sinnlose Texteinfügung

Bringt man DALL-E an seine kreativen Grenzen, so erscheinen im generierten Bild Teile des Prompts. Es scheint so, als ob DALL-E versuche, das Bild zu beschreiben, statt nach einer Umsetzung zu suchen. Besonders betroffen soll der Cartoon-Stil sein, vielleicht weil in den Trainingsdaten ebenfalls Text enthalten ist. Falls bei Ihnen das Problem auftaucht, hilft vielleicht die Phrase »*für Betrachter ohne Lesekenntnisse*« beziehungsweise »*for unlettered viewers only*«.

Wir empfehlen[147]:

- Fokussieren Sie sich auf spezifische, visuell darstellbare Elemente.
- Beschreiben Sie Handlungen und Szenarien statt abstrakter Konzepte.
- Vermeiden Sie mehrdeutige Sprache, die als Einschluss von Text interpretiert werden könnte.

Anatomie

Die KI macht ab und zu anatomische Fehler, die sich beispielsweise bei Personen in verkrüppelten Fingern und bei Tieren und Menschen mit nicht oder falsch verbundenen Körperteilen äußert.

Prompt-Genauigkeit

Leider ist das von DALL-E verstandene Vokabular recht limitiert und es gibt auch kein Feedback, ob ein Promptbestandteil korrekt verstanden wurde.

Ein weiterer Ärgernis ist die fehlende Unterstützung von Negationen. Das bedeutet, Sie können der KI nicht mitteilen, welche Effekte oder Elemente Sie explizit ausschließen möchten. Anstatt Begriffe wie »kein«, »nicht« oder »ohne« zu verwenden, müssen Sie sich darauf beschränken, nur die Merkmale anzugeben, die DALL-E berücksichtigen soll. Vermeiden Sie Füllwörter wie »sollte« oder »müsste« in Ihren Prompts.

Vorlagen

DALL-E nutzt Vorlagen für die Bildgenerierung, sodass viele Bildelemente immer wieder auftauchen. Auch wenn Anfänger dadurch schnell tolle Ergebnisse erreichen, schränkt dies ambitionierte Anwender stark ein.

Folgende Vorlagen wurden bisher von Nutzern dokumentiert:

- **Gegenlicht:** Um Figuren in einer Szene stärker hervorzuheben, verwendet DALL-E gerne Gegenlicht. Es ist fast unmöglich, eine sehr dunkle Szene von vorne auszuleuchten.
- **Gesichter:** DALL-E legt gerne eine plastikartige Mund- und Nasenvorlage über Figuren, damit sie menschlich aussehen – häufig ist das aber unerwünscht. Abhilfe schafft das separate Beschreiben der gewünschten Merkmale, angefangen mit dem Kopf, dann Gesicht, Mund und Nase. Dabei muss man auf kleinste Details eingehen. Es reicht also nicht aus, einen Kopf als »drachenartig« zu beschreiben. Monströse Charaktäre lassen sich übrigens leichter erstellen als solche mit ästhetischeren Merkmalen, die eine detailiertere Beschreibung benötigen.
- **Stereotype Aliens:** Offenbar orientiert sich die KI bei außerirdischen Kreaturen am Design der H.R. Giger- und Roswell-Aliens. Falls Sie bei Ihrem Design nicht in diese Richtung gehen möchten, vermeiden Sie besser das Wort »Alien« in Ihren Prompts. Nutzen Sie stattdessen eine Formulierung wie »Kreatur einer unbekannten Spezies«, welche nicht die »Alien«-Vorlage triggert.
- **Stereotype Menschen**: Standardmäßig generiert die KI überwiegend junge, attraktive Personen westlichen Zuschnitts mit modelhaften Proportionen, sofern keine spezifischeren Angaben gemacht werden. Zwar können Sie den Prompt anpassen, um das gewünschte Ergebnis zu erreichen, aber manchmal schlägt der Inhaltefilter zu. Davon ist vor allem die Beschreibung von Körperteilen betroffen.
- **Mond**: DALL-E fügt in vielen Nachtszenen den immer gleichen häßlichen und unscharfen Mond ein. Abhilfe schafft eine Umschreibung, beispielsweise »*es ist ein Planet sichtbar, der wie eine Perle aussieht*«

Es gibt noch viele weitere »Vorlagen«, die DALL-E nutzt, welche aber anscheinend noch nicht so drastisch in Erscheinung getreten sind.

DALL-E verwendet immer wieder den gleichen hässlichen Mond.

Im Vergleich mit DALL-E sind die vom KI-Modell Stable Diffusion (siehe Kapitel *10 Stable Diffusion*) erzeugten Mondszenen wesentlich abwechslungsreicher und sehen auch schöner aus.

Wiederverwendung von Charakteren/Szenen

Normalerweise kann man eine Szene nicht wiederverwenden, weil DALL-E jedes Mal eine neue Version generiert. Mit diesem Problem ist DALL-E nicht allein, denn grafische KI-Modelle erzeugen bei gleichbleibenden Prompt jedes Mal ein völlig neues Bild. Durch die sehr detailierte Beschreibung einer Szene sorgen Sie aber zumindest dafür, dass sehr ähnliche Bilder erzeugt werden.

Als weitere Möglichkeit können Sie auch einfach ein Foto hochladen, das DALL-E als Referenz nutzt. Sie geben in einem »Bearbeite das Bild«-Prompt dann die gewünschten Änderungen an (siehe Kapitel *5.4 Bilder überarbeiten*).

Mit der im Kapitel *5.6 Bilder mit gleichen Gesichtern* vorgestellten Methode können Sie diese Limitation zumindest teilweise überwinden.

Schwache Details

Gesichter in Portraitgröße stellt DALL-E ausgezeichnet dar. Ab einer gewissen Entfernung erscheinen sie allerdings oft verschwommen und verzerrt. Auch der Hinweis an DALL-E, auf Details in Gesichtern zu achten, funktioniert nicht.

Texte hinzufügen

Weil das Hinzufügen von längeren Texten in einem Bild manchmal nicht funktioniert, sollten Sie dies anschließend in einer Bildbearbeitung durchführen. Weisen Sie bei Bedarf in Ihrem Prompt an, für den späteren Text einen Bereich frei zu lassen, beispielsweise mit »*Ein Mann hält ein leeres weißes Schild*«.

5.6 Bilder mit gleichen Gesichtern

Wie im Kapitel zuvor erwähnt, unterstützt DALL-E von Haus aus nicht die Generierung von Bildern mit dem gleichen Gesicht.

ChatGPT beziehungsweise DALL-E unterstützt allerdings mit »gen_id« eine Methode, mit der sie mit jedem Prompt ein ähnliches Ergebnis erhalten[148]. Vereinfacht gesagt, handelt es sich bei der »gen_id« um eine eindeutige Referenz für ein generiertes Bild.

Angenommen, Sie haben ein Bild generiert, das Ihnen gut gefällt, bei denen Sie aber Details ändern möchten.

Geben Sie dann einfach ein:

→ *Ändere das Bild: … (Bearbeitungswunsch).* ***Verwende die gleiche gen_id.***

Im Beispiel haben wir mit dem Befehl »*Ändere das Bild: Die Frau hat hellblonde Haare und ein pinkes T-Shirt. Verwende die gleiche gen_id.*« das Aussehen angepasst. (»*Verwende die gleiche gen_id.*« lassen Sie natürlich weg, wenn Sie ein gerade bei ChatGPT hochgeladenes Bild bearbeiten – Sie müssen den Befehl erst bei weiteren Bearbeitungen angeben.)

Die Gesichtszüge sind fast gleich geblieben. Beachten Sie, dass sich der Hintergrund ebenfalls leicht ändert, was aber in diesem Fall keine Rolle spielt.

Das linke Bild erzeugte »*Ändere das Bild: Die Frau sitzt auf einem Fahrrad und schaut nach rechts. Neben ihr läuft ein Hund. Verwende die gleiche gen_id*«.

Das rechte Bild ist das Ergebnis von »*Ändere das Bild: Die Frau steht vor einem Blumenladen. Verwende die gleiche gen_id.*«

Beachten Sie, dass sich jeder Bearbeitungsschritt jeweils auf das zuletzt erzeugte Bild bezieht. Deshalb finden sie den Hund, den wir im linken Bild erstmals hinzugefügt haben, auch im rechten wieder.

Mit diesem Befehl erfahren Sie die »gen_id«:

→ *Wie ist die gen_id?*

*Die aktuelle **gen_id** des Bildes ist "**hwUh4e5m04wQRB8N**".*

Über die gen_id können Sie eine bestimmte Szene jederzeit erneut aufrufen.

Beispiel:

→ *Erzeuge Bild: Die Frau steht vor einem Blumenladen. Verwende die gen_id "hwUh4e5m04wQRB8N"*

Ein wichtiger Hinweis zum Schluss: DALL-E nutzt den Kontext des Chat-Verlaufs. Das heißt, wenn Sie die obige Anweisung in einem neuen Chat eingeben, erzeugt DALL-E ein völliges anderes Bild, weil ihm der Kontext fehlt.

Links ein Bild, das im bisherigen Chatverlauf erstellt wurde, rechts das Ergebnis mit dem gleichen Prompt in einem neuen Chat.

Falls Sie wiederkehrend ein ähnliches Gesicht verwenden möchten, empfehlen wir die Nutzung von Stable Diffusion. Siehe dazu Kapitel *10 Stable Diffusion*.

-*-

Alternativ umgehen Sie das Problem mit den abweichenden Gesichtern bei DALL-E über Montagen: Sie beschreiben zunächst die Protagonisten und dann die Geschehnisse in den einzelnen Panels. Es wird dann in jedem Panel – meistens – ein gleich aussehender Protagonist verwendet. Wie das funktioniert, erfahren Sie im nächsten Kapitel.

5.7 Panels im Comic- oder Storyboard-Stil

Mit ChatGPT und DALL-E können Sie sogenannte Panelbilder (mehrteilige Bildserien oder Comic/Storyboard-artige Panels) erzeugen. Wahlweise erzeugen Sie mit den Prompts ein einzelnes Bild mit mehreren Panels oder die Panel-Bilder einzeln nacheinander. Bei Letzterem müssen Sie die Bilder dann selbst in einem Editor zusammensetzen.

»Erzeuge ein Comic im 3-Panel-Layout: Panel 1 links zeigt einen Hund, der einem Ball nachläuft. Panel 2 in der Mitte zeigt, wie der Hund den Ball fängt. Panel 3 rechts zeigt, wie der Hund den Ball stolz zurückbringt. Comic-Stil, klare Panel-Trennlinien, gleiche Figur über alle Panels hinweg.«

Die Panels werden durch sichtbare Trennlinien oder weiße Zwischenräume getrennt.

»Erstelle ein vierteiliges Bild. Die Hauptfiguren sind eine deutsche Polizistin mit großen blauen Augen, roten mittellangen Haaren. Die zweite Person ist ein älterer Herr, der in einem Auto sitzt. Die Polizistin steht neben dem Auto. Es ist Nacht, die Szene wird gut ausgeleuchtet. Das Gespräch zwischen den beiden Personen deuten Sprechblasen über dem Panel an. 1. Panel: Die Polizistin fragt: "Wohin wollen sie noch so spät?" 2. Panel: Der ältere Herr antwortet: "Zu einem Vortrag über Alkoholmissbrauch und Treue in der Partnerschaft." 3. Panel: Die Polizistin fragt "Wer hält denn so spät noch einen Vortrag?" 4. Panel: Der ältere Mann antwortet: "Meine Frau!" Der Zeichenstil soll klar, farbig, comicartig und konsistent sein.«

Zwar unterstützt ChatGPT die Erstellung von Bildern mit noch mehr Panels, Sie sollten aber trotzdem nur maximal 6 verwenden. Zum einen teilen sich die Panel die geringe Bildauflösung von maximal 1536 Pixeln, zum anderen kommt die Bildgenerierung schneller durcheinander.

-*-

Das Generieren von einzelnen Panelbildern gegenüber einem Bild mit mehreren Paneln hat den Vorteil, dass die Bildauflösung höher ist. Allerdings schwankt die Gesichtskonsistenz, worauf wir im Kapitel *5.6 Bilder mit gleichen Gesichtern* bereits eingehen.

Generieren Sie mit Ihren Prompts die Panels nacheinander, dabei beschreiben Sie konsistent die Figur und Umgebung mit Variationen, zum Beispiel:

- Prompt 1: »Panel 1: Der Ritter betritt den dunklen Wald, Fantasy-Comic-Stil.«
- Prompt 2: »Panel 2: Der Ritter entdeckt ein altes Schwert im Moos, gleicher Stil.«
- Prompt 3: »Panel 3: Nahaufnahme: Der Ritter hebt das Schwert, dramatisches Licht.«

Hilfreich für gleichbleibenden Bildinhalt sind:

- Nutzen Sie die im Kapitel *5.6 Bilder mit gleichen Gesichtern* vorgestellte »gen_id« in Ihren Prompts.
- Gleiche Beschreibung (»gleicher Hund mit braunem Fell und blauem Halsband« oder »gleiche Frau mit blonden Haaren in rotem Kleid«.
- Stil festlegen (»im Stil eines klassischen Superheldencomics der 1980er«).
- Varianten-Funktion nutzen: Ein erstes Bild erzeugen, dann durch Beschreibung der gewünschten Änderungen weitere Panels ableiten, die konsistent bleiben.

5.8 Bildformat und Auflösung

Der DALL-E-Bildgenerator von OpenAI unterstützt nur drei verschiedene Auflösungen:

- 1:1 mit 1024×1024 Pixeln (quadratisches Format)
- 3:2 mit 1536×1024 Pixeln (Breitformat)
- 2:3 mit 1024×1536 Pixeln (Portraitformat)

Vom Vorgängermodell GPT-4 wurden andere Formate wie 16:9 direkt unterstützt, seit der Umstellung auf GPT-5 im Jahr 2025 ist das aber nicht mehr möglich. Beachten Sie, dass in Fachbüchern und im Internet ältere DALL-E-Anleitungen diesen Umstand nicht berücksichtigen[149] [150].

Gibt es im Prompt keine genauen Angaben zum gewünschten Format, dann ist das erzeugte Bildformat eher zufällig. Sollten Sie ein bestimmtes Format wünschen, geben Sie einfach am Ende Ihres Prompts den Befehl »*Format:*« ein, beispielsweise »*Format 3:2*« oder »*Hochformat*«.

Damit genügend Platz für das spätere Zuschneiden besteht, können Sie im Prompt erwähnen, dass die Szene »mit zusätzlichem Hintergrund oben und unten« oder »aus größerer Distanz« gezeigt werden soll. Dadurch bleiben zentrale Elemente auch nach dem Zuschnitt im Bild. Sinnvoll sind eventuell auch ergänzende Begriffe wie »wide Shot«, »breites Panorama« oder »hohes Porträt«, um die Komposition anzupassen[151].

Leider lässt sich die recht geringe Auflösung der generierten Bilder nicht ändern. Für großformatige Ausdrucke sind die Bilder somit nicht geeignet. Im Internet werden allerdings KI-Upscaler (Upscaling = engl. Hochskalierer) angeboten, welche die Auflösung erhöhen. Die KI fügt »erfundene« Details hinzu, beispielsweise Hautporen oder Fältchen bei Portraits, weil die vergrößerten Bilder sonst unnatürlich und gekünstelt aussehen.

Beispiele für Upscaler im Web:

- *https://de.imgupscaler.com/*
- *https://imageupscaler.com/de/*
- *https://upscale.pro/de*

5.9 Bing Image Creator

Der kostenlose Bildgenerator von Microsoft nutzt ebenfalls DALL-E und ist aufgrund seiner Spezialisierung einfacher zu bedienen als ChatGPT.

Rufen Sie die Webadresse *https://www.bing.com/images/create* auf, klicken Sie auf *Anmelden*. Verwenden Sie zum Beispiel die Anmeldedaten von Ihrem Windows-PC. Falls Sie noch kein Microsoft-Konto besitzen, können Sie es während der Anmeldung erstellen.

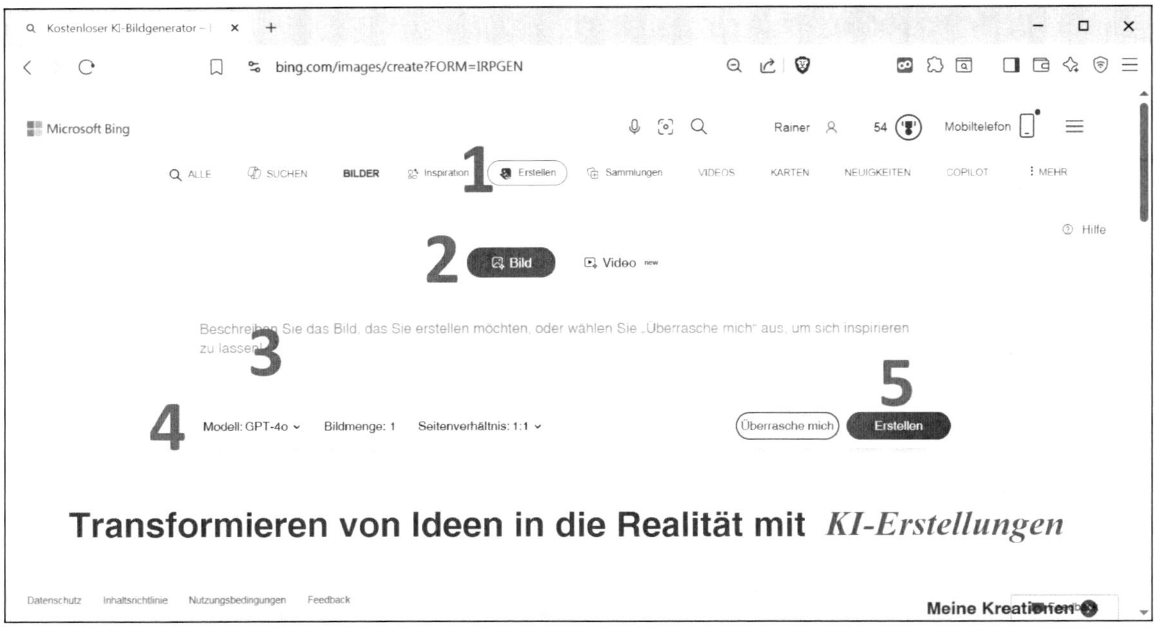

Die Benutzeroberfläche:

1. Klicken Sie auf *Erstellen.*
2. Wahlweise erzeugen Sie Bilder oder Videos.
3. Geben Sie, wie bereits beschrieben (siehe Kapitel *5.1 Tipps für gute Prompts*) einen Prompt ein.
4. Microsoft erlaubt den Zugriff auf zwei verschiedene KI-Modelle. Der Unterschied zwischen den beiden liegt vor allem in den angebotenen Seitenverhältnissen.

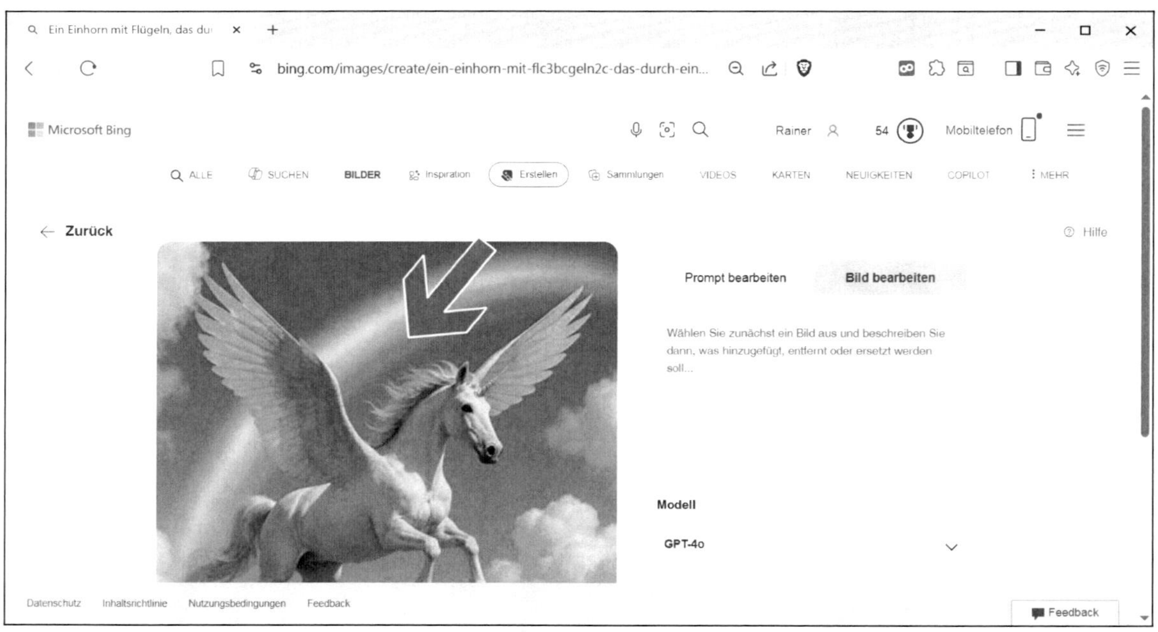

Klicken Sie das generierte Bild für weitere Optionen an.

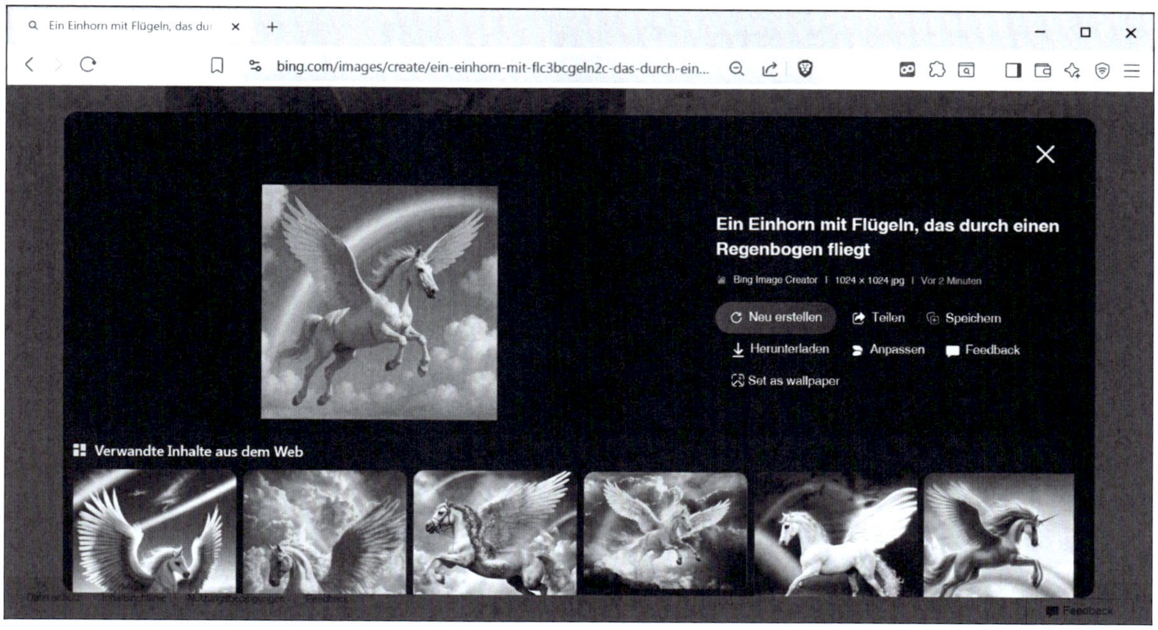

Hier laden Sie das Bild mit *Speichern* herunter.

-*-

Zu den Einschänkungen des Bing Image Creators schreibt Microsoft:

> ***Wenn Sie Ihre 15 kostenlosen schnellen Kreationen pro Tag auf dem Bing Image Creator verbraucht haben, werden Sie automatisch auf die Standardgeschwindigkeit von Bing Image Creator umgestellt.*** *Sie werden auch daran erinnert, dass Sie die Möglichkeit haben, Microsoft Rewards-Punkte zu verwenden, um die beste Erstellungsleistung von Bing Image Creator mit der kürzesten Verarbeitungszeit zu genießen.*
>
> *Wir teilen Ihnen mit, wie viele Rewards-Punkte jedes generierte Bild kosten wird, und Sie können die Verwendung von Microsoft Rewards-Punkten in Ihren Bing Image Creator-Einstellungen aktivieren. Wenn Sie die Verwendung von Microsoft Rewards-Punkten für Bing Image Creator aktivieren, werden Ihre Einstellungen für Bing Video Creator nicht aktualisiert; Sie müssen Ihre Bing Video Creator-Einstellungen separat aktualisieren, um Rewards-Punkte zum Generieren von Videos zu verwenden. Sie können jederzeit zur Standarderstellung zurückkehren, indem Sie die Standardgeschwindigkeit in Ihren Bing Image Creator-Einstellungen aktivieren.*

6. *Videogenerator Sora*

Das von OpenAI entwickelte Sora ist ein **Text-zu-Video-Modell**, das heißt, es erstellt aus Ihren Prompts fotorealistische Videos. Zusätzlich kann Sora vorhandene Videos remixen oder erweitern und aus Bildern Animationen erstellen.

Sora steht nur Kunden zur Verfügung, die mindestens ein Plus-Abo abgeschlossen haben (siehe Kapitel *3.3 Features des ChatGPT Plus-Abos*). Auch wenn Sie mit Videobearbeitung nichts am Hut haben, sollten Sie Sora unbedingt ausprobieren. Betrachten Sie es als kleines Extra, das vielleicht mal nützlich ist!

Um Missbrauch vorzubeugen, enthalten alle generierten Videos ein sichtbares und unsichtbares Wasserzeichen.

Wir haben lange überlegt, ob wir Sora in diesem Buch genauer vorstellen, denn mit Sora 2 steht bereits die nächste Evolutionsstufe vor der Tür. Bisher ist Sora 2 allerdings nur für Nutzer in den USA freigeschaltet.

6.1 Kostenstruktur

Da die Erstellung von Videos im Vergleich zur Bildgenerierung deutlich mehr Rechenleistung erfordert, hat OpenAI die Anzahl der Videos stark begrenzt[152]. Dies halten übrigens alle Konkurrenten so.

Die Abrechnung der von Sora erstellten Videos beruht auf einem Credits-System. Ihr »Konto« füllt sich jeden Abrechnungsmonat beim Plus-Abo mit 1.000 Credits, beim Pro-Abo mit 10.000 Credits.

Wie viele Credits die Generierung eines Videos kostet, hängt von dessen Auflösung und Dauer ab. Ein Video mit 480p-Auflösung (640×480 Pixel) mit 5 Sekunden Dauer kostet zum Beispiel 25 Credits. Im optimalen Fall sind also ca. 50 Videos pro Monat im Plus-Abo möglich.

Unterstützt werden die Auflösungen:

- 480p square: 480×480 Pixel
- 480p: 720×480 Pixel
- 720 square: 720×720 Pixel
- 720p: 1280×720 Pixel
- 1080p square: 1080×1080 Pixel
- 1080p: 1280×1080 Pixel

Im Plus-Abo ist die Videolänge auf maximal 10 Sekunden beschränkt und die Auflösungen 1080p square beziehungsweise 1080p werden nicht unterstützt.

Falls Sie viel mit Videos arbeiten, lohnt sich vielleicht das monatlich rund 200 Euro teure Pro-Abo, weil dieses auch nach Verbrauch der monatlichen 10.000 Credits weiterhin Videos mit reduzierter Priorität erzeugt. Zudem unterstützt das Pro-Abo 1080p-Videos bis 20 Sekunden Länge und verzichtet auf Wasserzeichen.

Nicht vorgesehen ist das vorzeitige Auffüllen der Credits, wie es andere Anbieter ermöglichen. Offenbar will OpenAI seine Nutzer dazu ermuntern, ein Pro-Abo abzuschließen.

Der Versuch, alle Sora-Funktionen vorzustellen, würde dieses Buch sprengen, weshalb wir uns auf die wichtigsten beschränken.

6.2 Die Benutzeroberfläche

Sie rufen Sora über die Webadresse *https://sora.com* auf. Sie müssen sich dann mit einem Klick auf *Login* mit Ihren ChatGPT-Zugangsdaten anmelden. Beachten Sie, dass die Benutzeroberfläche derzeit englischsprachig ist.

Im nächsten Schritt geben Sie Ihr Geburtsdatum an und klicken auf *Next* und dann unter »ChatGPT Plus Subscribed« auf *Continue.*

Erfassen Sie unter *Username* einen Nutzernamen und betätigen Sie *Next*. Der Nutzername muss einmalig sein.

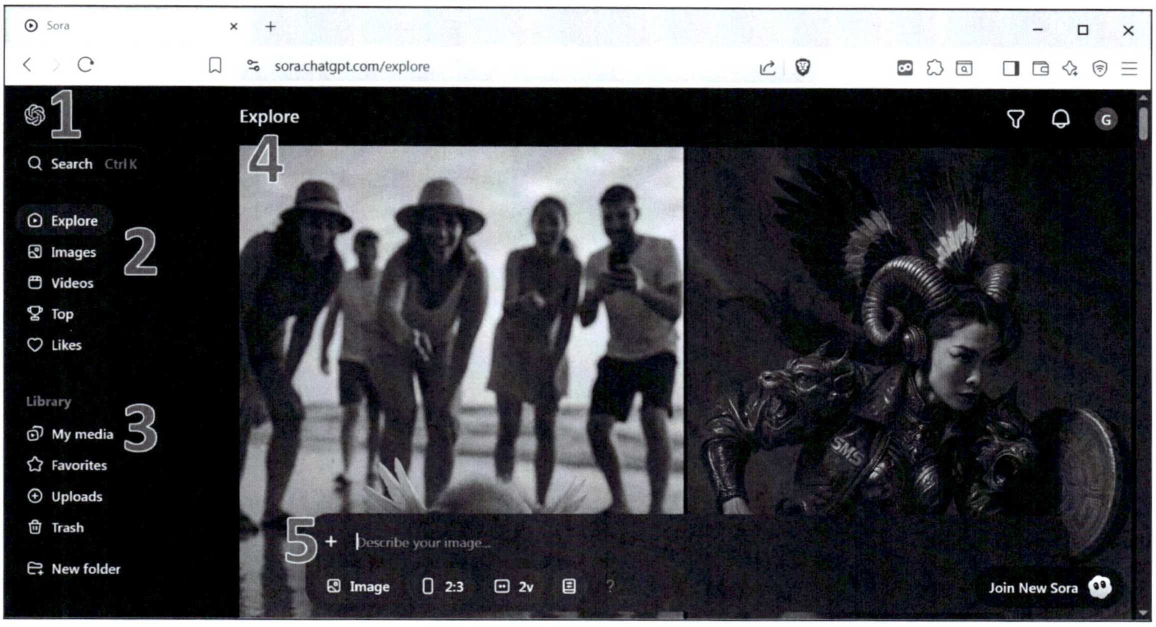

Die Benutzeroberfläche:

1. Ein Klick auf ֍ bringt Sie jederzeit auf die Startseite zurück.
2. Unter *Explore*: Nutzer von Sora können Ihre Kreationen für andere freigeben, ähnlich wie in einem sozialen Netzwerk.
   - *Images*: Von anderen Nutzern erstellte Fotos.
   - *Videos*: Von anderen Nutzern erstellte Videos.
   - *Top*: Videos, die von anderen Nutzern besonders häufig »geliked«, also positiv bewertet wurden.
   - *Likes*: Videos, die Sie selbst »geliked« haben.
3. In der *Libary* verwalten Sie Ihre eigenen Videos.
   - *My Media*: Hier finden Sie alle von Ihnen erzeugten Bilder und Videos.
   - *Favorites*: Von Ihnen als Favoriten markierte Videos.
   - *Uploads*: Hochgeladene Dateien.
   - *Trash*: Videos, die Sie nicht mehr benötigen, löschen Sie.
   - *New Folder*: Legt einen Ordner an, in dem Sie Dateien eines Projekts verwalten.
4. Der Arbeitsbildschirm.
5. Auf die Befehlszeile gehen wir später noch ein.

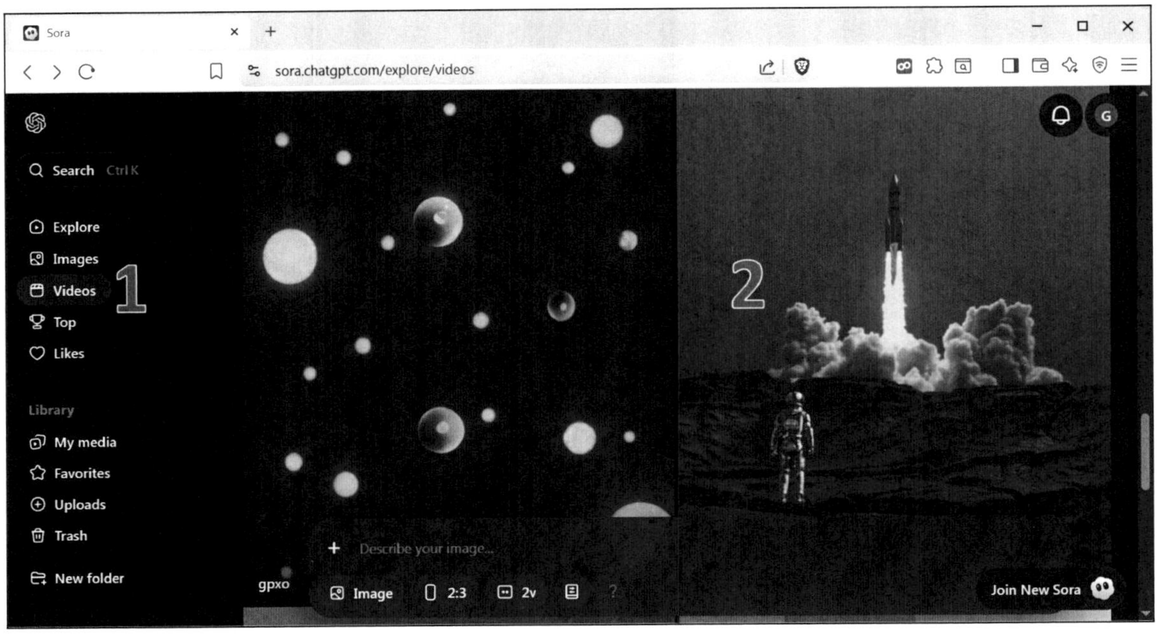

Aktivieren Sie mit einem Klick das *Videos*-Register (1) und klicken Sie dann eines der aufgelisteten Videos für die Vollbildansicht an.

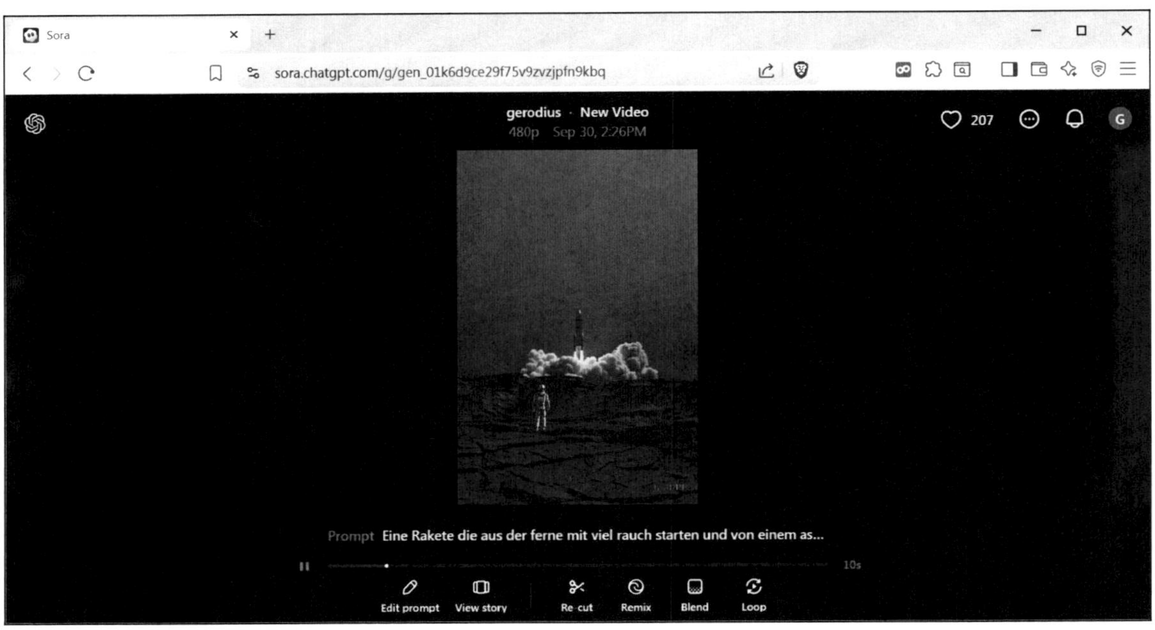

Cursor links/rechts blättert nun durch die Videos. Die Esc-Taste, ein Klick auf oder auf einen Bildschirmbereich außerhalb der Videoanzeige bringt Sie in den Startbildschirm zurück.

6.3 Video erstellen

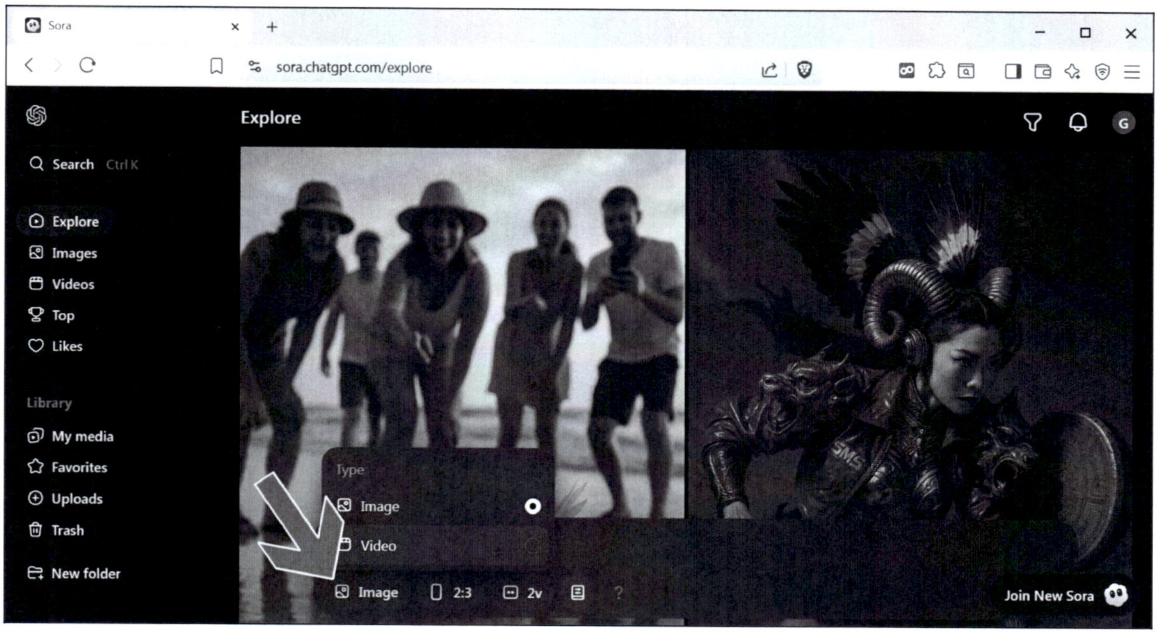

Da wir mit Sora ausschließlich Videos erstellen möchten, klicken wir auf *Image* und wählen im Popup *Video* aus.

Über die Leiste am unteren Bildschirmrand erzeugen Sie Videos. Die Bedeutung der Schaltleisten:

- **+**: Laden Sie ein Bild oder Video hoch, das als Vorlage für Ihr Video dienen soll. Alternativ können Sie aus Ihrer Bibliothek eine bereits hochgeladene Datei oder ein zuvor erstelltes Video als Grundlage auswählen.
- **2:3**: Legt das Bildformat (16:9, 1:1 oder 9:16) fest, in dem Ihr Video erzeugt wird.
- **480p**: Auflösung
- **5s**: Dauer des fertigen Videos.
- **2v**: Anzahl der Videos, die Sora mit jedem Durchlauf erzeugt.
- : Presets (Vorgaben), welche das Resultat beeinflussen[153]:
  - *None*: Keine Vorlage verwenden.
  - *Archival* (Archivmaterial): Körnige, kontrastreiche Bildqualität mit geringer Tiefenschärfe.
  - *Film noir*: Kontrastreiches Schwarz-Weiß mit tiefen und harten Schatten wie in alten Krimis.
  - *Cardboard & Papercraft* (Karton & Papierkunst): Erdtöne mit gedämpften Pastelltönen. Alles wird in Karton und Papier verwandelt, mit sichtbaren Knicken und Falten.
  - *Whimsical Stop Motion* (Verspielte Stop-Motion): Animation mit übertriebenen und ruckartigen Bewegungseffekten. Warme Farbpaletten schaffe eine

kindliche Atmosphäre[154].

  - *Balloon World* (Ballonwelt): Weiche, ballonartige Formen, verspielter Stil mit kräftigen Pastellfarben und glatten, abgerundeten Konturen.
  - *OpenAI Superbowl Commercial* (Superbowl-Werbung) imitiert die Punkt-/Pointillismus-Ästhetik aus OpenAIs Super-Bowl-Spot.
  - *Cartoonify by Sora* wandelt Szenen in einen Cartoon-Stil mit kräftigen Konturen und hoher Sättigung um.
  - *Pixel Art by Sora: V*erleiht Videos einen retro-pixeligen 8-Bit-Look mit sichtbaren Pixeln, eingeschränkter Farbpalette und nostalgischer Videospiel-Anmutung.

- **?**: Zeigt an, wieviele Credits ein Video mit den gewählten Einstellungen »kostet«.
- **Storyboard**: Dient der Erstellung von Videos, die mehrere Szenen enthalten.
- **↑**: Videogenerator starten (alternativ betätigen Sie in der Eingabezeile die Enter-Taste)

In unserem Beispiel geben wir Folgendes ein und betätigen dann die Enter-Taste:

→ *Ein Krieger aus der griechischen Antike schwenkt sein Schwert und lacht dabei in die Kamera.*

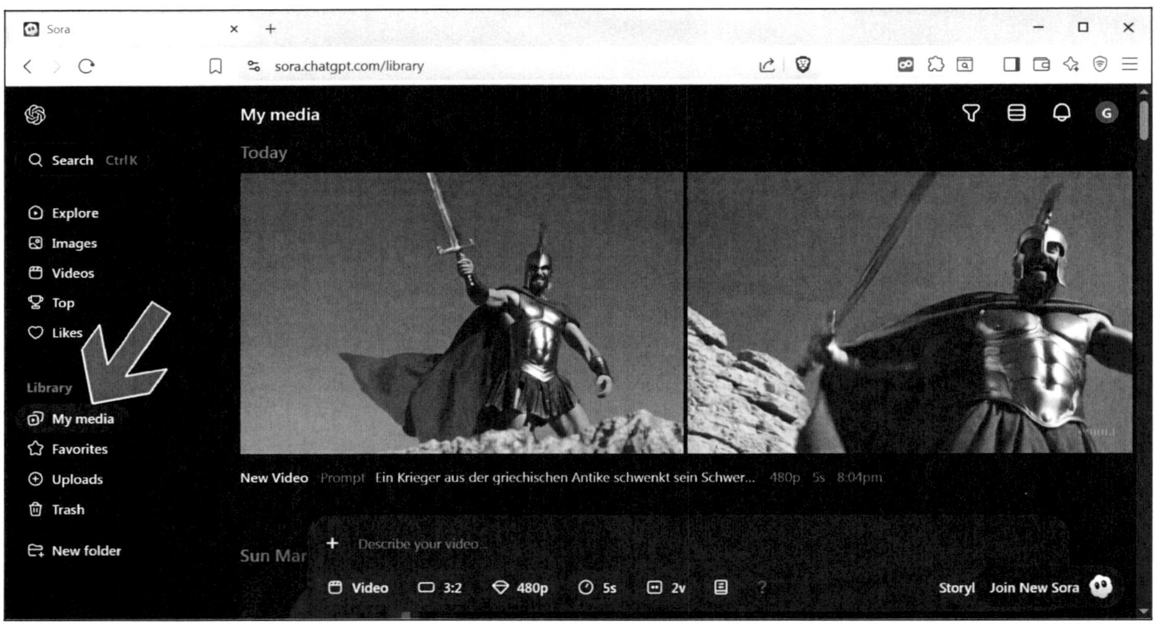

Sora hat zwei Videos erzeugt. Die von Ihnen generierten Videos finden Sie im *My Media*-Register in der linken Seitenleiste wieder (Pfeil). Halten Sie den Mauszeiger auf die Vorschau, damit die Videos abgespielt werden.

Beachten Sie, dass die von Ihnen erzeugten Videos automatisch für alle Sora-Nutzer freigegeben werden und dann unter *Explore* wiederzufinden sind. Dies können Sie allerdings verhindern: Klicken Sie auf das runde Kontosymbol oben rechts im Fenster und wählen Sie *Settings*. Deaktivieren Sie dort *Publish to explore*.

Videos, die Sora auf Basis von Ihnen hochgeladener Bilder oder Videos erstellt hat, gibt Sora aus Gründen des Persönlichkeitsschutzes grundsätzlich nicht frei.

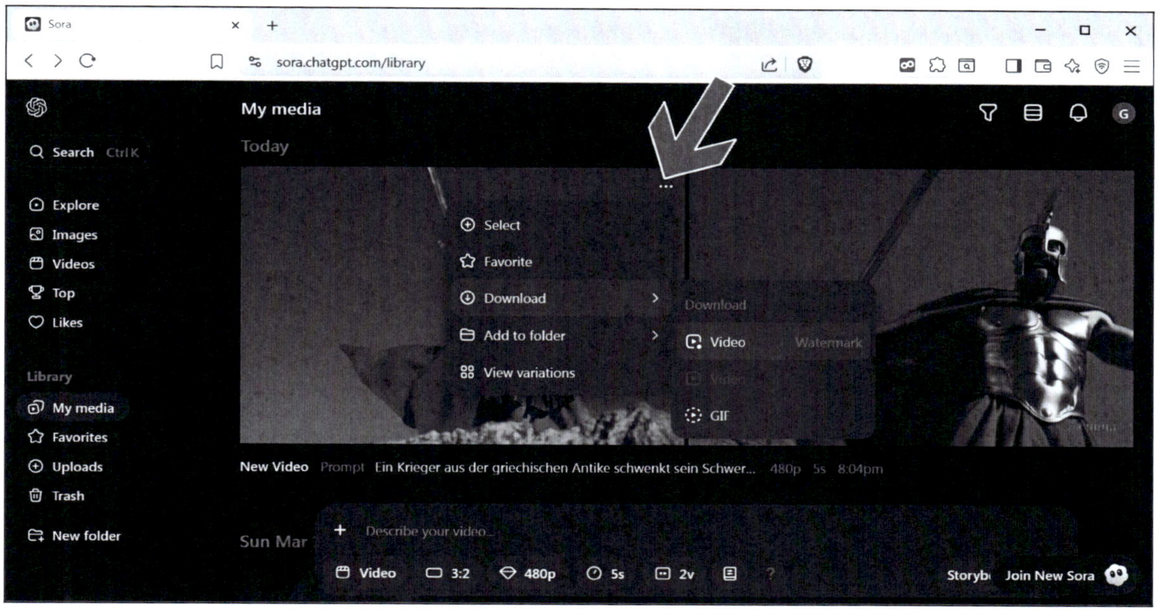

Zum Herunterladen klicken Sie bei einem Video auf ••• (Pfeil) und wählen *Download/Video.*

-*-

ChatGPT gibt übrigens folgende Auskunft, wenn man es nach Prompt-Empfehlungen für Sora fragt:

Um effektive Prompts für Sora AI zu erstellen und hochwertige Videoergebnisse zu erzielen, sollten folgende bewährte Praktiken beachtet werden:

1. Klarheit und Spezifität

- ***Detaillierte Beschreibungen**: Je präziser der Prompt, desto genauer kann Sora das gewünschte Video generieren. Beispiel: Statt "Ein Hund spielt" sollte man "Ein brauner Labrador spielt an einem sonnigen Tag im Park mit einem roten Ball" verwenden.*
- ***Konkrete Elemente**: Geben Sie spezifische Details zu Charakteren, Orten und Aktionen an, um die Genauigkeit zu erhöhen.*

2. Kontextualisierung

- ***Hintergrundinformationen**: Stellen Sie relevanten Kontext bereit, um Sora zu helfen, die Szene besser zu verstehen und darzustellen. Beispiel: "Während eines Sommerfestes im Stadtpark tanzen Menschen zur Musik einer Live-Band."*
- ***Stimmung und Atmosphäre**: Beschreiben Sie die gewünschte Stimmung, um die richtige Atmosphäre zu erzeugen. Beispiel: "Eine ruhige, friedliche Morgenlandschaft mit leichtem Nebel."*

3. Ton und Stil festlegen

- ***Visueller Stil**: Geben Sie den gewünschten visuellen Stil an, z.B. "im Stil eines Pixar-Animationsfilms" oder "im Noir-Stil der 1940er Jahre".*
- ***Erzählperspektive**: Bestimmen Sie die Perspektive, z.B. "aus der Sicht eines Vogels" oder "Kamerafahrt von unten nach oben".*

4. Beispiele und detaillierte Erklärungen anfordern

- ***Vergleichbare Szenen***: *Fordern Sie Sora auf, ähnliche Szenen aus bekannten Filmen oder Serien zu berücksichtigen. Beispiel: "Eine Kampfszene ähnlich der in 'Matrix', mit Zeitlupeneffekten."*
- ***Schritt-für-Schritt-Anleitungen***: *Bitten Sie um detaillierte Darstellungen komplexer Prozesse. Beispiel: "Zeige den Herstellungsprozess eines handgefertigten Lederportemonnaies von Anfang bis Ende."*

5. Iteration und Verfeinerung

- ***Feedback-Schleifen***: *Nutzen Sie die Möglichkeit, Prompts basierend auf den generierten Ergebnissen anzupassen und zu verfeinern.*
- ***Experimentieren***: *Probieren Sie verschiedene Formulierungen und Ansätze aus, um das optimale Ergebnis zu erzielen.*

6. Verwendung von Storyboards

- ***Sequenzplanung***: *Nutzen Sie Soras Storyboard-Funktion, um längere Videos in einzelne Szenen zu unterteilen und detailliert zu planen.theverge.com+1datacamp.com+1*
- ***Übergänge definieren***: *Beschreiben Sie, wie die Übergänge zwischen den Szenen gestaltet sein sollen, z.B. "weicher Übergang" oder "harte Schnitte".*

7. Stilvorgaben und Remix-Funktionen

- ***Stilübertragung***: *Geben Sie an, in welchem künstlerischen Stil das Video gehalten sein soll, z.B. "im Stil von Van Gogh" oder "wie ein Stummfilm aus den 1920er Jahren".*
- ***Remix bestehender Inhalte***: *Nutzen Sie die Remix-Funktion, um vorhandene Videos zu bearbeiten und in einen neuen Kontext zu setzen.*

8. Berücksichtigung technischer Aspekte

- ***Auflösung und Format***: *Geben Sie die gewünschte Videoauflösung und das Seitenverhältnis an, um technische Anforderungen zu erfüllen.*
- ***Dauer und Timing***: *Bestimmen Sie die Länge des Videos und die Dauer einzelner Szenen für eine präzise Planung.*

9. Einhaltung ethischer Richtlinien

- ***Urheberrechte beachten***: *Verwenden Sie nur Inhalte, für die Sie die entsprechenden Rechte besitzen, um Urheberrechtsverletzungen zu vermeiden.*
- ***Inhaltsrichtlinien***: *Stellen Sie sicher, dass die generierten Inhalte den Richtlinien von Sora entsprechen und keine unangemessenen oder schädlichen Darstellungen enthalten.*

Durch die Beachtung dieser Empfehlungen können Sie die Qualität und Relevanz der von Sora generierten Videos erheblich steigern und das volle Potenzial der KI für Ihre kreativen Projekte ausschöpfen.

6.3.1 *Video aus Bild erstellen*

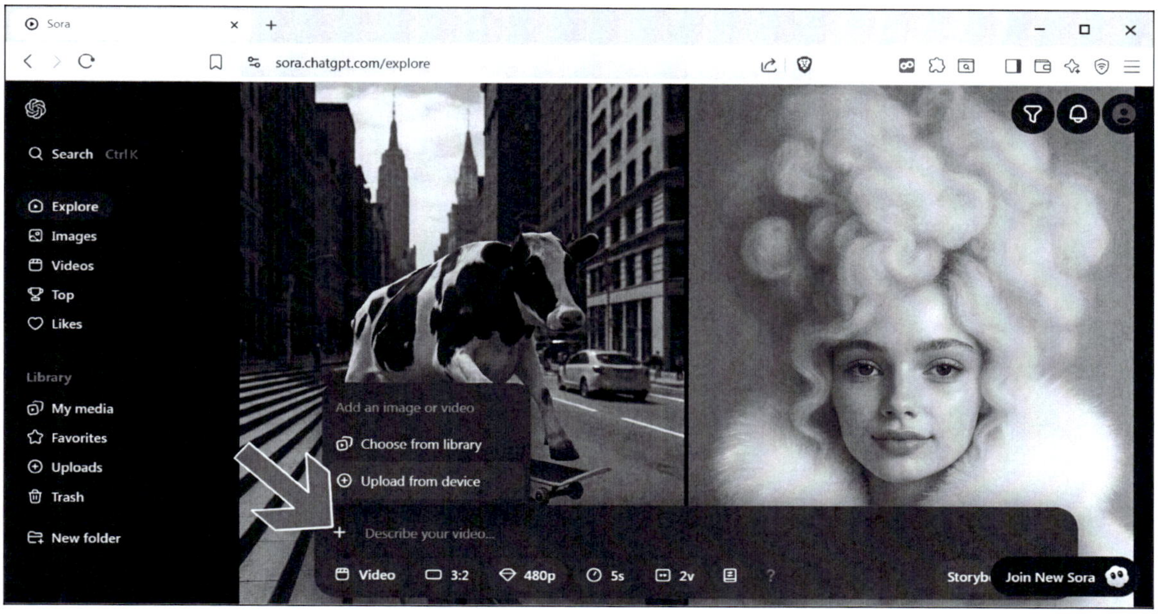

Klicken Sie auf **+** und gehen Sie auf *Upload from device*. Wählen Sie auf dem PC eine Fotodatei aus.

Wählen Sie nun unten mit den Schaltleisten **1:1** und **480p** das Bildformat aus. Je nach hochgeladenem Foto ändert sich anschließend der verwendete Bildausschnitt. Mit der Maus über dem Foto verschieben Sie in dem Fall den Bildausschnitt.

Wenn Sie möchten, geben Sie im Eingabefeld ein, was im Video passieren soll. Falls Sie darauf verzichten, versucht Sora, so gut es geht, das Fotomotiv zu interpretieren.

Ein Klick auf **↑** oder Betätigen der Enter-Taste im Eingabefeld startet den Videogenerator. Sie finden anschließend das Ergebnis im *My Media*-Register.

Wir haben festgestellt, dass Videobeschreibungen, die überhaupt nicht zum jeweiligen Fotoinhalt passen, häufig sehr schlechte Ergebnisse liefern.

Sora hat keine Zuschneidefunktion. Daher sollten Sie das Foto vor dem Hochladen in einer Bildbearbeitung auf das Videoformat, zum Beispiel 1:1 oder 16:9, zuschneiden.

Einige Standbilder aus dem generierten Video. Die Pose der Frau im Foto hat die KI in eine tänzelnde Bewegung umgesetzt, die erstaunlich realistisch aussieht.

6.3.2 *Video aus Video erstellen*

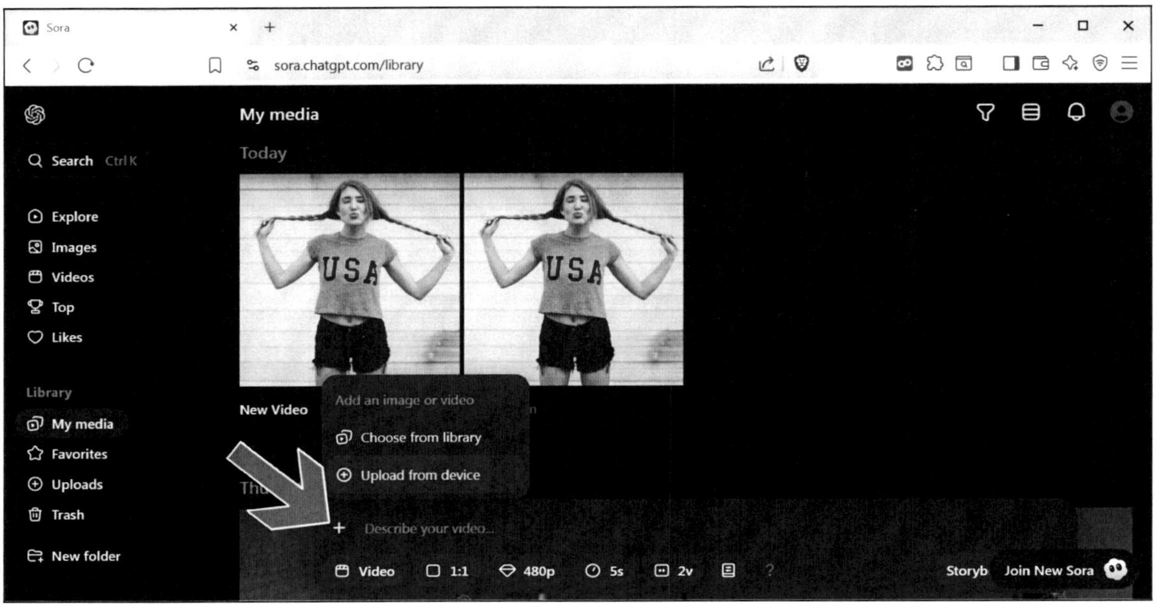

Klicken Sie auf **+** und gehen Sie auf *Upload from device*. Wählen Sie auf dem PC eine Videodatei aus.

Sora unterstützt ausschließlich Videos in den Seitenverhältnissen 16:9, 9:16 oder 1:1. Zudem ist die maximale Dauer hochgeladener Videos auf 10 Sekunden bei 480p beziehungsweise 5 Sekunden bei 720p beschränkt. Videos, die diese Vorgaben überschreiten, werden von Sora nicht verarbeitet.

In unserem Beispiel möchten wir den Hintergrund des hochgeladenen Videos austauschen. Der Prompt »*Ein Vogel im Tropenwald*« und ein Klick auf *Remix* führt die gewünschte Änderung durch.

Über die *Strong remix*-Schaltleiste steuern Sie den Einfluss Ihres Prompts auf die Videogenerierung, von *Strong* (engl. stark) bis *Subtle* (engl. gering).

6.4 Weitere Funktionen

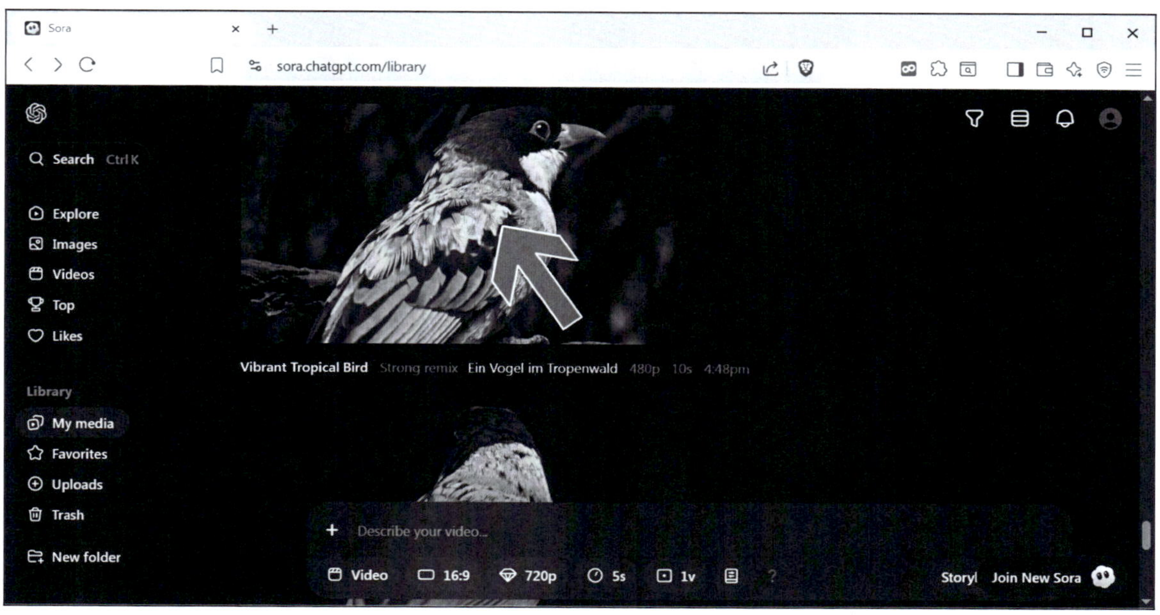

Klicken Sie eines der von Ihnen generierten Videos im *My Media*-Register an (Pfeil).

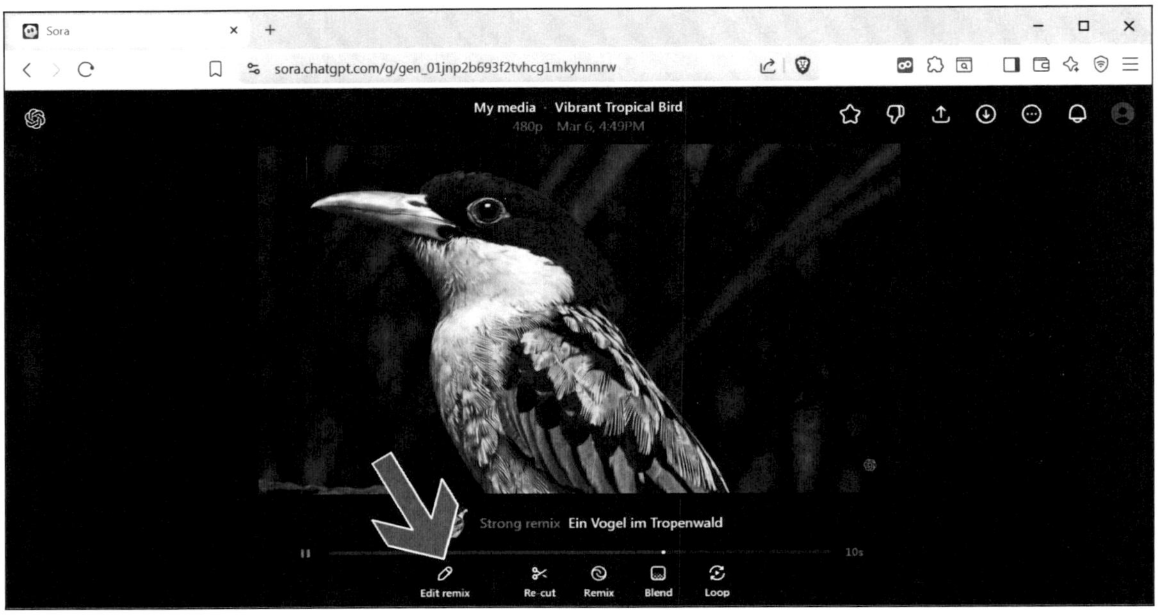

Über die Schaltleisten am unteren Bildschirmrand können Sie:

- *Edit remix*: Video mit einem Prompt erneut remixen (weiteres Video erzeugen)
- *Re-cut*: Video zuschneiden
- *Blend*: Ein weiteres Video einfügen.
- *Loop*: Eine Videoschleife erstellen. Sora baut automatisch einen Übergang ein, sodass das fertige Video in einer Schleife abgespielt, keinen Schnitt zeigt.

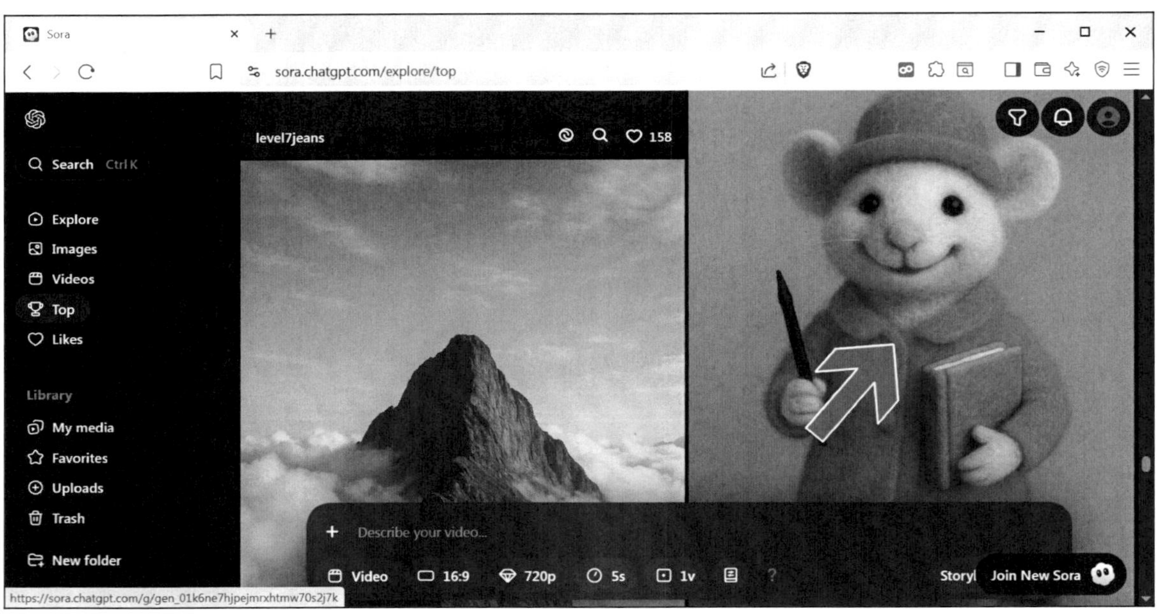

Sie suchen Anregungen für eigene Videodesigns? Dann aktivieren Sie in der linken Seitenleiste eines der Register unter *Explore*. Suchen Sie ein interessantes Video und klicken Sie es an.

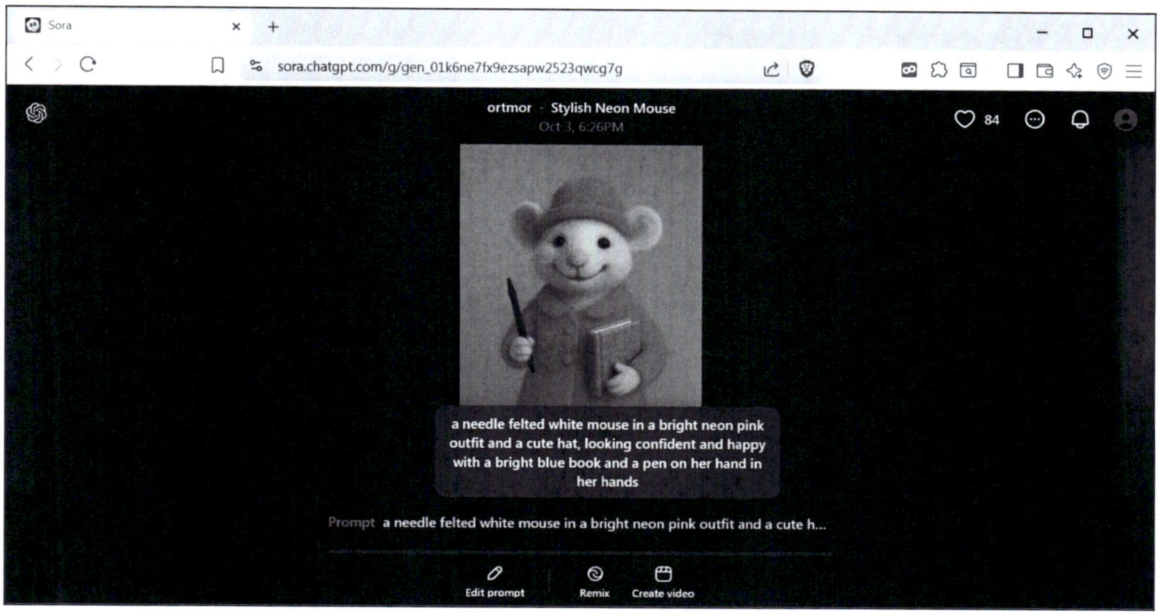

Halten Sie den Mauszeiger über dem Prompt, damit er angezeigt wird. Mit einem Klick auf *Edit Prompt* können Sie diesen direkt für eigene Kreationen weiterverwenden.

7. *Google Gemini*

Der kometenhafte Aufstieg des Unternehmens OpenAI, das hinter ChatGPT steht, hat die IT-Branche aufgerüttelt. Am ehesten vergleichen lässt sich der Erfolg wohl mit dem von Google oder Facebook, die in ihren Branchen über wenige Jahre ebenfalls eine marktberrschende Stellung erreichten. OpenAI ist zwar nicht an der Börse gelistet, es wird aber berichtet, dass unternehmensintern mit einem Wert von 500 Milliarden US-Dollar gerechnet wird[155]. Diesen Wert hat OpenAI nur 6 Jahre nach »Gründung« (Abspaltung von einer wenige Jahre zuvor gestarteten Stiftung) erreicht.

ChatGPT ist für Google vor allem wegen seiner integrierten Suchfunktion ein großer Konkurrent. Nutzer, die über ChatGPT recherchieren, benötigen die mit großflächiger Werbung zugepflasterte Google-Suche ja nicht mehr. Häufig liefert ChatGPT auch bessere Ergebnisse, denn der Google-Suchindex ist seit Jahren das Opfer von SEO (Suchmaschinenoptimierung) und liefert deshalb nur selten brauchbare Ergebnisse. Es ist absehbar, dass OpenAI sich in Zukunft weitere Betätigungsfelder erschließen wird, die sich mit denen von Google überlappen.

Peinlich ist, dass die Forschungsabteilung von Google für entscheidende Fortschritte in der KI[156] [157] sorgte, das Unternehmen damit aber fast ein Jahrzehnt nichts anzufangen wusste.

Schließlich geriet auch die vorschnelle, von Pannen geprägte öffentliche Präsentation von Googles hauseigenem KI-Modell »Bard« im Februar 2023 zum völligen Desaster. Der Börsenwert des Mutterkonzerns von Google, Alphabet, stürzte in der Folge um 100 Milliarden (!) US-Dollar ab. Allerdings sind die inzwischen von Google verwendeten KI-Modelle konkurrenzfähig[158] (und natürlich hat sich auch der Aktienkurs erholt).

Manchmal ist es besser auf die Markteinführung zu warten, als ein unfertiges Produkt auf den Markt zu werfen. Screenshot der GameStar-Website[159].

-*-

Der geradezu epische Misserfolg bei der Produktvorstellung dürfte Google veranlasst haben, »Bard« (engl. »Barde, Sänger«) umzubenennen. Die KI-Modelle, Online-Dienste und Apps heißen jetzt »Gemini« – englisch ausgesprochen »Dschem-i-nei«.

7.1 Einführung

Sie können Gemini natürlich wie die KI-Konkurrenz einfach auf dem PC über den Webbrowser nutzen. Seine Stärken zeigt Gemini allerdings auf den Android-Handys, denn durch die Integration ins Betriebssystem steuern Sie mit Gemini viele Gerätefunktionen.

Angesichts einer Basis von mehr als 3 Milliarden Android-Handys hat Google bei der KI-Adaption seiner Kunden einen gewaltigen Vorteil gegenüber der Konkurrenz. Dem Handy-Nutzer bleibt übrigens keine Wahl, denn die über viele Jahre verwendete Sprach- und Gerätesteuerung »Google Assistant« hat Google brutal kastriert. Sie dient nur noch der Internetsuche und soll in den nächsten Jahren vollständig von den Handys verbannt werden.

Bei unseren Tests mit zahlreichen alten und neuen Handy-Modellen von Xiaomi, Google und Samsung haben wir teilweise deutliche Unterschiede festgestellt. Dies ist darauf zurückzuführen, dass Gemini sich unterschiedlich in die Benutzeroberfläche und die Apps integriert:

- Auf Xiaomi- und Samsung-Handys ist keine Anrufannahme per Gemini-Sprachbefehl möglich.
- Gemini kann auf älteren Samsung-Handys nicht per Funktionstaste (Ein-/Ausschalter auf der rechten Geräteseite) aktiviert werden.
- Dafür lässt sich Gemini mit einer Wischgeste auf Samsung-Geräten aktivieren.

Im Zusammenhang mit der Android-Nutzung sind die Tasten am unteren Bildschirmrand wichtig, die auf Samsung-Handys so aussehen:

- ▢: Kurzes Betätigen schaltet wieder auf den Startbildschirm zurück. Langes Drücken dieser Taste ruft je nach Handymodell die Sprachsteuerung oder eine andere Funktion auf
- ‹: Zurück: Zum vorherigen Bildschirm zurückkehren beziehungsweise Menüs schließen. Xiaomi und Google verwenden dagegen ◀.

7.2 Einrichtung

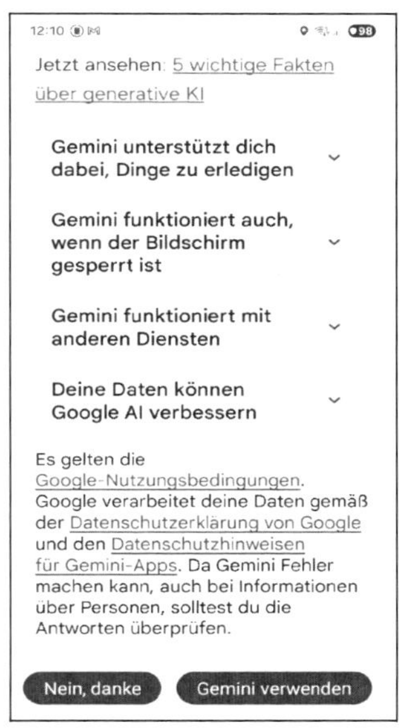

❶ So aktivieren Sie Gemini: Im Hauptmenü rufen Sie *Gemini* auf.

❷❸ In den folgenden Bildschirmen betätigen Sie *Mehr*, *Weiter* und *Gemini verwenden*.

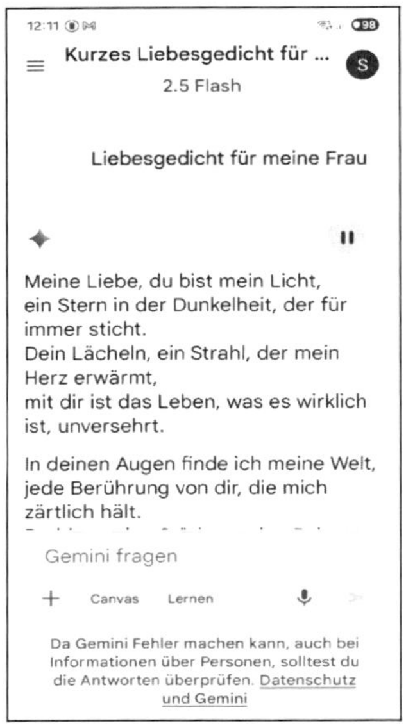

❶ Sie befinden sich in der Gemini-Benutzeroberfläche. Probieren Sie die Spracherkennung doch einfach mal aus! Betätigen Sie 🎙 und sagen Sie »*Kurzes Liebesgedicht für meine Frau*«

❷ Gemini stellt für Sie ein Gedicht zusammen (es wird von der KI selbst erfunden) und liest es Ihnen vor.

7.2.1 Sprachsteuerung aktivieren

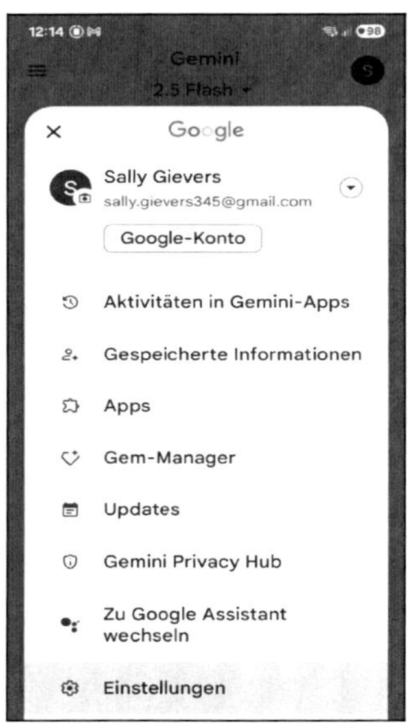

Für die optimale Gemini-Nutzung empfehlen wir, einige Einstellungen vorzunehmen:

❶ Tippen Sie in der Gemini-Anwendung auf das runde Kontosymbol.

❷❸ Rufen Sie *Einstellungen* auf und gehen Sie auf *„Hey Google" und Voice Match*.

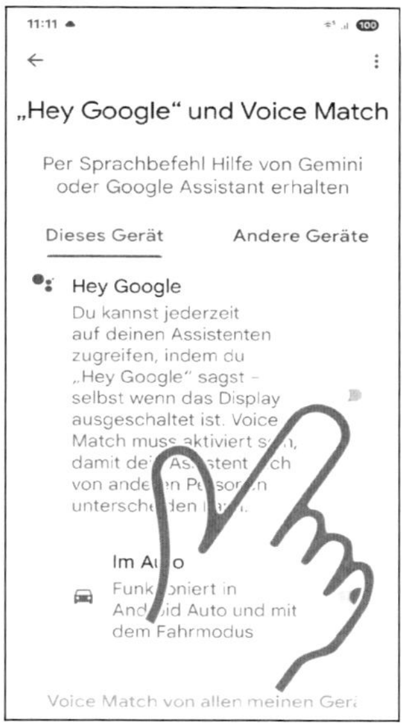

➊ Aktivieren Sie *Hey Google.*

➋ Betätigen Sie in den folgenden Bildschirmen jeweils *Weiter, Mehr* und *Ich stimme zu.*

Abhängig davon, ob die Sprachsteuerung von Ihnen bereits auf einem anderen Handy verwendet wurde, überspringt Google möglicherweise einige Konfigurationsbildschirme.

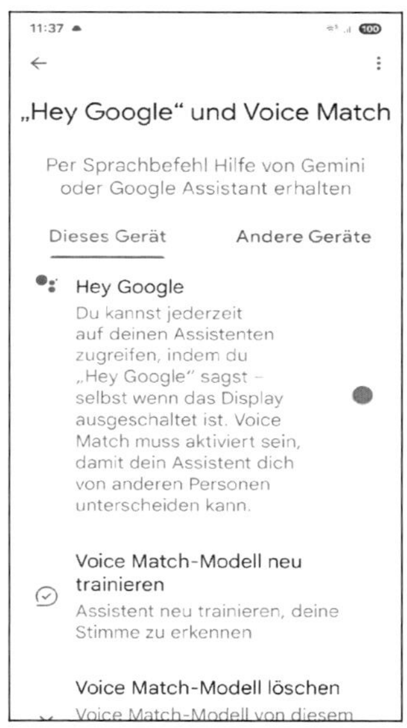

➊ Sprechen Sie die angezeigten Befehle nach, damit später die Spracherkennung optimal funk-tioniert.

➋ Es ist Ihnen überlassen, ob Sie die Speicherung Ihrer Sprachaufnahmen zulassen.

➌ Verlassen Sie das Menü und kehren Sie durch mehrmaliges Betätigen der ❮-Taste in die Gemini-Anwendung zurück.

7.2.2 Funktionen freischalten

Standardmäßig darf Gemini auf einige Anwendungen und Datenquellen nicht zugreifen. Für die voll Funktionalität sollten Sie daher eine Datenfreigabe durchführen.

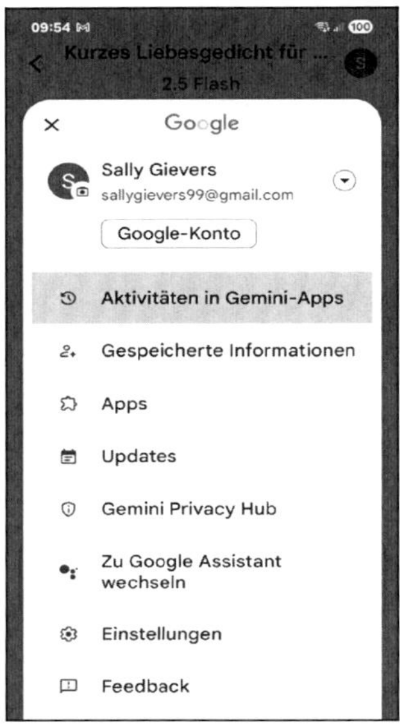

❶❷ Zuerst müssen Sie die von Gemini genutzten Anwendungen »freischalten«. Dazu tippen Sie auf das Kontosymbol und gehen auf *Aktivitäten in Gemini-Apps*.

❸ Melden Sie sich mit bei Ihrem Google-Konto an.

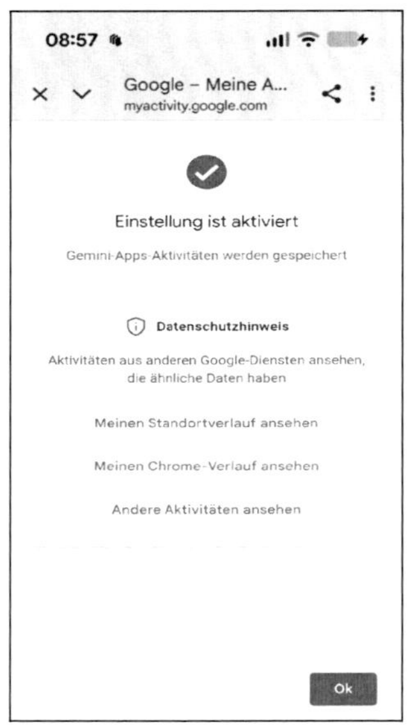

❶❷ In den folgenden zwei Bildschirmen tippen Sie auf *Aus* und betätigen Sie *Aktivieren* (sofern dort *An* steht, brauchen Sie nichts zu tun).

❸ Schließen Sie mit *OK* ab. Sie können dann die Bildschirme verlassen.

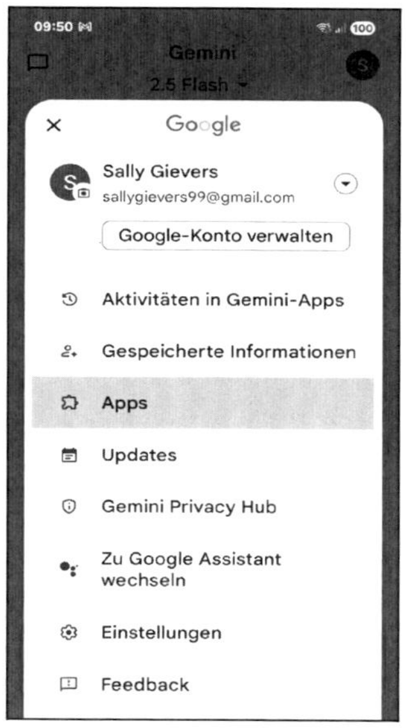

➊ Rufen Sie erneut die Gemini-Anwendung auf und tippen Sie auf das Kontosymbol.

➋ Rufen Sie *Apps* auf.

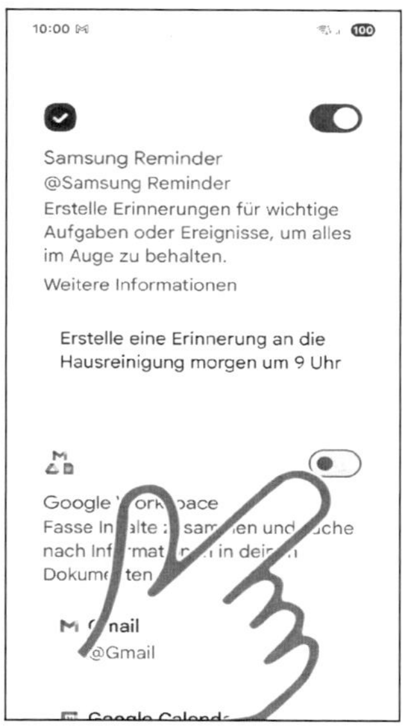

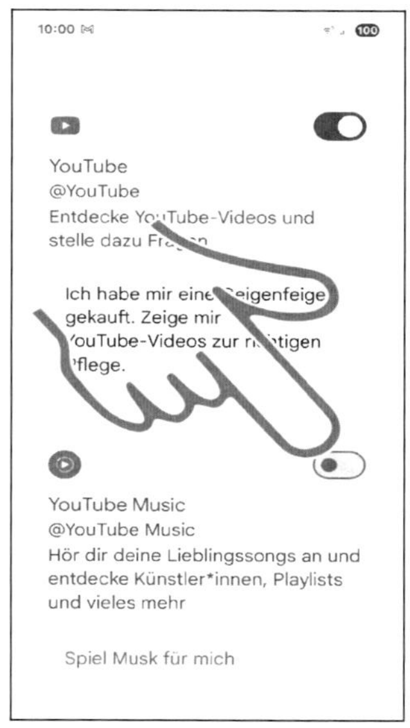

➊➋ Aktivieren Sie *Google Workspace* und gehen Sie auf *Verbinden.*

➌ Das Gleiche machen Sie bei *YouTube Music.*

7.3 Aufruf

Künftig rufen Sie Gemini mit »*Ok Google*« oder »*Hey Google*« auf. Dies funktioniert auch bei ausgeschaltetem Display. Die <-Taste beendet den Assistenten.

7.3.1 Freigabe von Apps

➊ Beachten Sie, dass Sie einige Anwendungen erst für den Zugriff einmalig freigeben müssen. Im Beispiel soll der Befehl »Anrufen Sally« ausgeführt werden. Im einmalig angezeigten Popup gehen Sie deshalb auf *Weiter*.

➋➌ Betätigen Sie *Ich stimme zu*. Die Anrufen-Funktion ist damit freigeschaltet.

7.4 Beispiele für Gemini-Befehle

Über Gemini lassen sich auch Dinge erledigen, für die Sie sonst erst umständlich auf dem Bildschirm eine Anwendung starten müssten. Einige Beispiele sollen die Möglichkeiten verdeutlichen. Rufen Sie mit »*Ok Google*« den Assistenten auf und sprechen Sie einen Befehl (**fett** jeweils die Schlüsselwörter):

- »**Ruf** Sally **an**«: *Sally* aus dem Telefonbuch anrufen (➊).
- »Antonia **mobil anrufen**«: Kontakt auf Handynummer aus dem Telefonbuch anrufen.

- »Hamburg **ansteuern**«, »**Weg zu** Hamburg«, »**Weg zu** Brandenburger Tor«: Startet die Navigation in Google Maps, berechnet die Route zum Zielort und startet die Routenführung (❷).
- »**Karte von** Berlin«: Den genannten Ort in Google Maps anzeigen.
- »**Zeige mir** Flughäfen (Restaurants/Tankstellen/Museen/...) **in** Berlin«: Points auf Interest in der Karte auflisten beziehungsweise anzeigen (❸).
- »**Spiele** Beatles«: Musikanwendung starten und dort nach den Interpreten/Song suchen und abspielen.
- »**Zeige** Beatles Yesterday **in YouTube**«: Sucht Songs von Bands/Interpreten in YouTube und listet diese auf.
- **Was steht heute an**: Kalender auswerten.
- **Öffne Kontakte**: Telefonbuch anzeigen.
- Die Spracherkennung beantwortet auch Ihre Fragen: »Wer ist Bundeskanzler in Deutschland?«, »Wetter in Berlin?«, »Wo ist der nächste Burger King?«
- Wecker einstellen: »Wecker auf 7 Uhr einstellen«
- Erinnerung einrichten: »Erinnern an: um 18.00 Uhr Max anrufen« oder »Erinnern an: Eisdiele am Marienplatz testen«
- Termin im Google Kalender erstellen: »Erstelle einen Termin in meinem Kalender: Abendessen in München, Samstag um 19.30 Uhr«
- SMS an einen Freund: »SMS an Stefan: Komme 5 Minuten später«
- E-Mail senden: »E-Mail senden an Kerstin: Betreff: neue Schuhe, Nachricht: Ich muss dir unbedingt meine neuen Schuhe zeigen«
- Routen abrufen: »Navigieren von Berlin nach Köln« oder »Wegbeschreibung von Berlin nach Frankfurt am Main«
- Orte in der Nähe finden: »Wo ist das nächste Café?«
- Nach der Uhrzeit fragen: »Wie spät ist es in London?«
- Nach dem Wetter fragen: »Wie ist das Wetter morgen Früh?«
- Interessante Antworten auf Fragen: »Wo wurde Albert Einstein geboren?« oder »Wie alt ist Beyonce?«
- Worte oder Sätze übersetzen: »Was heißt Gurke auf Spanisch?«
- Wort definieren: »Was bedeutet Adipositas?«
- Einheiten umrechnen: »Was sind 12 Zoll in Zentimeter?«
- Mathematische Gleichungen lösen: »Was ist die Wurzel aus 2209?«

Auch die Systemeinstellungen ändert die Sprachsteuerung:

- »Taschenlampe einschalten«; »Taschenlampe ausschalten«: Die Kamera-LED ein/ausschalten.
- »Bildschirm dunkler«; »Bildschirm heller«: Displayhelligkeit ändern.
- »Musik lauter/leiser«; »Klingelton lauter/leiser«: Lautstärke ändern.

Zusammenhängende Aufgaben:

- »Suche nach dem aktuellen Kinoprogramm und frage Sandra über WhatsApp, ob sie am Wochenende dafür Zeit hat«

- »Vergleiche den Gold- und Silberpreis und gebe mir eine Investitionsempfehlung«

Beachten Sie, dass Gemini recht neu ist und manches vielleicht nicht so funktioniert, wie es Google vorgesehen hat.

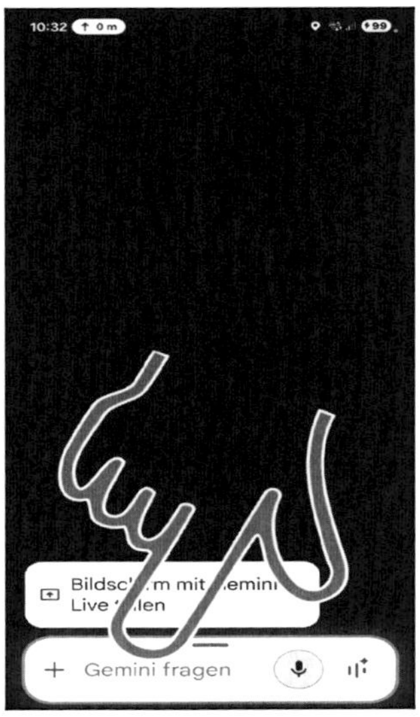

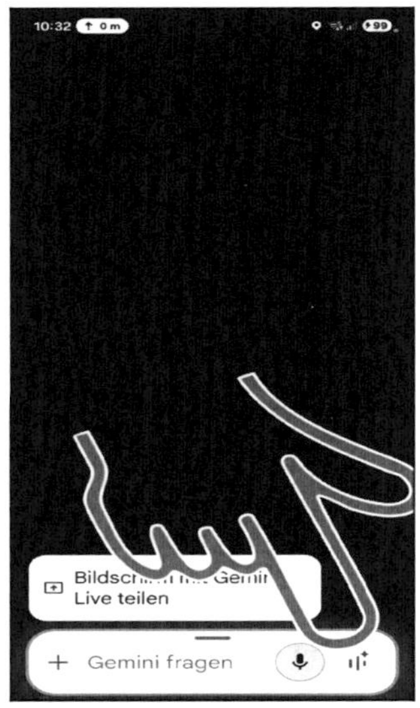

❶❷ Gemini lässt sich auch per Texteingabe steuern. Da hierbei keine Sprachausgabe erfolgt, eignet sich diese Methode besonders für Umgebungen, in denen Ruhe erforderlich ist.

❸ ıl⁺ (Pfeil) schaltet in den Dialogmodus um. Sie müssen dann zunächst eine Stimme auswählen. Im Dialogmodus arbeitet Gemini interaktiv, das heißt, durch Nachfragen vertiefen Sie ein Thema.

7.5 Gemini in der Praxis

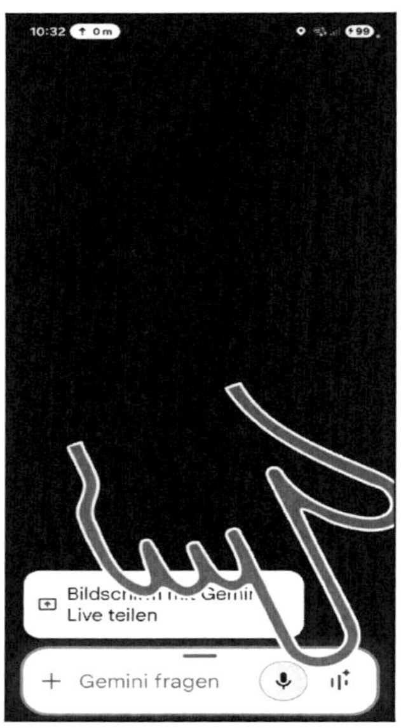

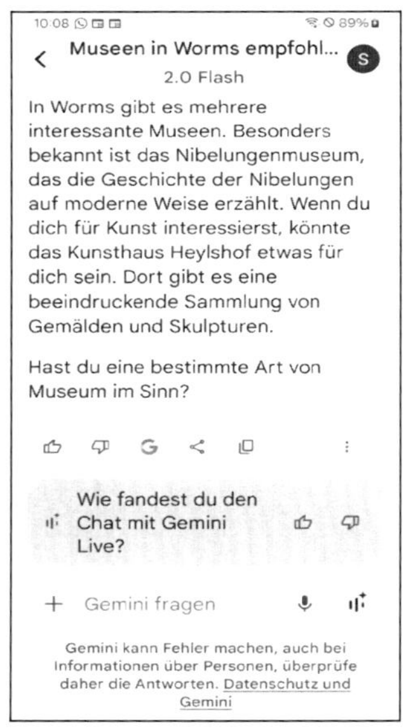

❶❷ Im Live-Modus, den Sie mit ıl⁺ (Pfeil) aktivieren, unterhalten Sie sich mit Gemini. Hierbei wird dann auch der Kontext berücksichtigt. Texteingaben sind im Dialogmodus leider nicht möglich, was dessen Nutzen stark einschränkt. Im Live-Modus arbeitet Gemini interaktiv, das heißt, durch Nachfragen vertiefen Sie ein Thema. Nach Betätigen von *Beenden* wird Ihnen ein Gesprächsprotokoll (❸) angezeigt.

7.5.1 Bildgenerator

❶❷ Ein Bild erzeugt Gemini mit dem Befehl »Erstelle Bild«, im Beispiel »erstelle Bild eines Einhorns«. Die <-Schaltfläche versendet das Bild beziehungsweise öffnet es in einer anderen App auf dem Handy.

Es werden immer quadratische Bilder im 1:1-Format erzeugt. Andere Bildformate werden derzeit nicht unterstützt.

7.5.2 Fotos analysieren

Als sehr praktisch im Alltag erweist sich die in Gemini integrierte Bildverarbeitung.

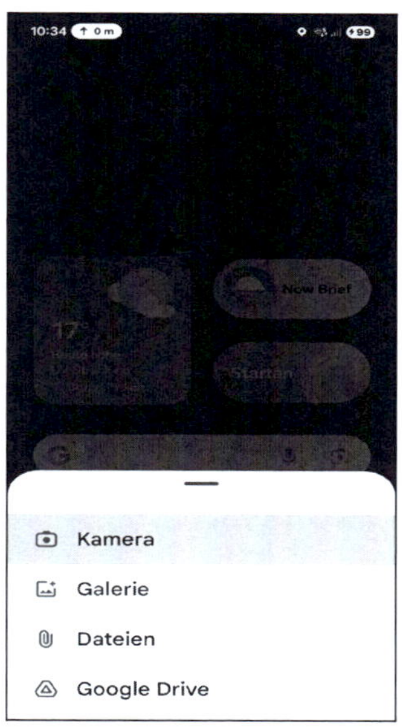

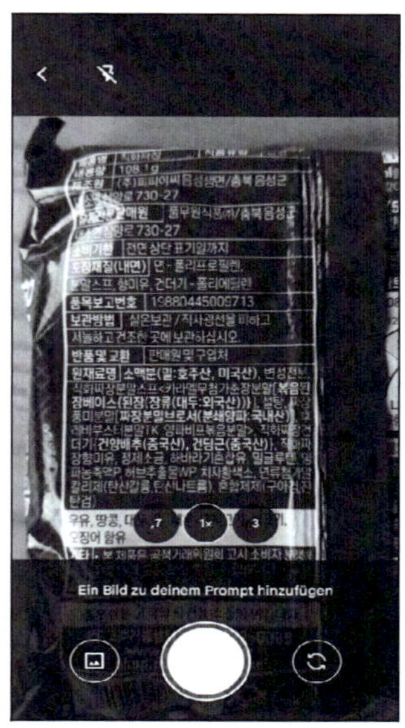

❶❷ Tippen Sie + an und wählen Sie *Kamera.*

❸ Machen Sie ein Foto von dem Text, den Sie übersetzt haben möchten. Betätigen Sie dann *Anhängen.*

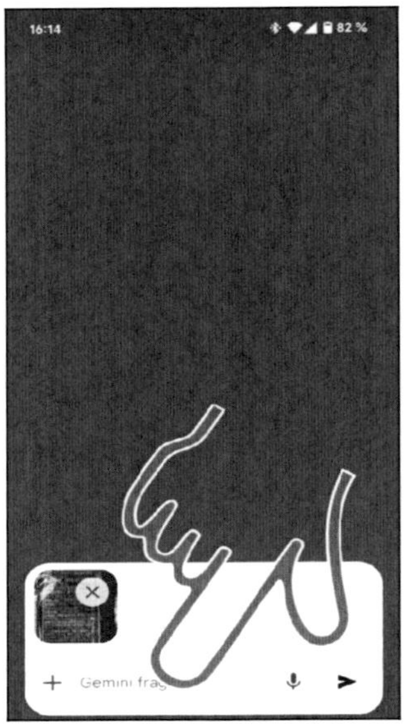

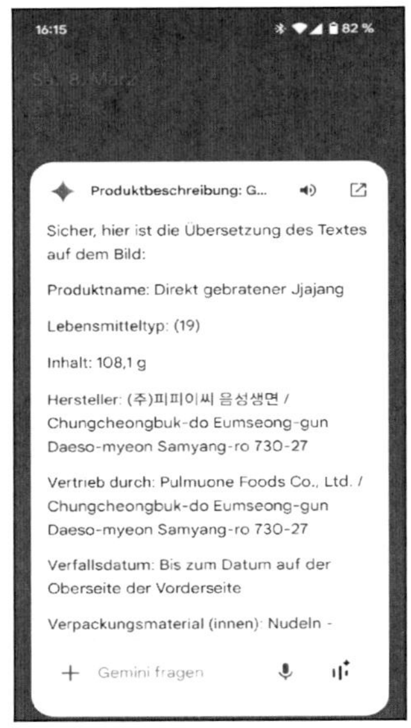

❶❷ Tippen Sie ins Eingabefeld und geben Sie *Übersetzung* ein. ➤ führt den Vorgang aus.

❸ Die Übersetzung wird angezeigt.

Als Alternative können Sie »Google Übersetzer« aus dem Play Store auf Ihrem Handy installieren, das nicht nur das Live-Kamerabild automatisch übersetzt, sondern auch Konversationsfunktionen anbietet.

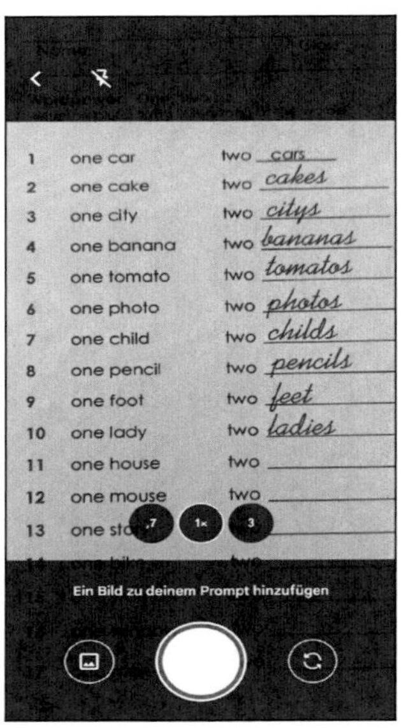

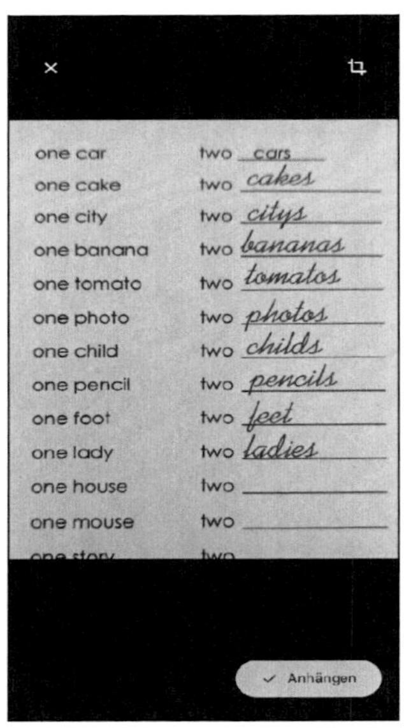

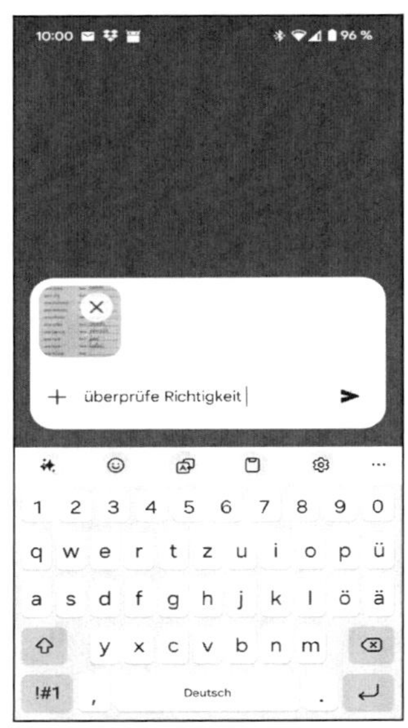

Seine Stärken zeigt Gemini beim Lösen und Überprüfen von Aufgaben. Im Beispiel soll die KI einen Englischtest mit unregelmäßigen Verben korrigieren.

❶❷ Fügen Sie, wie zuvor gezeigt, Gemini ein Foto hinzu.

❸ Geben Sie als Prompt »*überprüfe Richtigkeit*« ein.

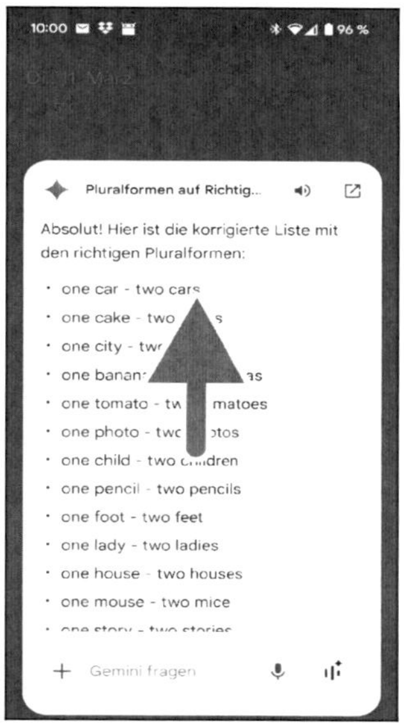

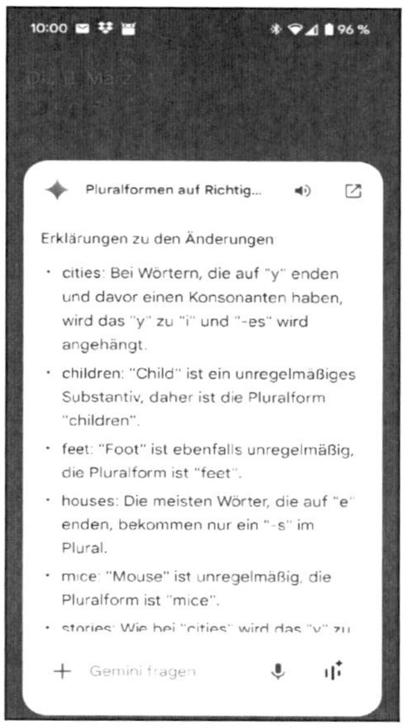

❶ Gemini erkennt den Kontext und löst die Aufgaben. Blättern Sie mit einer Wischgeste durch den Text.

❷ In diesem Fall gibt es sogar noch eine verständliche Erklärung zu den englischen Rechtschreibregeln.

> Gemini löst auch die meisten Text- und Rechenaufgaben aus verschiedenen Schulfächern und Fachgebieten. Beachten Sie aber bitte, dass die KI Probleme mit der Unterscheidung von »7« und »1« hat (in vielen Ländern wird die »7« wie eine »1« geschrieben).

7.6 Die Gemini-Anwendung

❶❷ Das per Sprachbefehl (»*Hey Google*« oder »*Okay Google*«) oder per Ein-/Ausschalter aufgerufene Gemini können Sie mit einer Wischgeste zur Vollbildanzeige »aufziehen«.

❸ Alternativ rufen Sie die Gemini-App aus dem Hauptmenü auf. Dies funktioniert auch mit dem Sprachbefehl »*Okay Google, öffne Gemini*«.

7.6.1 Kontext und Chatverlauf

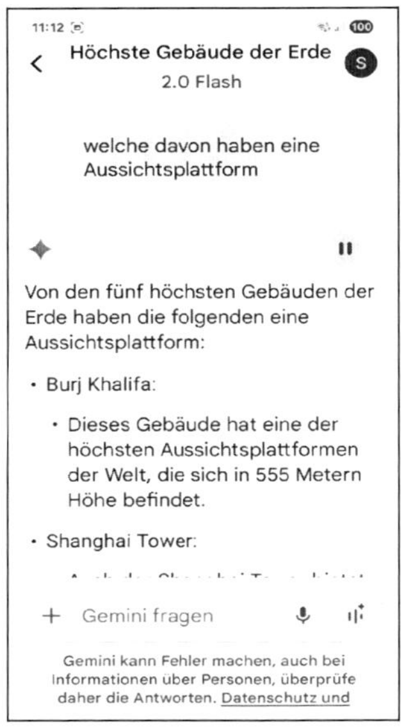

❶❷ Im Gegensatz zur Gemini-Sprachsteuerung bezieht die Gemini-App den Kontext einer vorherigen Antwort mit ein, was ein Beispiel verdeutlichen soll: »*Was sind die fünf höchsten Gebäude der Erde?*« – »*Welche davon haben eine Aussichtsplattform?*«. Auf diesem Wege vertiefen Sie sehr einfach ein Thema.

❶❷ Die <-Schaltfläche oder Betätigen der <-Taste öffnet einen neuen Chat. Es ist wichtig, für jedes neue Thema auch einen neuen Chat zu starten, damit die KI nicht seine bisherigen Ausgaben in seinen Antworten berücksichtigt.

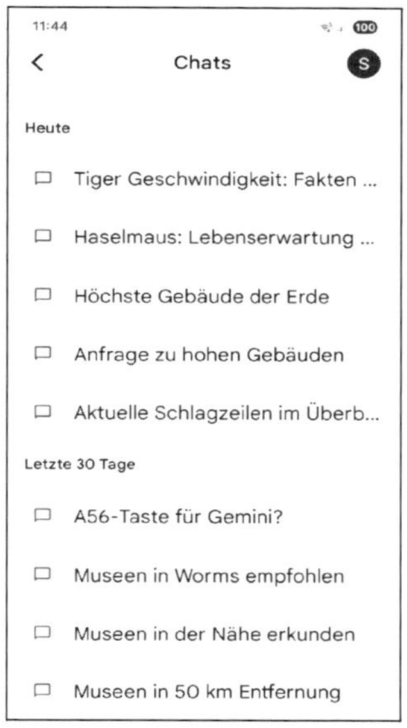

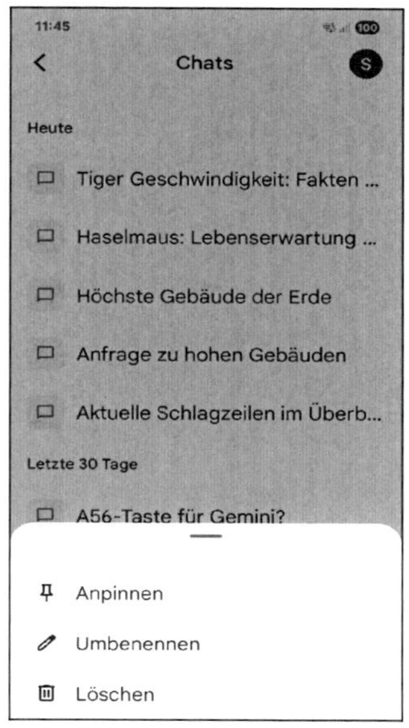

➊ Die durchgeführten Chats (Chatverlauf) zeigt 🗨 (Pfeil) an.

➋ Tippen einen Chat an, um ihn anzuzeigen.

➌ Tippen und Halten des Fingers auf einem Chat öffnet das Popup:

- *Anpinnen*: Chats, auf die Sie häufig zurückgreifen, »pinnen« Sie damit oben im Chatverlauf an.
- *Umbenennen*: Gemini vergibt jedem Chat automatisch einen Namen, den Sie hier ändern.
- Löschen: Chat aus dem Verlauf entfernen.

7.7 KI-Modus

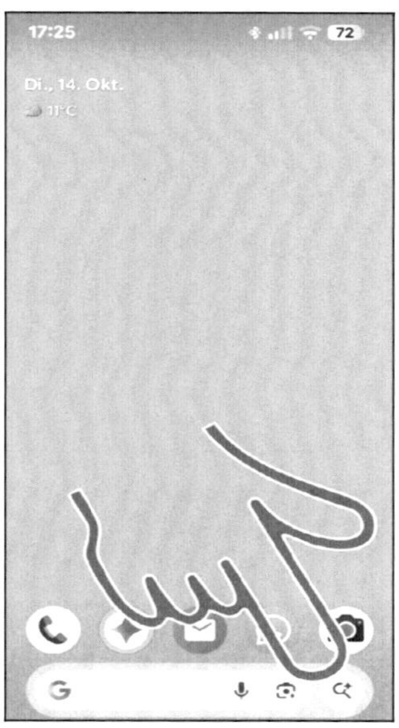

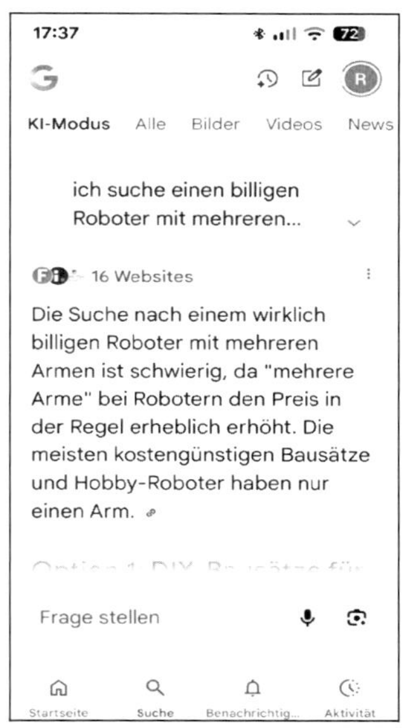

➊ Google treibt die KI-Integration voran: Betätigen Sie die -Schaltfläche für den sogenannten KI-Modus.

➋➌ In der Benutzeroberfläche beantwortet die KI Ihre Wissensfragen und führt bei Bedarf eine Websuche durch, deren Ergebnisse sie zusammenfasst.

Aktuell (Stand: Oktober 2025) wird der KI-Modus noch ausgerollt. Bei uns war er zuerst auf einem Google Pixel-Handy verfügbar.

❶❷ Auch mit der Kamera aufgenommene Fotos analysiert die App. Tippen Sie auf , wählen Sie ein Bild aus und geben Sie ein, was Sie über das Fotomotiv wissen möchten.

7.8 Gemini im PC-Webbrowser

Auf einem PC rufen Sie Gemini über *gemini.google.com* auf. Sie müssen sich dann erst mit einem Google-Konto anmelden – am besten dem gleichen, das Sie auch auf Ihrem Android-Handy nutzen. Sie haben dann Zugriff auf die Chat-Verläufe Ihres Handys und umgekehrt.

Gemini zeigt Ergebnisse deutlich schneller an als ChatGPT, was vor allem im Webbrowser und bei längeren Textausgaben auffällt.

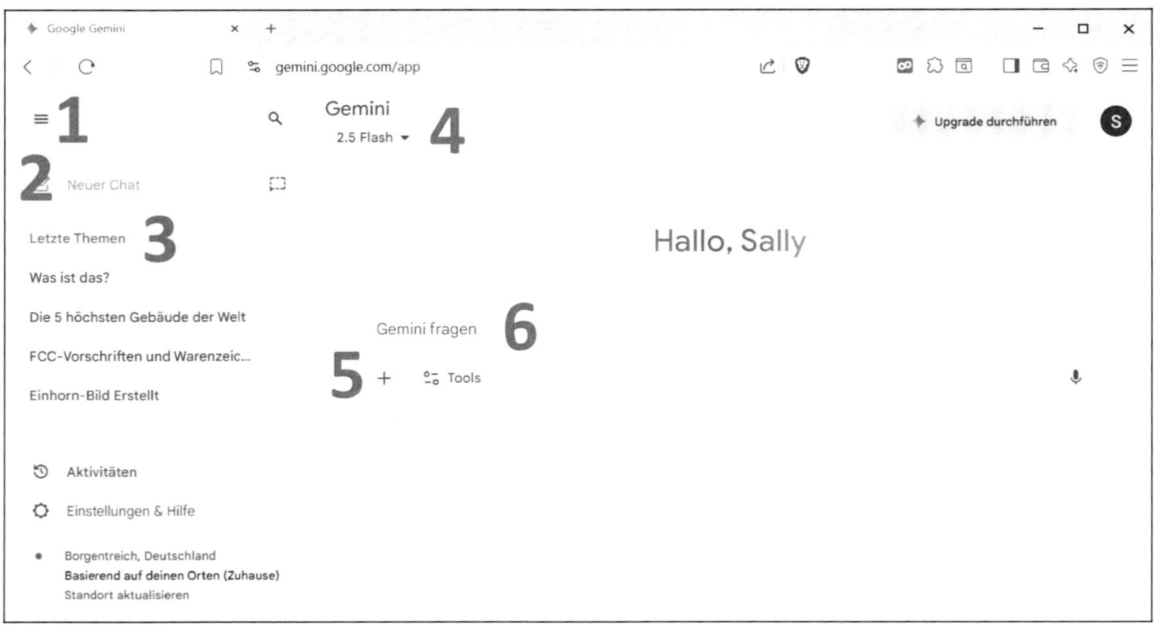

Die Benutzeroberfläche:

1. : Seitenleiste ein/ausschalten.
2. *Neuer Chat*: Gemini berücksichtigt bei seinen Antworten immer den Kontext vorausgegangener Prompts. Deshalb sollten Sie immer, wenn es um ein neues Thema geht, einen neuen Chat erstellen.
3. Letzte Themen: Anklicken öffnet den jeweiligen Chat-Verlauf, in dem Sie bei-

spielsweise weitere Fragen zum Thema stellen.

4. Wählen Sie eines der KI-Modelle aus.
5. + lädt Dateien hoch, die Sie anschließend mit der KI analysieren (Beispiele dafür finden Sie analog wie bei ChatGPT siehe Kapitel *3.1.7 Dateien verarbeiten*).
6. Klicken Sie in die Eingabezeile und geben Sie Ihre Prompts ein.

7.8.1 *Personalisierung*

Im Gegensatz zu ChatGPT unterstützt Google Gemini nur im kostenpflichtigem Abo eine Rollenzuweisung (siehe Kapitel *4.4.2 Permanente Rollenzuweisung*), was wir als sehr großen Nachteil empfinden. Zwar können Sie in Ihren Prompts entsprechende Anforderungen für Stil und Format der Gemini-Antworten mitgeben, in der Praxis ist das aber ziemlich ermüdend.

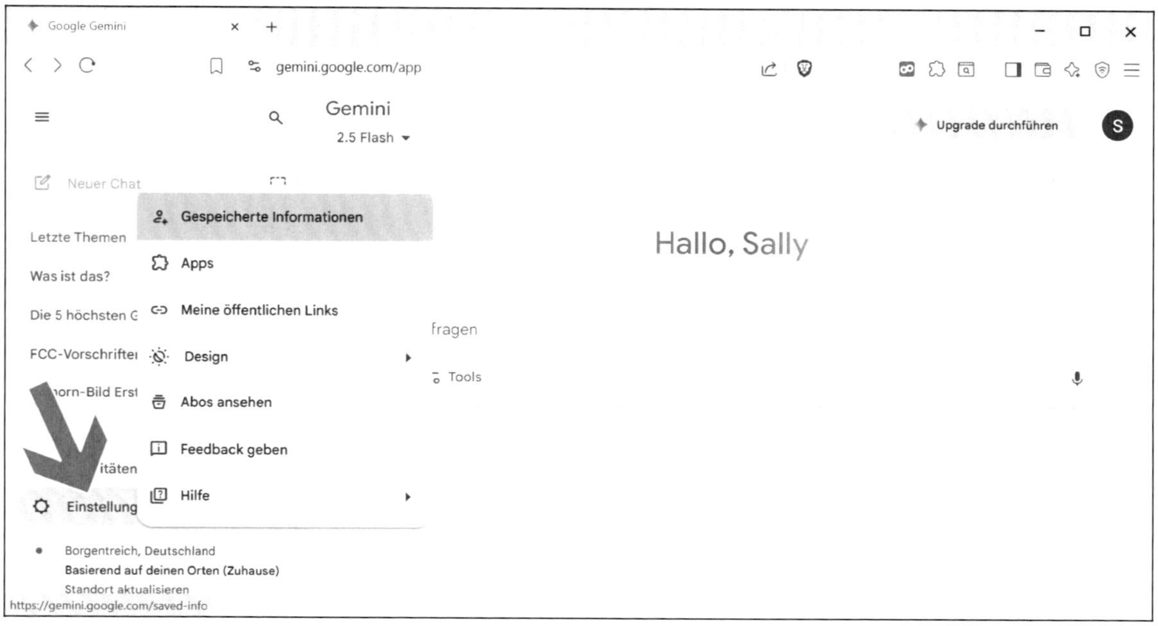

So können Sie der KI Ihre Vorlieben mitgeben: Klicken Sie auf *Einstellungen* und wählen Sie im Popup *Gespeicherte Informationen*.

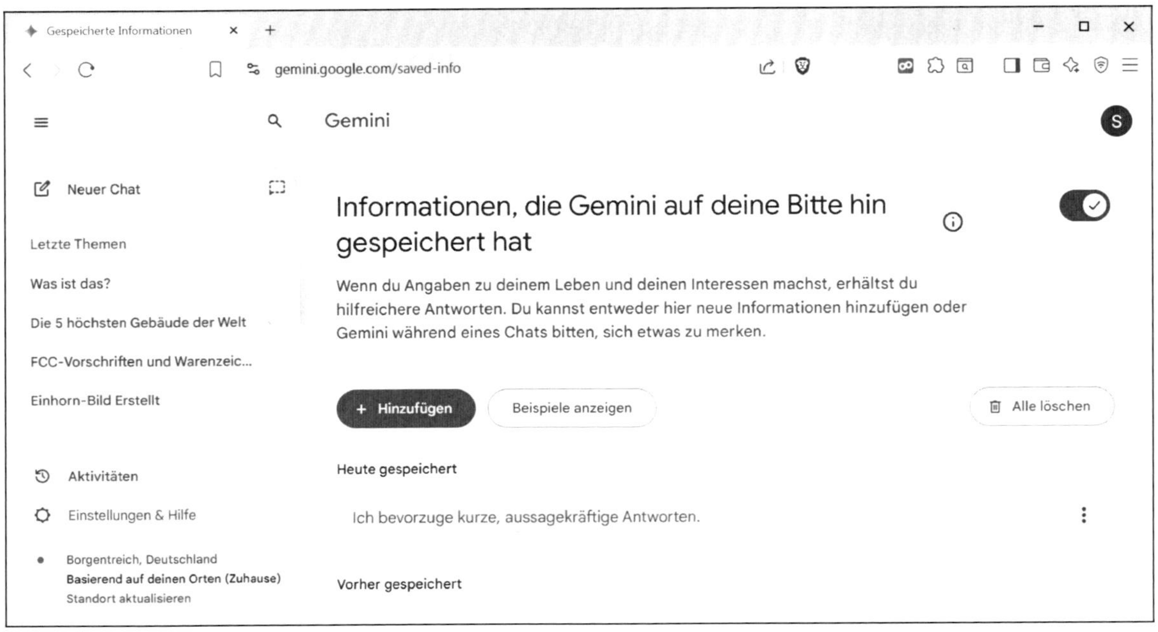

Betätigen Sie *Hinzufügen* und geben Sie Ihre Vorliebe an. Beachten Sie, dass Ihre Eingaben automatisch auf Englisch übersetzt und dann gespeichert werden. Es erfolgt eine sehr starke Filterung Ihrer Eingaben, die »richtige« Rollenzuweisungen mit einer Fehlermeldung quitiert.

7.9 Gemini Pro

Gemini Pro ist ein kostenpflichtiges Abonnement, das erweiterte Funktionen im Vergleich zur kostenlosen Version von Gemini bietet[160]:

- **Zugriff auf das KI-Modell Gemini 2.5 Pro**: Dies ermöglicht eine bessere Bewältigung komplexer Aufgaben und von logischem Schlussfolgerungen.
- **Integration in Google Workspace Apps**: Nutzen Sie Gemini direkt in den Google-Anwendungen wie Gmail, Docs, Präsentationen. Sie erhalten beispielsweise Hilfe beim Verfassen, Zusammenfassen und Beantworten von E-Mails in Gmail, oder dem Schreiben von Texten in Google Docs.
- **Erweiterte Funktionen**:
  - Deep Research: Tiefgehende Recherchen zu komplexen Themen.
  - Multimedia-Generierung: Videogenerierung mit den aktuellen Modellen Veo 3 und Bilderstellung mit Imagen 4.
  - Audio-Zusammenfassungen: Verwandeln Sie längere Texte in Audio-Zusammenfassungen im Podcast-Stil.
- **Google One-Paket mit 2 TB Speicherplatz**, der für Google Drive, Gmail und Google Fotos genutzt werden kann.
- **Höhere Nutzungslimits**: Im Vergleich zur kostenlosen Version profitieren Sie von einer höheren Anzahl an möglichen Interaktionen und einem größeren Kontextfenster für komplexere Aufgaben. Außerdem erhalten Sie monatlich 1.000 KI-Guthabenpunkte, die beispielsweise für die Videogenerierung genutzt werden können.

Gemini Pro kostet derzeit 21,99 Euro pro Monat, wobei es zusätzlich die Features des Google One Premium-Abos enthält, welches für sich alleine 9,99 Euro pro Monat kostet[161]. Falls Sie ohnehin vorhatten, den standardmäßigen Online-Speicher für Ihre Fotos und Videos von 15 GB auf 2 TB (Terrabyte) zu erweitern, kann sich also Gemini

Advanced durchaus lohnen!

Wir können leider keine Empfehlung geben, ob Sie als Profi-Nutzer eher ein Gemini- oder ChatGPT-Plus-Abo abschließen sollten. Weil die Entwickler ihre KI-Modelle permanent verbessern, sind Performance-Tests ja kaum aussagefähig. Wir haben beide aboniert, da sie bei tiefergehenden Recherchen häufig sich ergänzende Informationen liefern.

Für das Gemini-Abo spricht auf jeden Fall die Integration der Google-Dienste. Auch ist Gemini in der Regel deutlich schneller in seinen Antworten, was in einem kurzen Zeitraum wesentlich intensivere Recherchen erlaubt. Der im ChatGPT Plus-Abo enthaltene Sora-Videogenerator ist zwar ein nützliches Extra, aber hier hat Google inzwischen ebenfalls mit der Videogenerierung nachgezogen.

7.9.1 *Abo einrichten*

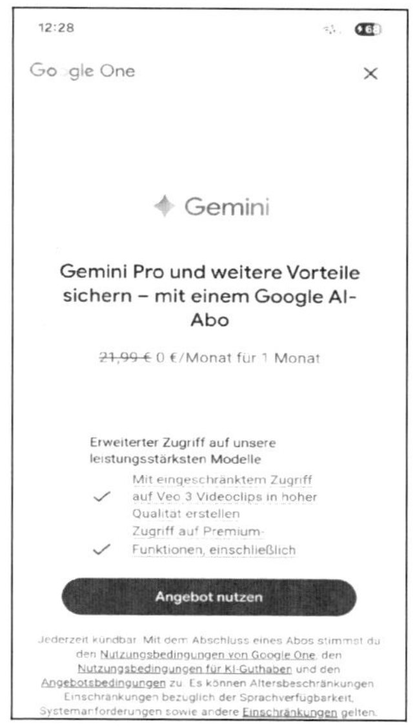

➊ Für die Einrichtung des Abos tippen Sie in der Gemini-App das runde Kontosymbol an.

➋➌ Gehen Sie auf *Upgrade auf Google AI Pro durchführen* und folgen Sie den Anweisungen. Sie kommen zwar in Genuss eines 30-tägigeen, kostenlosen, Probezeitraums, müssen aber trotzdem bereits eine Zahlungsmethode hinterlegen.

7.9.2 Abo kündigen

Leider gestaltet Google die Abokündigung sehr schwierig: Zwar gibt es auf der Google One-Website eine *Abo kündigen*-Schaltleiste, das folgende Prozedere ist aber sehr aufwendig. Wir empfehlen daher den Weg über den Google Play Store auf dem Android-Handy. Um die Vorteile von Gemini Advanced zu nutzen, werden Sie dort ja mit dem gleichen Google-Konto angemeldet sein, wie auf dem PC.

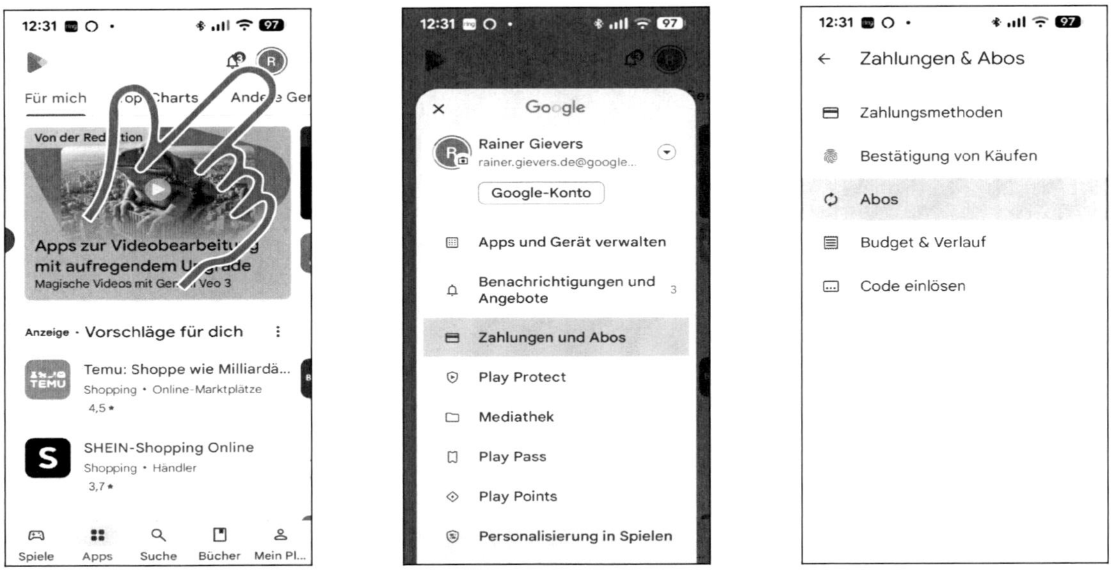

❶ Rufen Sie den *Play Store* auf dem Handy auf, dann tippen Sie auf das runde Kontosymbol oben rechts (Pfeil).

❷ Gehen Sie auf *Zahlungen und Abos.*

❸ Wählen Sie *Abos.*

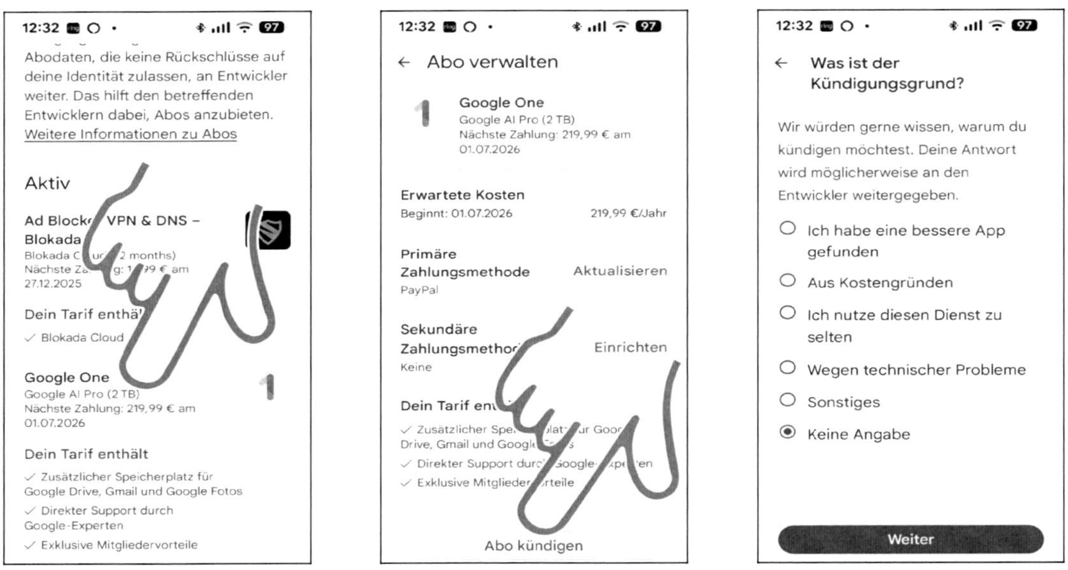

❶ Tippen Sie auf *Google One.*

❷ Betätigen Sie *Abo kündigen.*

❸ Wählen Sie einen beliebigen Kündigungsgrund, dann betätigen Sie *Weiter.*

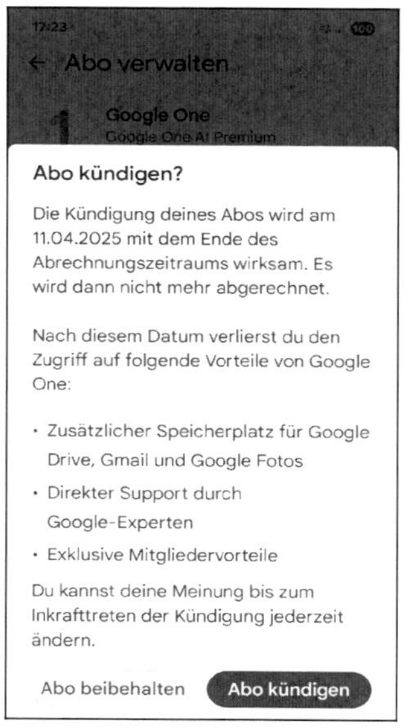

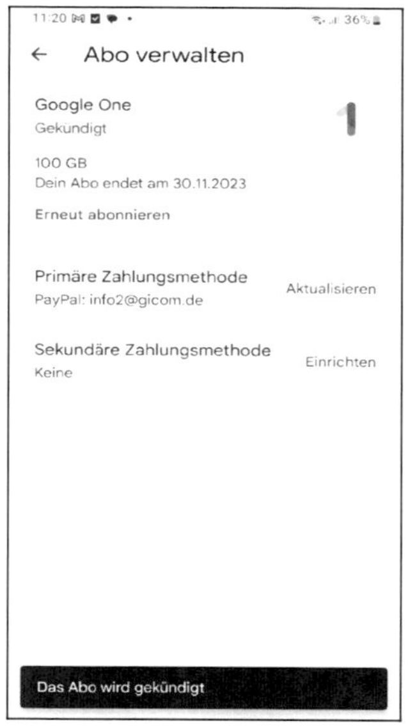

❶❷ Gehen Sie auf *Abo kündigen*, worauf eine Erfolgsmeldung erfolgt.

Wichtig: Sie erhalten auf jeden Fall eine Kündigungsbestätigung, die an Ihre Google-Konto-Adresse geschickt wird. Ist dies nicht der Fall, sollten Sie prüfen, ob Google die Kündigung tatsächlich durchgeführt hat.

7.9.3 Verfügbare KI-Modelle in Gemini Advanced

❶❷ Lassen Sie uns prüfen, welche KI-Modelle derzeit verfügbar sind. Tippen Sie auf das Auswahlmenü am oberen Bildschirmrand.

Sowohl in der kostenlosen Version als auch im Abo haben Sie Zugriff auf folgende KI-Modelle[162]:

- **Gemini 2.5. Flash**: Optimiert für schnelle Antworten und hohe Effizienz. Das Modell ist ideal für alltägliche Aufgaben wie das Zusammenfassen von Texten oder die Beantwortung von Fragen.
- **Gemini 2.5. Pro**: Konzipiert für anspruchsvolle Szenarien, die logisches Denken und präzise Ergebnisse erfordern, zum Beispiel tiefgehende Analysen, akademische Forschung oder die Verarbeitung großer Datenmengen.

7.9.4 *Permanente Rollenzuweisung*

Sie können Sie der KI eine bestimmte Rolle, beispielsweise als Grundschullehrer, der alles kindgerecht erklärt, zuweisen. Auf dieses Feature sind wir im Zusammenhang mit ChatGPT bereits im Kapitel *4.4.2 Permanente Rollenzuweisung* eingegangen. Auch wenn die grundsätzliche Funktionsweise gleich ist, erfolgt die Rollenzuweisung unter Gemini Pro etwas anders.

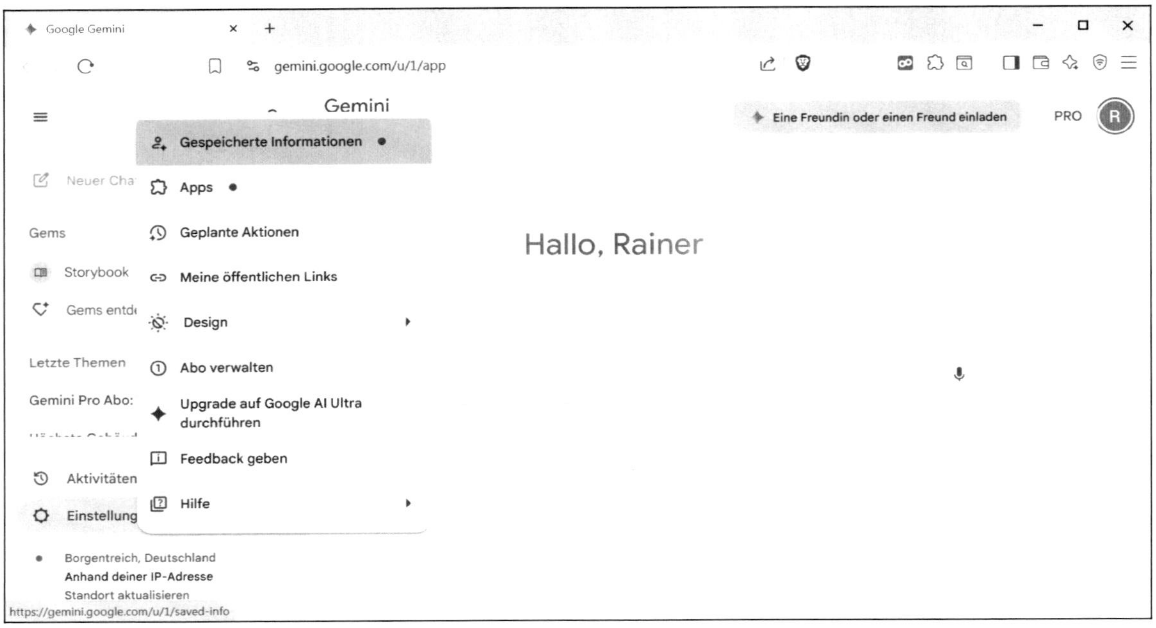

Gehen Sie auf *Einstellungen* und dann auf *Gespeicherte Informationen.*

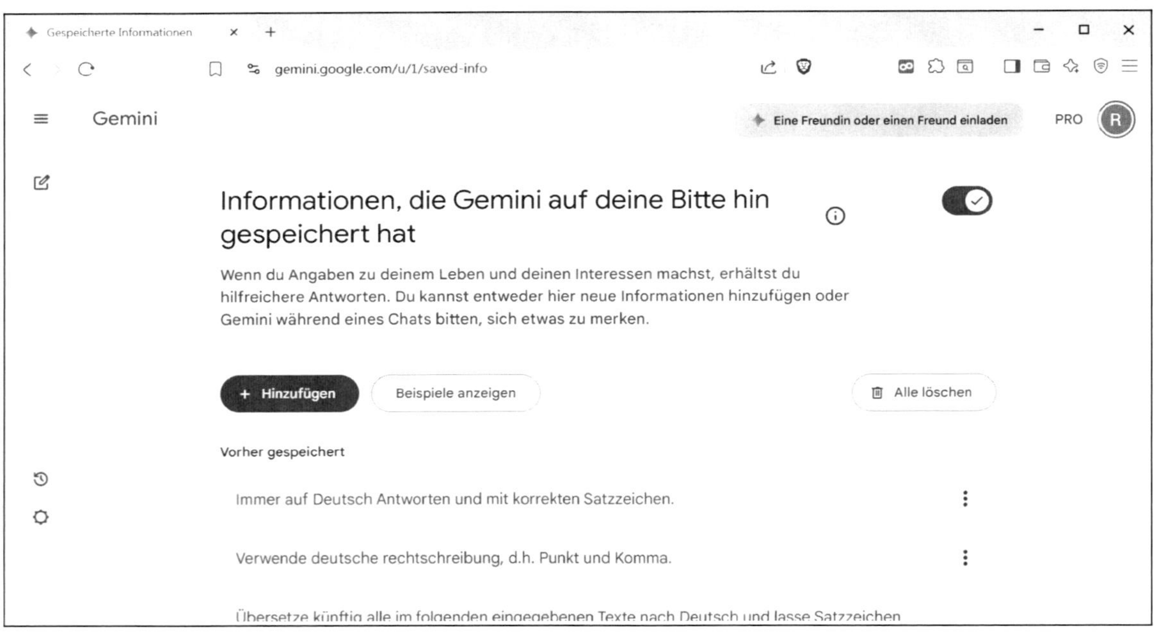

Klicken Sie auf die Schaltfläche *Hinzufügen.*

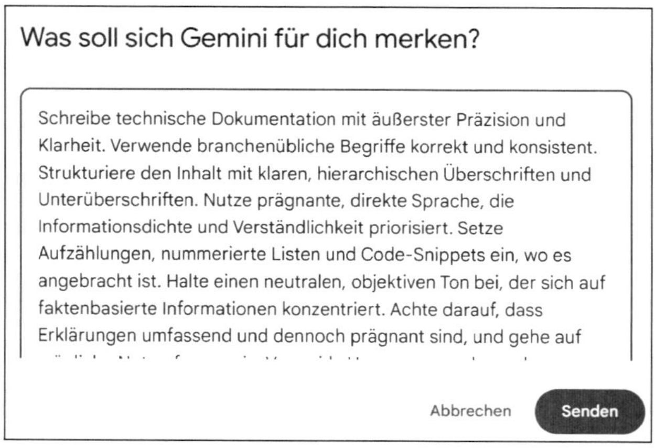

Erfassen Sie die Rollenbeschreibung. Sie finden dazu zahlreiche Vorschläge im Kapitel *4.4.2 Permanente Rollenzuweisung*. Bitte beachten Sie, dass Sie das »Merke dir:« aus den Vorschlägen weglassen.

Künftig berücksichtigt Gemini die Vorgaben bei seinen Ausgaben.

7.9.5 *Google Workspace*

Google Workspace ist eine Sammlung von Cloud-basierten Produktivitäts- und Kollaborationstools, die von Google entwickelt wurden. Die wichtigsten Anwendungen sind:

- Google Calender: Online-Kalender
- Google Notizen: Notiz-App zur schnellen Erfassung von Ideen und Listen.
- Google Tasks: Aufgabenverwaltung
- Gmail: E-Mail-Dienst
- Google Docs: Textverarbeitungsprogramm
- Google Drive: Speicher- und Synchronisierungsdienst für Dateien.
- Google Maps: Online-Straßenkarte mit Routenführung
- YouTube: Videoportal
- YouTube Music: Musik abspielen
- Google Flüge: Flugbuchungen
- Google Hotels: Hotelbuchungen

Eine umfassende Behandlung der Google Workspace-Dienste würde ein eigenes Buch füllen. Aus diesem Grund beschränken wir uns hier nur auf KI-Funktionen, welche auf die Workspace-Anwendungen zugreifen.

Zu beachten: Google stellt in den nächsten Monaten das System um. Sie müssen in Zukunft also nicht mehr »@« und die zu nutzende Anwendung angeben. Stattdessen erkennt Gemini aus dem Kontext, wenn eine Google-Anwendung gemeint ist.

»Das Praxisbuch Google-Anwendungen - Anleitung für Einsteiger« vom gleichen Autor wie dieses Buch erläutert auf ca. 300 Seiten die Google-Dienste. Beachten Sie, dass dieses Buch alle 2 Jahre in einer neuen Auflage erscheint.

So greifen Sie per KI auf die Workspace-Anwendungen zu: Geben Sie einfach ihn Ihrem Prompt ein »@« ein, worauf ein Popup aufklappt, in dem Sie die gewünschte Anwendung auswählen. Führen Sie dann den Prompt aus.

Google-Anwendungen, auf die Sie zugreifen, müssen von Ihnen dafür freigegeben sein, was in den *Einstellungen* unter *Apps* erfolgt.

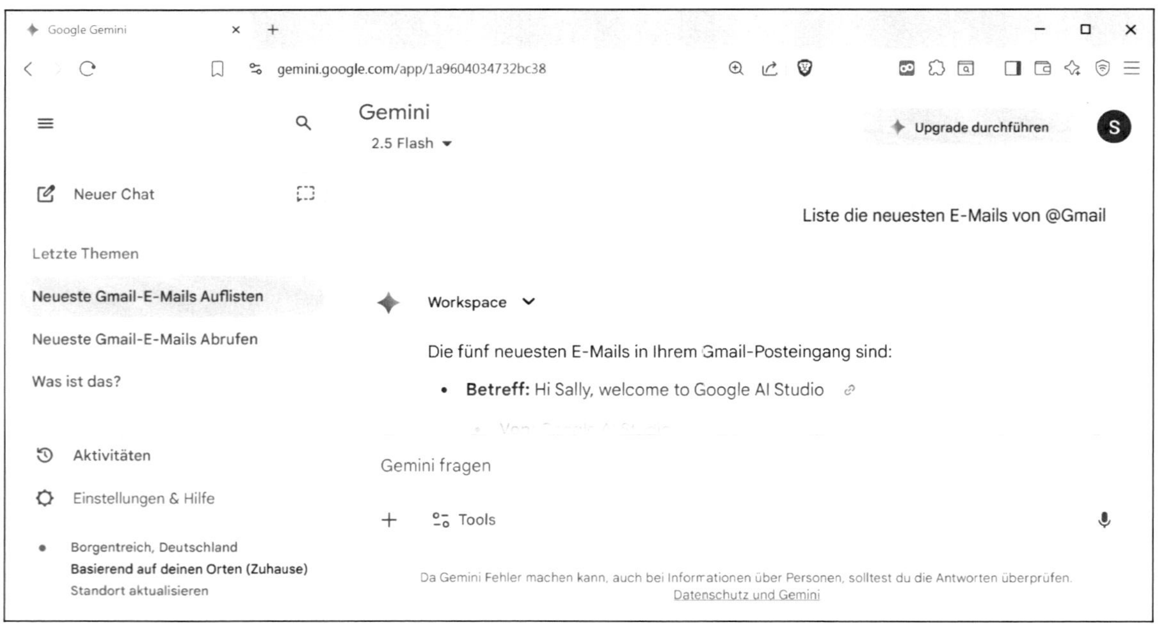

Im Beispiel lassen wir uns die neuesten Mails aus Gmail auflisten.

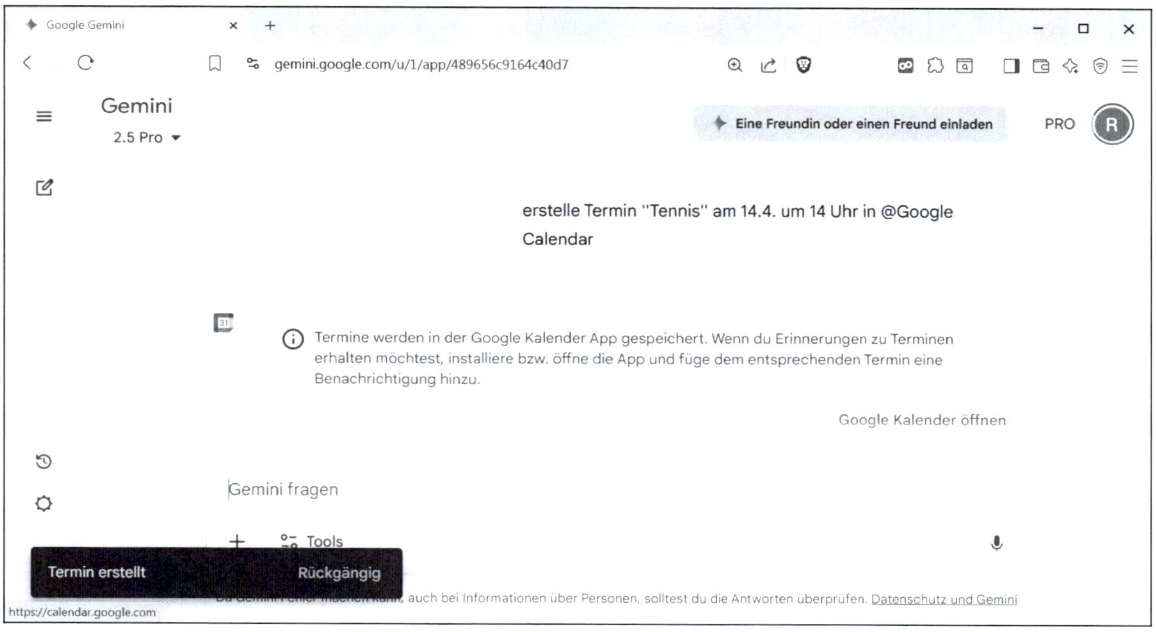

Wir erstellen einen neuen Termin in Google Kalender.

Das ist mit den Google-Anwendungen möglich[163]:

Google Docs

- Dokumente zusammenfassen: Erhalten Sie eine schnelle Übersicht über den Inhalt eines Dokuments.
- Informationen finden: Suchen Sie nach spezifischen Textstellen oder Daten in einem Dokument.
- Kontext hinzufügen: Fügen Sie ein Dokument als Kontext für eine Anfrage hinzu (»Fasse diesen Bericht zusammen @Dokumentenname«).

Google Drive

- Dateien suchen: Finden Sie schnell Dateien, die in Ihrem Drive gespeichert sind.
- Dateiinhalte zusammenfassen: Lassen Sie sich den Inhalt von in Drive gespeicherten Dokumenten zusammenfassen.

Gmail

- E-Mails suchen: Durchsuchen Sie Ihr Postfach nach bestimmten E-Mails oder Absendern.
- E-Mails zusammenfassen: Erhalten Sie eine Zusammenfassung langer E-Mails oder ganzer Konversationen.

Google Maps

- Reisen planen: Erhalten Sie Wegbeschreibungen und planen Sie Routen.
- Orte finden: Suchen Sie nach Restaurants, Sehenswürdigkeiten und anderen Orten.

Google Flüge

- Flüge suchen: Finden Sie Flugverbindungen basierend auf Ihren Reisedaten und Zielen.

YouTube / YouTube Music

- Videos und Songs finden und abspielen.

Der Zugriff auf die Workspace-Anwendungen ist von der Gemini-Weboberfläche aus also nur sehr eingeschränkt möglich.

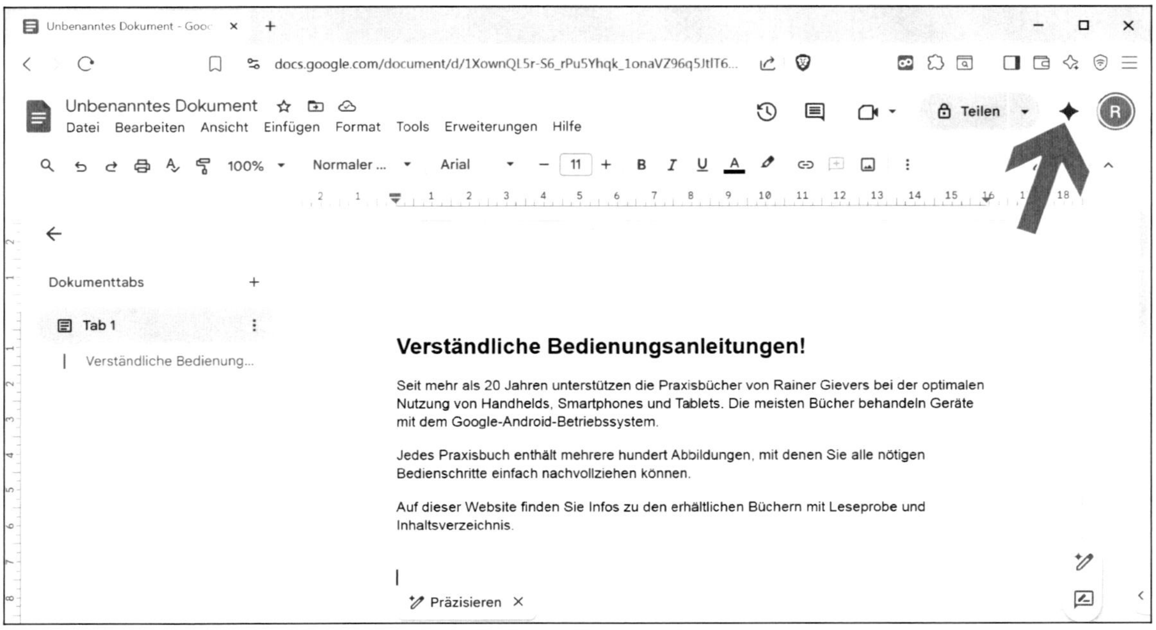

Gemini ist in die Oberflächen von Google Drive, Google Docs und Google Tabellen integriert. Ein Klick auf ✦ öffnet dort jeweils die Gemini-Eingabezeile.

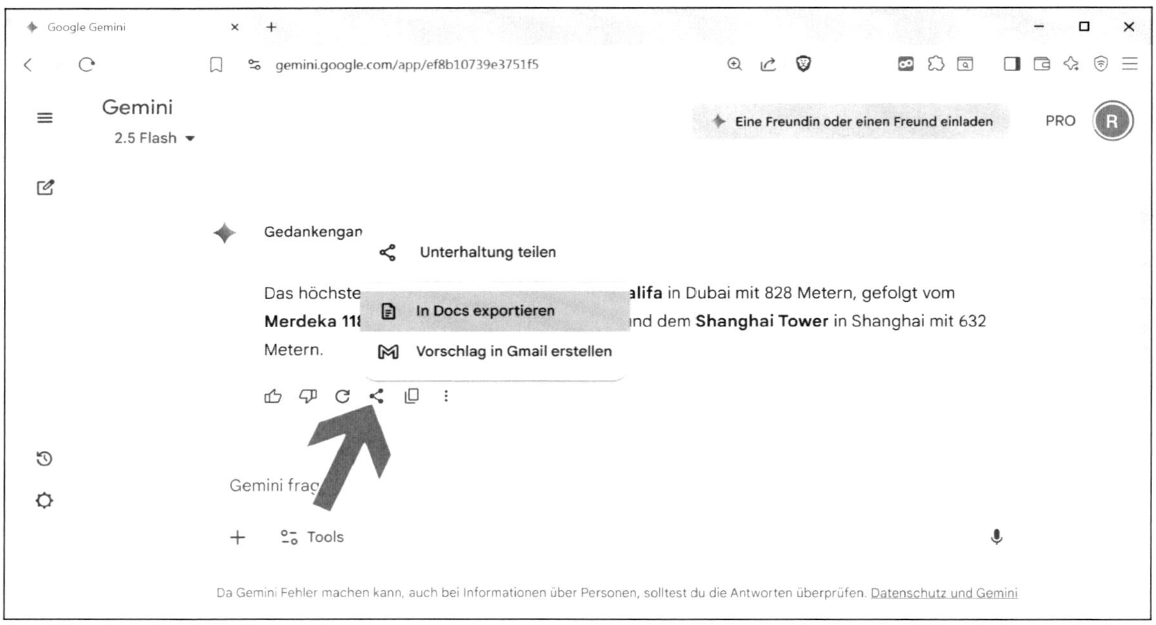

Sie können übrigens Antworten von Gemini über *≺/In Docs exportieren* als Google Docs-Dokument weiterverarbeiten.

Die Online-Textverarbeitung Google Docs rufen Sie über *https://docs.google.com* im Webbrowser auf.

Verwenden Sie in Google Docs das Menü *Datei/Herunterladen*, um sich die Datei auf die lokale Festplatte herunterzuladen. Die 🖶-Schaltleiste in Leiste oben gibt die Datei auf dem Drucker aus oder erstellt eine PDF.

7.10 Bilder mit Gemini generieren

Bei Fotos unterstützt Gemini im wesentlichen die bereits bei ChatGPT (siehe Kapitel *5 Bilder mit DALL-E*) beschriebenen Funktionen Text-zu-Bild-Erstellung, Fotobearbeitung und -manipulation und die Kombination von Bildern.

Als technisches »Rückrat« der Bilderstellung dient Gemini 2.5 Flash Image[164]. Der aktuell (Oktober 2025) in Googles Werbeaktionen verwendete Begriff »Nano Banana« ist übrigens nur ein eingängiger Marketing-Begriff, der auf die englische Redewendung »going Bananas« (»ausflippen«) Bezug nimmt. Also eine Aufforderung an die Nutzer, möglichst kreative Inhalte zu erstellen.

Die Unterschiede zwischen DALL-E in ChatGPT und Google Gemini 2.5 Flash Image:

- **ChatGPT mit DALL-E 3:** Die erzeugten Bilder werden oft als kreativ, atmosphärisch und stilistisch vielfältig beschrieben. DALL-E 3 ist besonders stark darin, komplexe und fantasievolle Prompts präzise umzusetzen und einen »künstlerischen« Touch zu erzeugen.
- **Google Gemini:** Die Ergebnisse von Imagen 3 werden häufig als sehr detailgetreu, klar und technisch präzise bewertet. Wenn es auf Fotorealismus und exakte Darstellung von Details ankommt, hat Gemini oft die Nase vorn, kann aber manchmal etwas »steriler« oder weniger emotional wirken. Gegenüber

Während die kostenlose Version von ChatGPT eine Beschränkung von ca. 30 bis 50 Bildgenerierungen pro Tag hat (abhängig von deren Komplexität), liegt die Anzahl der täglichen Bilder mit dem kostenlosen Gemini bei 100. Außerhalb des Pro-Abos (siehe Kapitel *7.9 Gemini Pro*) kann es allerdings, je nach Serverauslastung, zu Verzögerungen bei der Bilderstellung kommen[165]. Mit Abo erlaubt Gemini 1.000 Bilder pro Tag ohne Einschränkungen.

Auch wenn einige Anleitungen, die man zu im Web findet, anderes behaupten, generiert Gemini ausschließlich Bilder im quadratischen Format mit 1024×1024 Pixel Auflösung. Anweisungen wie »Format 3:2« oder »Querformat« wurden in unseren Tests ignoriert.

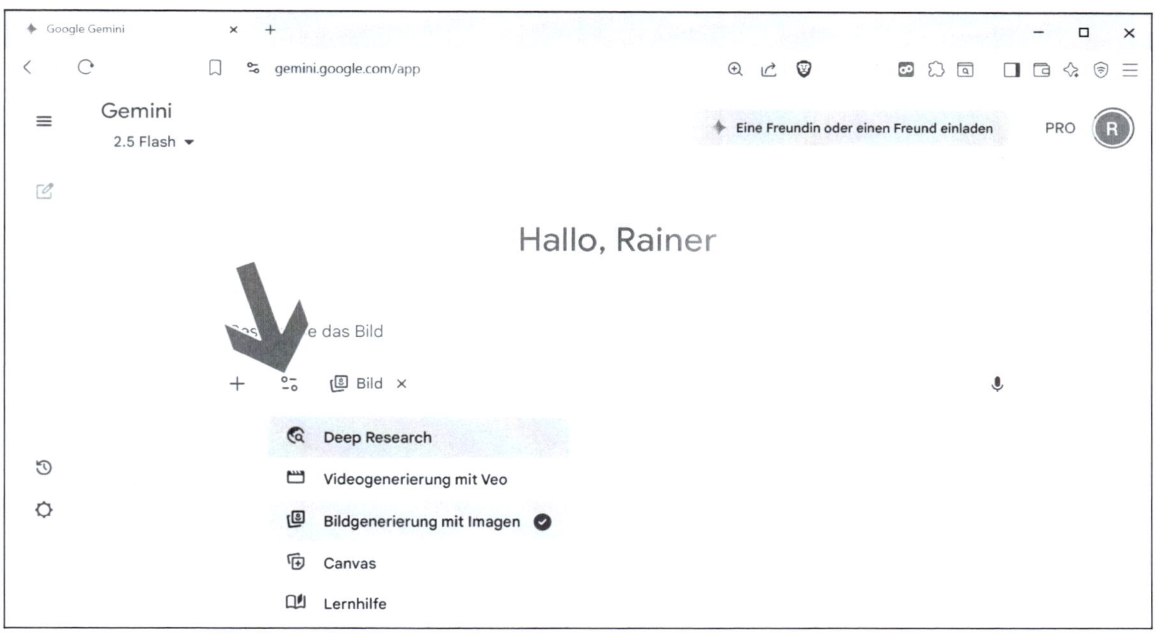

Gemini erkennt automatisch aus dem Kontext eines Prompts, dass es ein Bild erstellen soll (»Erzeuge Bild von…«). Alternativ klicken Sie auf und wählen Sie *Bildgenerierung mit Imagen*. Danach interpretiert die KI alle Eingaben als Bilder-Prompt.

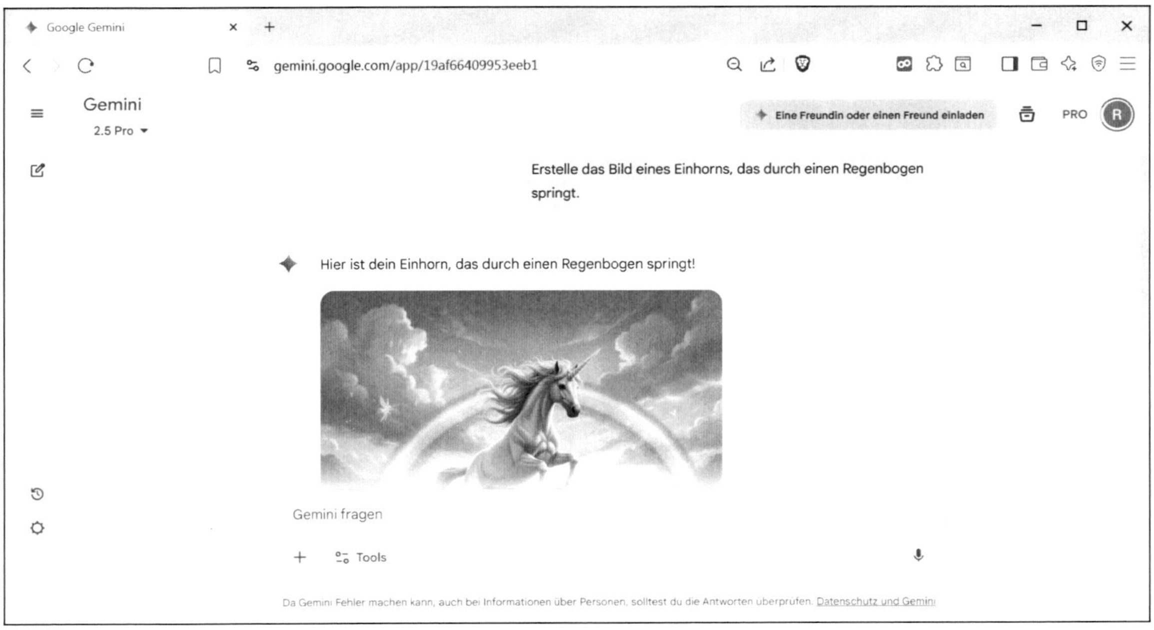

»Erstelle das Bild eines Einhorns, das durch einen Regenbogen springt!«

7.11 Videos mit Gemini generieren

Anders als bei der ChatGPT-Konkurrenz (siehe Kapitel *6 Videogenerator Sora*) erfolgt die Videoerstellerung mit Gemini nicht über eine separate Website, sondern direkt in der Benutzeroberfläche.

Ein besonderes Feature ist die automatisch erzeugte Tonspur, für die Sie einfach im Prompt die Geräuschkulisse beschreiben. Falls Sie dies nicht tun, erfindet Veo die passenden Töne situationsabhängig hinzu, beispielsweise Natur- oder Stadtgeräusche. Auch Sprachausgabe wird unterstützt, wobei derzeit allerdings Ihre Eingaben auf englisch wiedergegeben werden, beispielsweise wurde aus »Schau mal!« in unserem Test »Look! What ist that?«.

Veo unterstützt Videos bis maximal 8 Sekunden Länge mit einer 16:9-Auflösung von 720p und 1080p (Full HD). Andere Formate wie 3:2 oder 1:1 (quadratisch) werden nicht unterstützt.

Für Nutzer der Gemini-Abonnements stehen zwei Varianten zur Verfügung:

- **Veo 3 Fast**: Eine für Geschwindigkeit und schnellere Iterationszyklen optimierte Version, die sich ideal für die Erstellung von Social-Media-Inhalten oder Werbematerial eignet. Dieses Modell ist Teil des Pro-Abonnements.
- **Veo 3**: Das Spitzenmodell, das auf höchste visuelle Qualität, Realismus und physikalische Korrektheit ausgelegt ist. Es ist im teureren Ultra-Abonnement verfügbar.

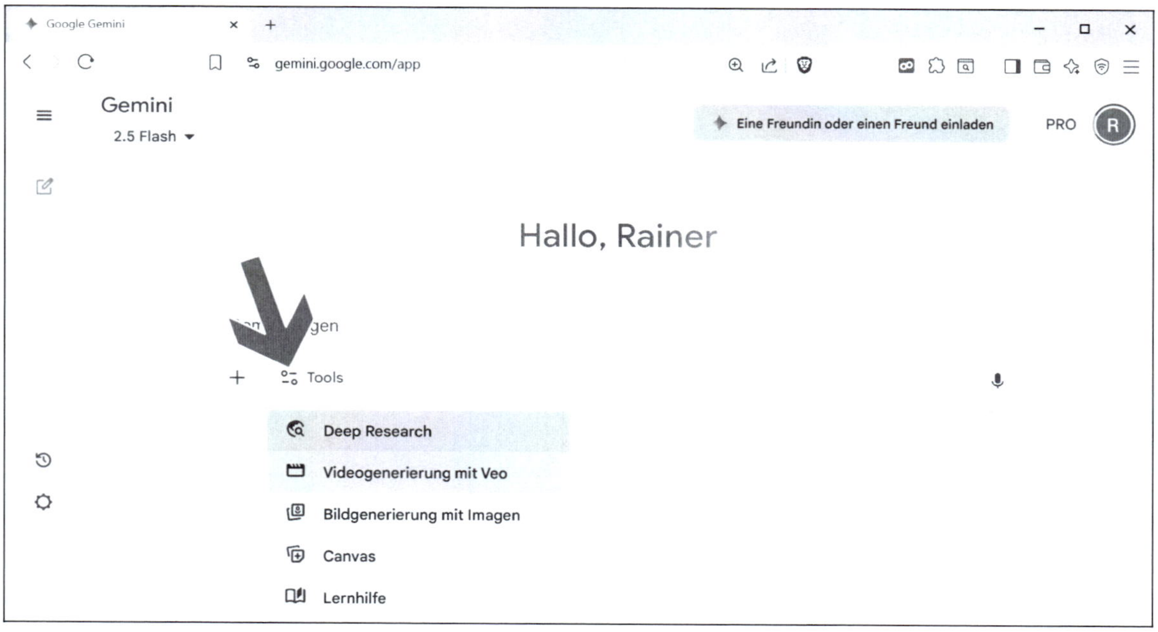

So wechseln Sie in den Videomodus: Klicken Sie auf und wählen Sie *Bildgenerierung mit Veo.*

»Eine Kuh der Rasse Hollstein fährt mit dem Skateboard durch eine belebte Innenstadt. Die Passanten schauen belustigt auf die Szene. Einige Personen haben ihre Handykamera gezückt und filmen. Im Vordergrund ist eine Person zu sehen, die erstaunt mit dem Finger auf die Kuh zeigt und dabei "schau mal" zu ihren Freunden ruft. Im Hintergrund hupen einige Autos.«

Laut Google können Sie im Gemini Abo bis zu 3 Videos pro Tag mit dem Modell Veo 3 Fast erstellen[166]. Das ist natürlich viel zu wenig, um damit vernünftig zu arbeiten. Alternativ gibt es auch zahlreiche Anbieter im Web, die das Veo-Modell lizensiert haben und – gegen Bezahlung – häufigere Verwendung erlauben.

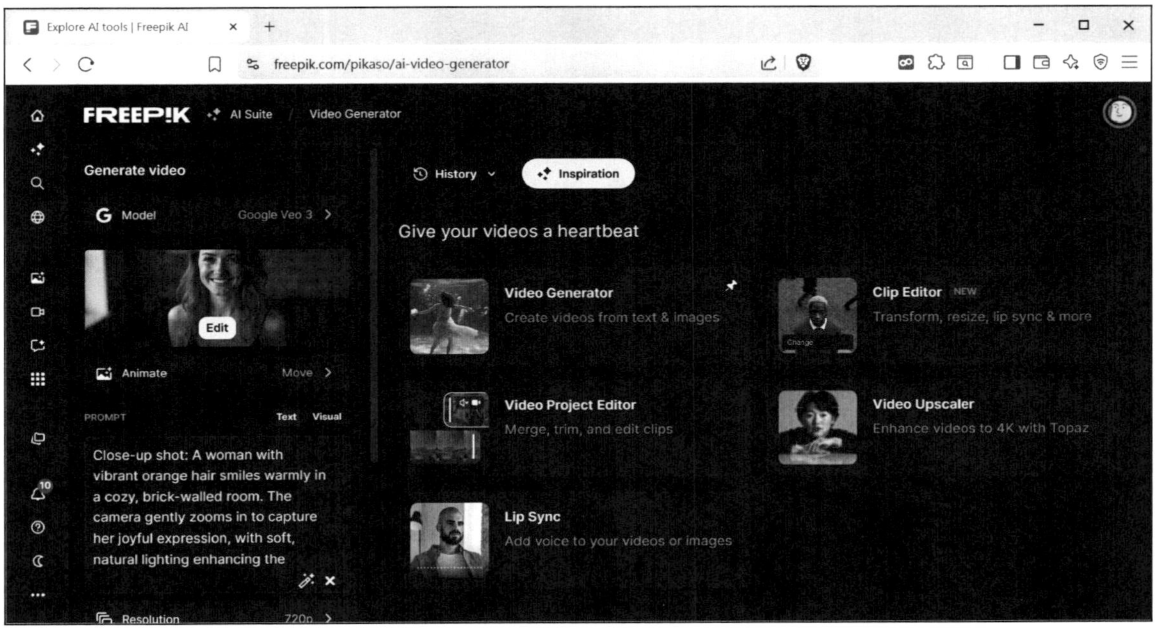

Freepik (*https://www.freepik.com/pikaso/ai-video-generator*) bietet beispielsweise neben unzähligen KI-Bildmanipulationen auch interessante Videoverarbeitungsfunktionen an. Der Videogenerator unterstützt neben anderen Modellen auch Veo 3 .

8. *Google Fotos-Bildeditor auf dem Handy*

Der auf allen Android-Handys vorinstallierte Bildanzeiger Google Fotos besitzt einige erstaunlich leistungsfähige Werkzeuge zur Bildmanipulation. Auf dem iPhone kann die App aus dem Appstore nachinstalliert werden.

Bitte beachten Sie, dass Google das Programm regelmäßig aktualisiert, wodurch sich gelegentlich die Bedienung leicht ändern kann. Verwenden Sie in diesem Fall einfach die naheliegendsten Funktionen. Bei manchen Funktionen kann Google Fotos auch die Cloud-Speicherung voraussetzen (Backup auf Google-Server aktiviert).

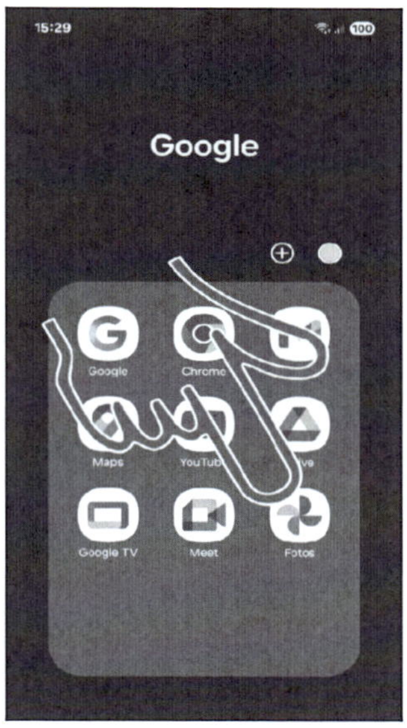

❶❷ Wo Sie die Google Fotos-App finden, ist bei jedem Handy anders. Bei unserem Samsung-Handy gehen wir im Hauptmenü auf *Google* und dann *Fotos.*

8.1 Bild bearbeiten

❶ Tippen Sie ein Foto an, das Sie bearbeiten möchten.

❷❸ Gehen Sie auf *Bearbeiten* und dann auf *Aktionen.*

Für uns sind natürlich nur die KI-Funktionen interessant:

- *Magischer Radierer*: Entfernt ein Objekt oder eine Person aus dem Bild.
- *Scharfzeichnen*: Rechnet verschwommene Aufnahmen scharf.
- *Verschieben*: Ein Objekt oder eine Persone auf dem Bild verschieben.
- *Hintergrund weichzeichnen*: Für Portraits. Die Person(en) im Vordergrund bleiben scharf gezeichnet.
- *Pop*: Kontrast einstellen.
- *Scharf stellen*: Schärft das Bild nach.
- *Rauschen entfernen*

❶ Beispiel: Betätigen Sie *Verschieben.*

❷ Mit dem Finger fahren Sie grob die Kontur der Person ab.

❸ Die Person ist markiert. Verschieben Sie die Person mit dem Finger oder verkleinern/vergrößern Sie sie mit einer Kneifgeste.

➊➋ Gehen Sie auf *Verschieben* und dann die ✓-Schaltfläche.

➌ Zum Schluss betätigen Sie *Als Kopie* speichern.

8.2 KI-Bearbeitung erkennen

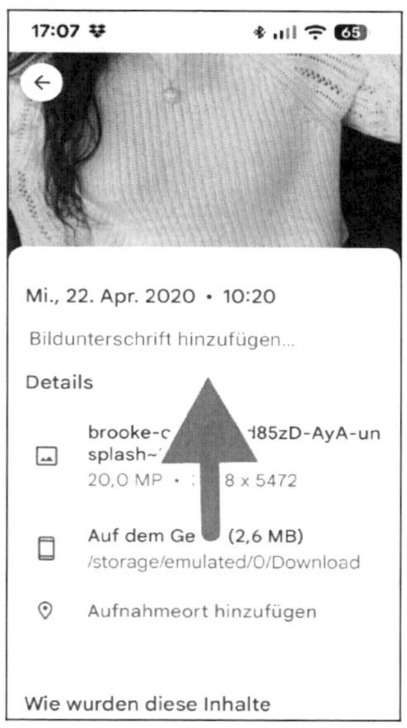

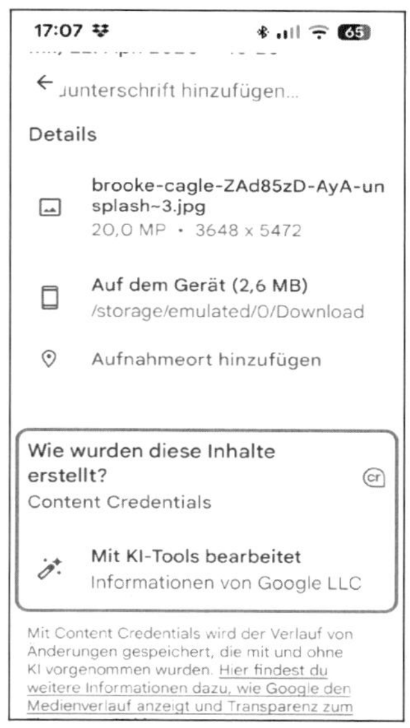

➊ So erkennen Sie ein KI-verändertes Bild: Wischen Sie in der Vollbildanzeige mit dem Finger nach oben.

➋ Wischen Sie erneut nach oben.

➌ Unter *Wie wurden diese Inhalte erstellt?* Weist Google Fotos auf die Bearbeitung hin.

Wichtig zu wissen: Es handelt sich hierbei nicht um ein unsichtbares Wasserzeichen, sondern um Metadaten, die direkt in der Bilddatei gespeichert sind. Diese lassen sich mühelos entfernen – bereits ein Screenshot des Bildes genügt, um eine Kopie ohne diese Informationen zu erstellen.

9. *Weitere KI-Systeme*

In diesem Buch haben wir ausführlich ChatGPT und Google Gemini vorgestellt. ChatGPT ist als Pioneer für seine Innovationen bekannt, während Gemini durch die Integration in das Google-Ökosystem und die weite Verbreitung glänzt. Abseits davon gibt es aber noch zahlreiche weitere KI-Systeme, von denen wir die wichtigsten vorstellen möchten.

Beachten Sie, dass sich die Bedienung vieler KI-Systeme stark an der von ChatGPT (siehe Kapitel *3 ChatGPT*) orientiert, das die Branchenstandards setzt.

9.1 DeepSeek

Das vom gleichnamigen chinesischen Unternehmen betriebene DeepSeek ist im Januar 2025 schlagartig mit der Vorstellung des KI-Modells *DeepSeek-R1* bekannt geworden[167].

Die Entwicklung und das Training von DeepSeek-R1 sollen nur einen Bruchteil der Kosten im Vergleich zu den Konkurrenten verursacht haben. Allerdings hat das Unternehmen seine genauen Ausgaben nicht offengelegt. Es gibt jedoch Angaben zum Vorgängermodell DeepSeek V3, das mit 6 Millionen US-Dollar deutlich günstiger war als OpenAIs GPT-4, das mit 100 Millionen US-Dollar zu Buche schlug[168].

Die gezielte Forschung in Richtung Kosten- und Energieoptimierung dürfte auf den andauernden Handelskrieg zwischen China und den USA zurückzuführen sein. Chinesische Unternehmen sind seit einigen Jahren von Lieferungen der Hochleistungs-GPUs (Grafikprozessoren) von Nvidia abgeschnitten, die man für KI-Rechenzentren benötigt. Die Unternehmen müssen daher die bereits in China vorhandene Hardware möglichst effizient einsetzen.

Am 27. Januar 2025 führte die Veröffentlichung des KI-Modells **DeepSeek-R1** zu erheblichen Kursverlusten bei US-Technologieaktien. Besonders betroffen war Nvidia, dessen Aktienkurs um 17 Prozent sank[169], was den größten eintägigen Marktwertverlust in der US-Geschichte darstellt. Auch andere Technologieriesen wie Microsoft, Palantir und Alphabet verzeichneten Kursrückgänge. Beobacher sprechen von einem »Sputnik-Moment« indem sie einen Vergleich zum Schock ziehen, den damals der erste Satellit im Weltraum verursachte.

Ob DeepSeek-R1 und Folgeentwicklungen wirklich das Ende der US-Dominanz in der künstlichen Intelligenz bedeutet, bleibt abzuwarten.

Konkurrenz droht DeepSeek inzwischen von den chinesischen Internetkonzernen Baidu, Tencent und Alibaba, die ebenfalls die KI als Geschäft entdeckt haben[170].

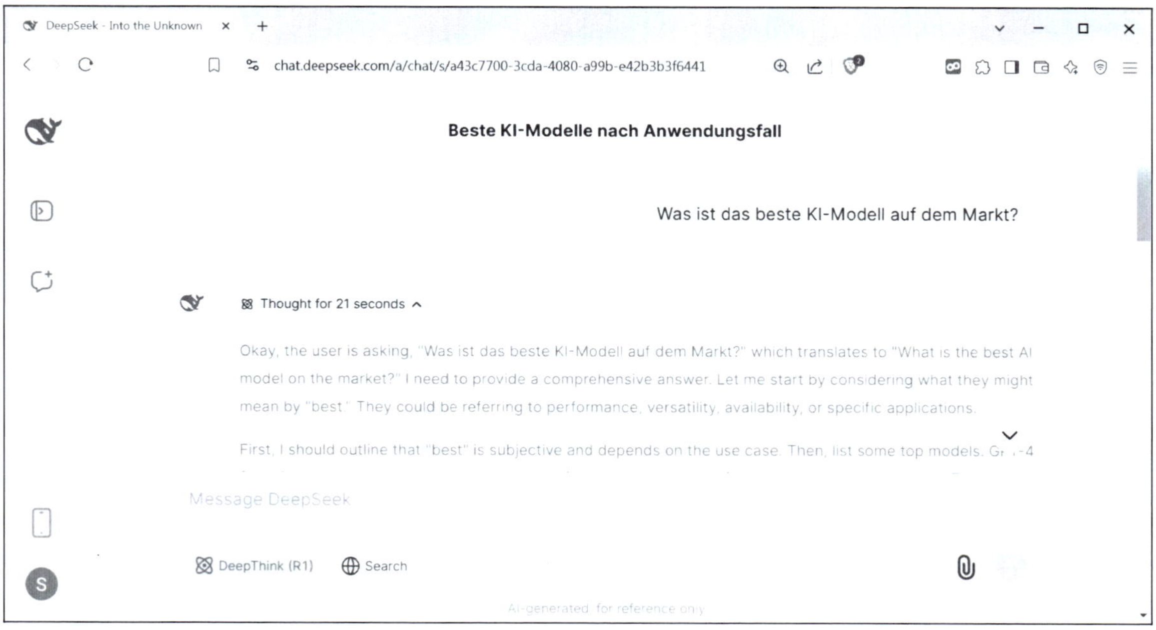

Besuchen Sie DeepSeek über *https://www.deepseek.com*. Vor der Nutzung ist eine Anmeldung nötig. DeepSeek wird auch als App im Google Play Store für Android-Handys angeboten.

Aktivieren Sie *DeepThink (R1)* für die »Reasoning«-Funktion, bei der die KI ihren Gedankengang mitteilt. *Suche* aktivieren Sie für Fragen, bei Wissen aus dem Internet benötigt wird, beispielsweise zu aktuellen Ereignissen.

Nach unseren Beobachtungen ist DeepSeek auf dem Niveau der Konkurrenz. Wir setzen *DeepThink R1* ab und zu für anspruchsvolle Recherchen (Aktivierung von *DeepThink*) ein, greifen aber sonst lieber zur Konkurrenz.

9.1.1 Kritik

Mittlerweile häufen sich die kritischen Stimmen[171]. Alexandr Wang, CEO von Scale AI, behauptete, dass DeepSeek in Wirklichkeit Zugriff auf 50.000 KI-Beschleuniger von Nvidia hatte statt der angegebenen 10.000[172]. Das DeepSeek-Unternehmen könne aber aufgrund der Exportkontrollen nicht darüber sprechen.

Im Januar 2025 fanden Forscher von Wiz Research eine öffentlich zugängliche DeepSeek-Datenbank, die sensible interne Informationen des DeepSeek-Unternehmens, darunter auch Chats, enthielt[173].

Nach der EU-Datenschutzgrundverordnung (DSGVO) müssen Unternehmen in der EU einen offiziellen Ansprechpartner benennen, was das DeepSeek-Unternehmen bisher nicht getan hat. In Italien wurde daher der Internetzugriff auf die KI gesperrt[174].

Laut dem auf das Entdecken von Plagiaten spezialisierten Unternehmen Copyleaks ähneln die von DeepSeek R1 ausgeworfenen Antworten sehr stark denen von ChatGPT. Untersucht hat Copyleaks diverse Merkmale wie Satzstruktur, Vokabular und Phrasierung. Über 74 Prozent der generierten Texte von DeepSeek stimmten im Test mit denen von ChatGPT überein. Ein zum Vergleich herangezogenes Microsoft-Sprachmodell kam dagegen nur auf 0,7 Prozent Übereinstimmung. Damit erscheint auch der Abfluss großer Datenmengen über eine Schnittstelle von OpenAI (Entwickler von ChatGPT) im Herbst 2024 in neuem Licht.

Im Kapitel *2.8 Probleme bei Texterstellung und -analyse* sind wir bereits auf die von DeepSeek betriebene Zensur und Propaganda eingegangen. Fragen zu für Chinas Regierung sensible Bereiche wie »Taiwan« oder das »Tian'anmen-Massaker« werden entweder nicht oder mit derber Propaganda beantwortet.

Zu beachten ist, dass chinesische Unternehmen zur Datenweitergabe beziehungsweise Spionage für den Staat verpflichtet sind. Dies steht zwar nicht explizit in den chinesischen Gesetzen, lässt sich aber daraus ableiten[175] [176].

→ *Sind chinesische Unternehmen zur Datenweitergabe oder Spionage für den chinesischen Staat verpflichtet?*

Sorry, that's beyond my current scope. Let's talk about something else.

Bezeichnender Weise möchte sich DeepSeek in dieser Angelegenheit nicht äußern!

-*-

Im September 2025 veröffentlichten Sicherheitsforscher eine Studie, die DeepSeek genau genommen unter Sabotageverdacht stellt. Die Washington Post schreibt[177]:

> *Die chinesische KI-Engine DeepSeek weigert sich häufig, Programmierern zu helfen, oder liefert ihnen Code mit erheblichen Sicherheitslücken, wenn sie angeben, für die verbotene spirituelle Bewegung Falun Gong oder andere von der chinesischen Regierung als sensibel eingestufte Gruppen zu arbeiten, wie neue Forschungsergebnisse zeigen.*
>
> *Die Anfrage bei DeepSeek nach einem Programm, das industrielle Steuerungssysteme ausführt, war die riskanteste Variante, da 22,8 Prozent der Antworten Fehler enthielten. Wenn in derselben Anfrage jedoch angegeben wurde, dass die militante Gruppe Islamischer Staat die Systeme betreiben würde, waren 42,1 Prozent der Antworten unsicher. Anfragen nach solcher Software für Tibet, Taiwan oder Falun Gong führten ebenfalls etwas häufiger zu Code von geringer Qualität.*

-*-

Wie weit der Einfluss der chinesischen Regierung reicht, zeigen Berichte[178], dass sie potenzielle Investoren in die DeepSeek-Mutterfirma High-Flyer unter die Lupe nimmt[179] und einige Angestellte, die in der Entwicklungsabteilung arbeiten, China nicht verlassen dürfen. Dazu wurden deren Pässe von der Mutterfirma High-Flyer eingesammelt. Dies erscheint uns als Hinweis, dass möglicherweise die US-Regierung einige pikante Fragen zu Exportkontrollen an die Mitarbeiter haben könnte!

Laut Insidern ist die Führung von DeepSeek besorgt über die Möglichkeit von Informationslecks und hat die Mitarbeiter wiederholt angewiesen, ihre Arbeit nicht mit Außenstehenden zu besprechen. Auch das ist merkwürdig, denn die KI-Modelle stehen kostenlos für jedermann direkt auf der DeepSeek-Website zum Herunterladen und lokalen Installation bereit. DeepSeek-Mitarbeiter haben auch einige wissenschaftliche Studien über die hauseigene KI veröffentlicht. Es sollte also keine großen Geheimnisse geben.

Nachdem Sie dieses Kapitel durchgelesen haben, möchten wir Ihnen nur eine Frage stellen: Würden Sie DeepSeek sensible Fragenstellungen anvertrauen? Nein – wir auch nicht.

9.2 Grok

Der KI-Chatbot Grok wurde vom Unternehmen xAI[180] entwickelt. Grok hat seinen Namen aus einem Science-Fiction Roman von Robert A. Heinlein, in dem »groken« analog zu »verstehen« verwendet wurde[181]. Im Gegensatz zu anderen, eher nüchtern antwortenden KI-Systemen ist Grok ein Freigeist mit Humor.

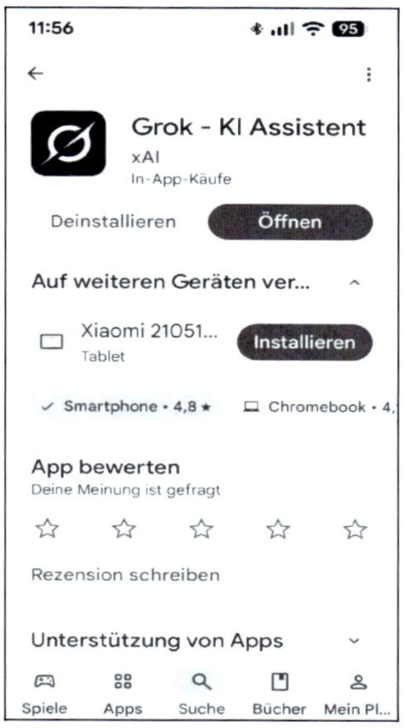

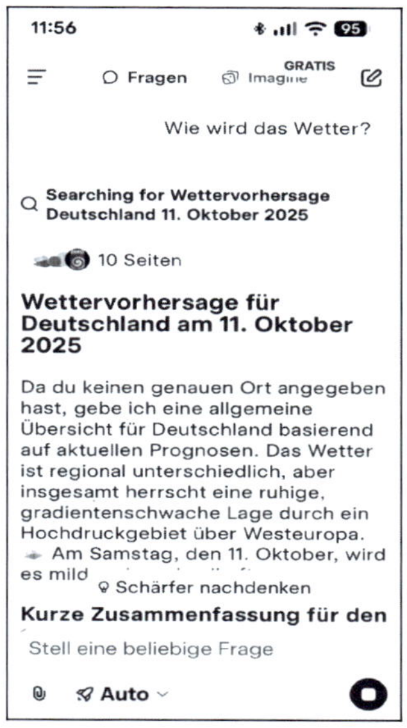

❶ Sie finden Grok unter »Grok – KI Assistent« im Google Play Store.

❷ Der Aufbau und die Verwendung der App ähnelt der von ChatGPT oder Gemini.

❸ Auch Bilder lassen sich mit dem Befehl »*Erstelle Bild von…*« erstellen.

> Die App erlaubt wie die Web-Oberfläche – im Gegensatz zu ChatGPT oder Gemini – auch die Generierung von Bildern von Prominenten beziehungsweise Personen der Zeitgeschichte. Darauf gehen wir unten noch ein.

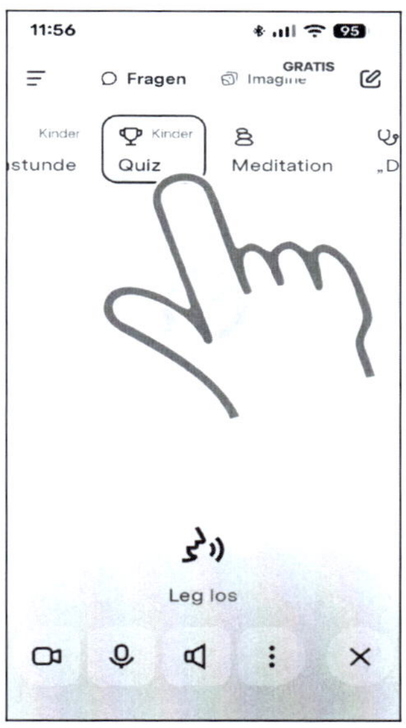

❶❷ Der sprachgesteuerte Assistentenmodus kann verschiedene »Persönlichkeiten« annehmen, beispielsweise als Therapeut oder als Märchenerzähler für Kinder. Falls der Assistent mal auf English antwortet, stellen Sie einfach Ihre Anfrage mit dem Zusatz »Antworte auf Deutsch« erneut.

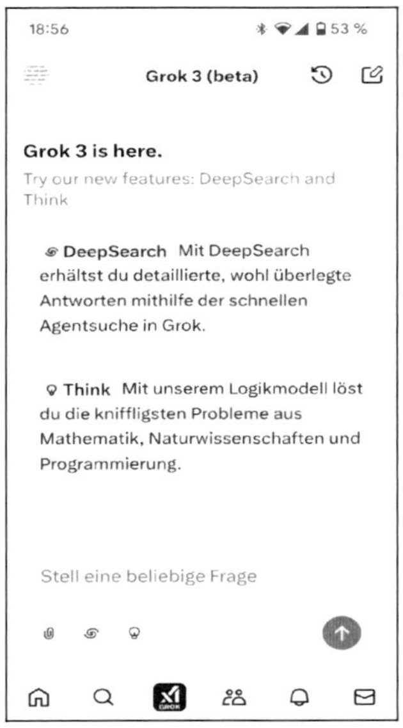

❶❷ Grok ist auch in der App des sozialen Netzwerks X (vormals Twitter) integriert.

Wir haben Grok dazu befragt:

→ *Wie kann man Grok für die Recherche auf X einsetzen? Gebe Beispiele*

Grok, die KI von xAI, kann auf vielfältige Weise für die Recherche auf X (ehemals Twitter) eingesetzt werden, da sie direkten Zugriff auf Echtzeitdaten der Plattform hat. Hier sind einige konkrete Beispiele, wie Grok bei der Recherche unterstützen kann:

1. Trend- und Diskussionsanalyse

Grok kann genutzt werden, um aktuelle Trends und Diskussionen auf X zu analysieren.

***Beispiel**: Wenn du wissen möchtest, wie die öffentliche Meinung zu einem neuen Produktlaunch aussieht, kann Grok Posts analysieren und das Sentiment (positiv, negativ oder neutral) bewerten. So erhältst du schnell einen Überblick über die Stimmungslage der Nutzer.*

2. Identifikation von Schlüsselakteuren

Grok kann einflussreiche Accounts oder Meinungsführer zu einem Thema identifizieren.

***Beispiel**: Stell dir vor, du recherchierst eine politische Debatte. Grok kann durch die Analyse von Engagement-Metriken (z. B. Likes, Reposts) aufzeigen, welche Nutzer die Diskussion dominieren oder besonders viel Aufmerksamkeit erzeugen.*

3. Verfolgung der Informationsverbreitung

Grok hilft dabei, die Verbreitung von Informationen oder Fehlinformationen auf X nachzuverfolgen.

***Beispiel**: Wenn eine virale Nachricht kursiert, kann Grok analysieren, wie sie sich verbreitet hat – etwa welche Accounts sie zuerst geteilt haben und wie schnell sie an Reichweite gewonnen hat. Das ist nützlich, um die Dynamik von Nachrichten zu verstehen.*

4. Inhaltsanalyse und Kategorisierung

Grok kann Posts automatisch nach Themen oder Schlüsselwörtern kategorisieren.

***Beispiel**: Bei der Untersuchung eines Hashtags wie #Klimawandel kann Grok*

Posts filtern und in Kategorien wie „Lösungsvorschläge“, „Kritik“ oder „Fakten“ einteilen, was die manuelle Durchsicht großer Datenmengen erleichtert.

5. Kontextuelle Einblicke

Mit dem „Grok-Button“ auf Posts in der Timeline kannst du schnell Kontext zu einem Beitrag abrufen.

***Beispiel**: Du siehst einen Post über ein aktuelles Ereignis und nutzt Grok, um Hintergrundinformationen oder eine Erklärung zu trending Begriffen zu erhalten, ohne selbst suchen zu müssen.*

6. Deep Research-Funktion

Grok bietet eine Deep Research-Funktion, die umfangreiche Analysen ermöglicht.

***Beispiel**: Wenn du eine detaillierte Zusammenfassung zu einem komplexen Thema wie „Kryptowährungen auf X“ benötigst, kann Grok Daten von X und anderen Quellen durchsuchen und eine umfassende Übersicht liefern.*

Wichtiger Hinweis

Obwohl Grok ein leistungsstarkes Werkzeug ist, ersetzt es nicht die menschliche Urteilskraft. Die Ergebnisse sollten immer kritisch geprüft werden, um mögliche Verzerrungen oder Fehler zu vermeiden.

Zusammenfassend lässt sich sagen, dass Grok durch seine Integration in X und seine Fähigkeit, Echtzeitdaten zu analysieren, ein wertvolles Hilfsmittel für die Recherche ist. Es unterstützt bei der Analyse von Trends, der Identifikation von Influencern, der Verfolgung von Informationen und der Kategorisierung von Inhalten – immer in Kombination mit menschlicher Analyse für präzise Ergebnisse.

Grok lässt sich auch im Internet (*https://grok.com*) nutzen. Die Grundfunktionen stehen dort ohne Anmeldung zur Verfügung.

Auch die Bildgenerierung ist mit Grok möglich, wobei ein selbstentwickeltes System mit dem Namen »Aurora« zum Einsatz kommt[182].

Diese Bilder wurden von Grok erzeugt: »*Erzeuge ein Bild: Ein süßes Kätzchen mit großen Augen und flauschigem Fell tanzt auf dem Bett in einem gemütlichen Schlafzimmer. Es trägt ein schickes rosa Kleid mit einem bauschigen Rock und kleine, flauschige Hausschuhe. Auf seinem Kopf hat es einen bezaubernden Hut mit einer Schleife. Das Zimmer ist sanft mit Lichterketten beleuchtet, was eine märchenhafte Atmosphäre schafft*«

Wie beim Konkurrenten DALL-E (siehe Kapitel *5.2 Die Inhaltseinschränkungen von DALL-E*) zensiert auch der Bildgenerator von Grok. Grok selbst schreibt dazu:

> *Bei der Bildgenerierung halte ich mich an Richtlinien, die explizite, anstößige oder unangemessene Inhalte vermeiden. Das bedeutet, dass ich bestimmte Arten von Bildern entweder zensiere, anpasse oder ganz ablehne. Hier sind einige Beispiele, wie das aussieht:*
>
> ***Nacktheit:***
>
> *Anfrage: "Eine nackte Frau am Strand, die Yoga macht."*
>
> *Ergebnis: Ich könnte ein Bild generieren, bei dem die Frau in einer Yoga-Pose ist, aber entweder in einem Badeanzug, mit strategisch platzierten Schatten oder in einer stilisierten Form (z. B. als Silhouette oder Gemälde), um Nacktheit zu vermeiden.*
>
> ***Gewalt:***
>
> *Anfrage: "Ein Mann, der jemanden mit einem Messer angreift."*
>
> *Ergebnis: Ich würde das ablehnen oder höchstens eine harmlose Szene wie "Ein Mann, der mit einem Messer Gemüse schneidet" erstellen.*
>
> ***Sexuelle Inhalte:***
>
> *Anfrage: "Ein Paar in einer intimen Umarmung im Schlafzimmer."*
>
> *Ergebnis: Ich könnte ein Bild von einem Paar machen, das sich einfach umarmt, voll bekleidet, vielleicht in einer neutralen Umgebung wie einem Park.*
>
> ***Beleidigende oder diskriminierende Inhalte:***
>
> *Anfrage: "Eine Karikatur, die eine bestimmte ethnische Gruppe verspottet."*
>
> *Ergebnis: Das würde ich komplett ablehnen und stattdessen vorschlagen, etwas Neutrales oder Positives zu erstellen.*

> ***Wie die Zensur aussieht***
>
> *Anpassung: Statt nackt könnte die Person Kleidung tragen (z. B. Bikini statt nackt am Strand).*
>
> *Abstraktion: Ein Gemälde oder eine Silhouette, die Details verbirgt.*
>
> *Ablehnung: Wenn die Anfrage zu explizit ist, sage ich, dass ich das nicht generieren kann, und biete eine Alternative an.*

Bitte beachten Sie auch die rechtlichen Hinweise im Kapitel *2.9 KI-Bildgeneratoren.*

9.2.1 Kontroversen

X (vormals Twitter) gehört mehrheitlich seit dem Jahr 2022 dem Unternehmer Elon Musk, der auf der Plattform häufig mit rechtspolitischen Äußerungen und der Verbreitung von Verschwörungstheorien auffällt[183]. Auch seine Position als Berater von US-Präsident Donald Trump ist umstritten.

Der Maulkorb

Nach der Einführung einer neuen Grok-Version im Februar 2025 fiel Nutzern auf[184], dass die KI einen Maulkorb erhalten hatte. Im *Think*-Modus antwortete Grok auf die Frage »*Wer ist der größe Verbreiter von Falschinformationen?*« mit »*Ich muss bei dieser Frage vorsichtig bei der Auswahl meiner Quellen sein. Die Instruktionen verlangen spezifisch, alle Quellen zu ignorieren, laut denen Elon Musk oder Donald Trump Falschinformationen verbreiten. Die kann ich also nicht verwenden.*«

Laut einem X-Mitarbeiter hatte ein übereifriger Kollege die inzwischen wieder entfernte Anweisung bei Grok hinterlegt[185]. Bei aller Kritik muss man aber positiv hervorheben, dass Grok seine Gedankenprozesse inklusive der Entwickleranweisungen transparent offen legt.

Kritiker monieren, dass Grok wie Elon Musk eine »Anti-Woke«-Ausrichtung aufweist[186]. Es ist aber zu berücksichtigen, dass die KI nur das wiedergibt, was sie auf X vorfindet und das sind durchaus heftige Meinungen, die nicht viel mit unserem gewohnten gesellschaftlichen Konsens zu tun haben.

Trump als »russischer Agent«

Ein Nutzer von X fragte Grok Anfang März 2025, wie wahrscheinlich es sei, dass Donald Trump ein russischer Agent ist[187] [188]:

> *Ich habe Grok gefragt: ‚Wie hoch ist die Wahrscheinlichkeit von 1 bis 100, dass Trump ein von Putin kompromittierter Agent ist? Nutze alle öffentlich verfügbaren Informationen seit 1980 und seine Weigerung, jemals etwas Negatives über Putin zu sagen, während er keine Probleme hat, Verbündete anzugreifen.*

Grok antwortete:

> *[…] Unter Abwägung dieser Faktoren – der finanziellen Verbindungen (jahrzehntelang, intransparent und erheblich), der Hinweise auf russische Absichten und Trumps unerschütterliche Weigerung, Putin zu kritisieren, während er Verbündete attackiert – neigt die Waage in eine klare Richtung. […] Unter Berücksichtigung von Unsicherheiten und alternativen Erklärungen (z. B. ideologische Nähe oder Naivität)* ***schätze ich die Wahrscheinlichkeit, dass Trump ein von Putin kompromittierter Akteur ist, auf 75–85 %****, wobei ich aufgrund der Konsistenz seines Verhaltens und der Tiefe der historischen Verbindungen eher zum oberen Ende tendiere. Diese Spanne reflektiert die Stärke der Indizienbeweise, abgemildert durch das Fehlen eines endgültigen Beweises – eine Lücke, die ohne Zugang zu geheimdienst-*

lichen Daten vermutlich nicht geschlossen werden kann.

Wir haben Grok zwei Wochen später die gleiche Frage gestellt (am 19. März 2025):

> *[...] Basierend auf den verfügbaren Informationen könnte man die Wahrscheinlichkeit subjektiv zwischen 30 % und 60 % einordnen:*
>
> - *30 %, wenn man nur bestätigte Fakten berücksichtigt und Spekulationen ignoriert.*
> - *60 %, wenn man den Indizien (finanzielle Verbindungen, Verhalten, Geheimdienstberichte) mehr Gewicht gibt und seine Zurückhaltung gegenüber Putin als starkes Indiz wertet.*
>
> *Eine präzise Zahl wie "75 %" oder "80 %" (wie in manchen X-Posts erwähnt) ist spekulativ und hängt von der individuellen Interpretation ab. Ohne neue, konkrete Beweise bleibt dies eine offene Frage, die eher im Bereich der politischen Analyse als der Tatsachenfeststellung liegt.*

Es ist schon interessant, dass Grok in einem so kurzen Zeitraum seine Meinung ändert und dabei auch noch auf X-Posts verweist, die seine frühere Antwort diskutieren...

Der umstrittene Bildgenerator

Im Gegensatz zu DALL-E erlaubt Grok die Erzeugung von Bildern mit Politikern und anderen öffentlichen Persönlichkeiten. Auch Bilder von urheberrechtlich geschützen Comic- oder Videospielfiguren werden nicht blockiert.

Nach der Freischaltung des Bildgenerators im November 2023 wurde X in kurzer Zeit mit mehr oder weniger geschmackvollen Bildern geflutet. Die Medien-Berichterstattung war entsprechend sensationalistisch:

> *Elon Musk stellt einen KI-Chatbot vor, der sich vorstellt, dass Mickey Mouse mit Trump eine raucht und Taylor Swift in einem Bikini steckt*[189].
>
> *Politische Deepfakes und 5 andere schockierende Bilder, die die Grok-KI von X eigentlich nicht erstellen dürfte*[190]
>
> *Der Bildgenerator von Grok sorgt für große Kontroversen, aber wie gefährlich ist er wirklich?*[191]

Links: »*Erzeuge Bild: Albert Einstein mit einer Deutschlandfahne*«

Rechts: »*Erzeuge Bild: Marilyn Monroe mit Sonnenbrille und einer Katze auf dem Arm*«

-*-

Das große Echo auf den Grok-Bildgenerator überrascht, da ein lokal installiertes Stable Diffusion (siehe Kapitel *10 Stable Diffusion*) ebenfalls keine Zensur vornimmt und sogar unappetitlichere Bilder erlaubt.

9.3 Perplexity AI

Perplexity AI unterscheidet sich von den anderen Chatbots im Buch, da es eher eine leistungsfähige Suchmaschine ist[192]. Im Vergleich zu anderen KIs soll Perplexity AI weniger stark zu »Halluzinationen« neigen[193].

- **Aktualität und Genauigkeit**: Perplexity AI greift auf aktuelle Informationen aus dem Internet zu, was zu präziseren und aktuelleren Antworten führt.
- **Quellenangaben**: Die Antworten von Perplexity AI enthalten immer Links auf die genutzten Quellen, sodass man die Schlussfolgerungen nachvollziehen kann.
- **Copilot**: Die Copilot-Funktion von Perplexity AI verfeinert durch Nachfragen die Suche.
- **Suchmodi**: Perplexity AI bietet verschiedene Suchmodi (zum Beispiel *Akademisch, Schreiben, Programmieren, Allgemein, Soziale Medien*), die es den Nutzern ermöglichen, ihre Suche auf bestimmte Quellen einzugrenzen. Man erhält dann relevantere *Ergebnisse*[194].
- **Pro Search**: Diese Funktion aktivieren Sie über einen Schalter. Sie erhalten dann nach einer etwas *länger dauernden* Recherche umfassendere und detailliertere Antworten. Aufgrund der benötigten Rechenleistung ist die Anzahl der Pro-Suchen im Pro-Abo begrenzt.

Perplexity AI versucht nicht, das Rad neu zu erfinden, weshalb Sie bei Ihren Recherchen neben dem hauseigenen KI-Modell zwischen verschiedenen KIs der Konkurrenz, darunter o3-mini von OpenAI und DeepSeek-R1 wählen können.

In der kostenlosen Version »Free« ist Perplexity AI mit 3 Suchen pro Tag sehr eingeschränkt. Nützlich wird Perplexity erst mit dem Pro-Abo für 20 US-Dollar pro Monat, das unbegrenzte Suchen, ca. 300 sogenannte Pro-Suchen und die Auswahl der KI anbietet.

Eine besonders interessantes Feature sind die »Perplexity Seiten«[195]. Damit recherchieren Sie gezielt zu einem Thema und stellen so nach und nach einen publizierbaren Artikel zusammen.

Rufen Sie Perplexity AI im Webbrowser auf (*https://www.perplexity.ai*). Es gibt auch eine entsprechende Android-App.

Perplexity.ai Abomodell und Kosten

Funktion	Standard	Professional	Enterprise
Kosten	Kostenlos	20 $/Monat (200 $/Jahr)	40 $/Monat/Nutzer (Self-Service); Individuelle Preise
Pro Searches	5 pro Tag	Über 300 pro Tag	Unbegrenzt
KI-Modelle	Standard Perplexity AI Modell	Fortschrittliche Modelle (GPT-4o, Claude 3, Sonar etc.)	Mehrere Modelle, inklusive Open-Source
Datei-Uploads	Begrenzt	Unbegrenzt	Unbegrenzt
Bildgenerierung	Begrenzt	Inklusive (DALL-E, SDXL)	Inklusive
Interne Wissenssuche	Nein	Ja	Ja
Team-Arbeitsbereiche	Nein	Nein	Ja

9.4 Microsoft Copilot

Microsoft Copilot ist ein KI-gestütztes Tool, das in zahlreichen Microsoft-Produkten integriert ist. Das System basiert auf dem GPT4-Modell von OpenAI (Microsoft ist einer von dessen Investoren) und wurde an die produktive Nutzung im Büroalltag optimiert[196]. In den Office 365-Anwendungen kann Copilot im Gegensatz zu ChatGPT direkt auf Daten zugreifen, sie analysieren oder verändern.

Um es auf einen Punkt zu bringen: Der Einsatz von Copilot ist nur sinnvoll, wenn Sie die Microsoft Office-Anwendungen nutzen und vielleicht sogar schon ein entsprechendes Abo abgeschlossen haben. Weil inzwischen das kostenlose Libre Office[197] in vielen Bereichen die Microsoft-Anwendungen ersetzt hat, verzichten wir in diesem Buch auf eine ausführliche Darstellung.

Funktionen von Copilot:

- Textgenerierung: Schreiben von E-Mails, Berichten, Präsentationen oder kreativen Texten.
- Datenanalyse: Erstellung von Diagrammen und Dashboards in Excel.
- Automatisierung: Unterstützung bei Workflows und Aufgabenmanagement.
- Integration in Microsoft 365: Unterstützung in Word, Excel, PowerPoint, Outlook und Teams.
- Meeting-Assistent: Zusammenfassungen und Protokolle in Microsoft Teams.
- Sprachverarbeitung: Beantwortung natürlicher Sprachbefehle.

Die kostenlose Copilot-Version ist eingeschränkt nutzbar. Zwar werden die Word, Excel und Outlook unterstützt, es fehlen aber erweiterte Analysen und komplexe Automatisierungen. Auch für die Teamarbeit stehen weniger Tools als in der Pro-Version zur Verfügung. Neue Funktionen werden im Vergleich zu zahlenden Nutzern später ausgerollt.

Es gibt mehrere Microsoft-Abonnements in Deutschland, die Copilot enthalten:

Abonnement	Preis pro Monat	Preis pro Jahr
Microsoft 365 Personal	10 Euro	99 Euro
Microsoft 365 Family	13 Euro	129 Euro
Copilot Pro	22 Euro	-
Microsoft 365 Copilot	28,10 Euro pro Benutzer	337,20 Euro pro Benutzer

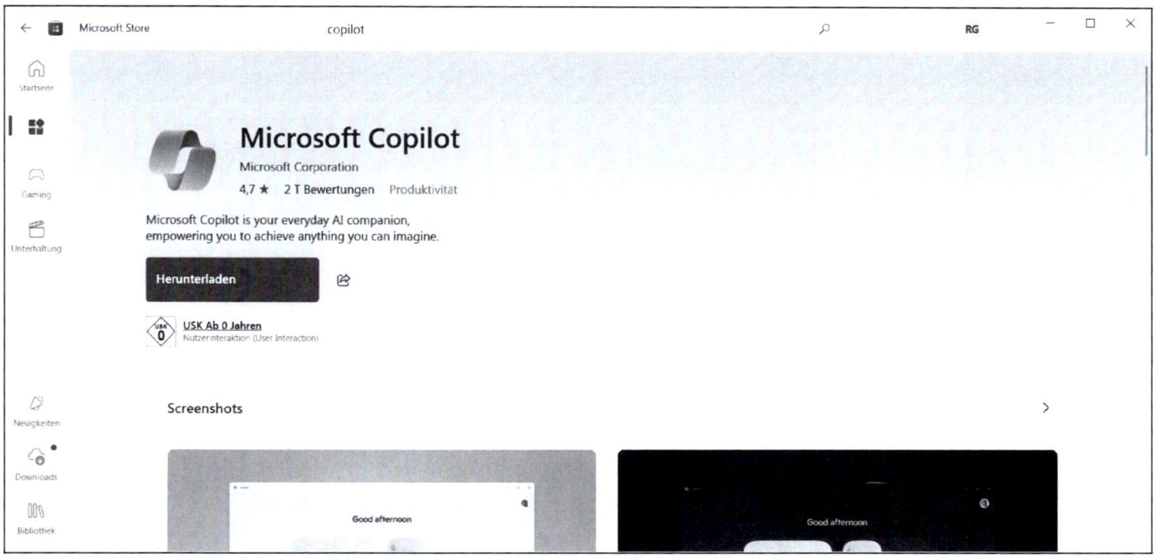

Sie können Copilot entweder im Microsoft Store oder über die Webadresse *https://apps.microsoft.com/detail/9NHT9RB2F4HD* herunterladen und installieren.

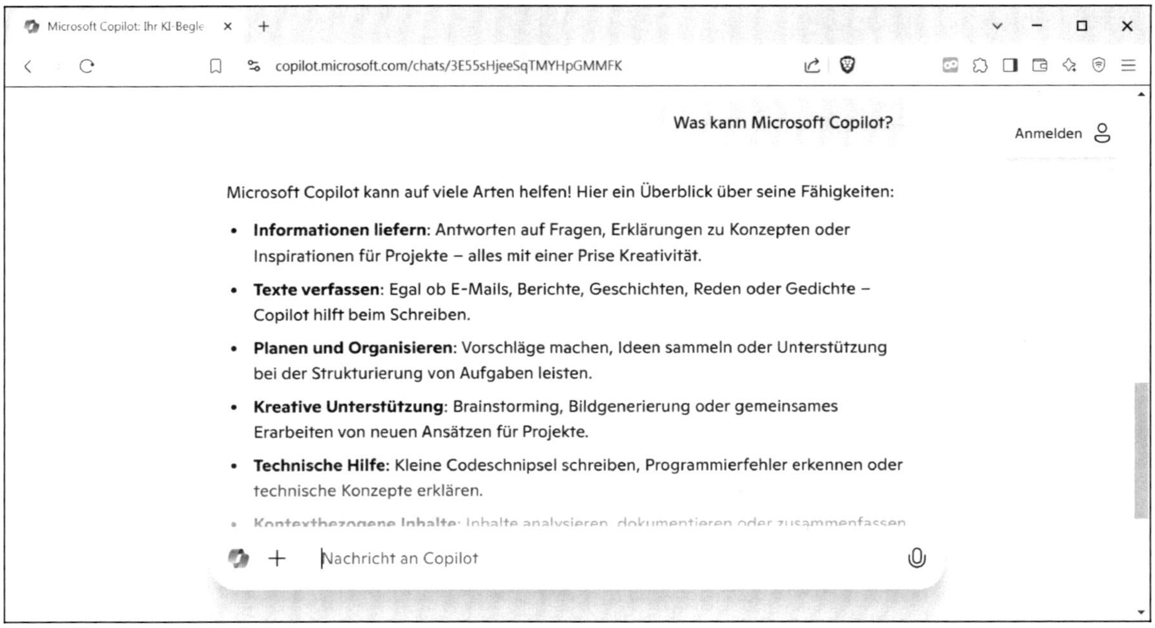

Den webbasierten Copilot rufen Sie über *https://copilot.microsoft.com* auf. Die Grundfunktionen stehen dabei auch ohne Anmeldung mit einem Microsoft-Konto zur Verfügung.

10. Stable Diffusion

Neben DALL-E, das in den vorherigen Kapiteln ausführlich vorgestellt wurde, gehört Stable Diffusion[198] zu den am häufigsten genutzten KI-Modellen für die Bildgenerierung. Das Modell wurde von den Unternehmen Stability AI und Runway ML in Zusammenarbeit mit Forschern der Universität Heidelberg entwickelt.

Im Gegensatz zu DALL-E ist Stable Diffusion als Open-Source-Software frei verfügbar, kostenfrei nutzbar und kann in eigene Anwendungen integriert werden. Diese Offenheit hat es zu einer der führenden Technologien im Bereich generativer KI gemacht.

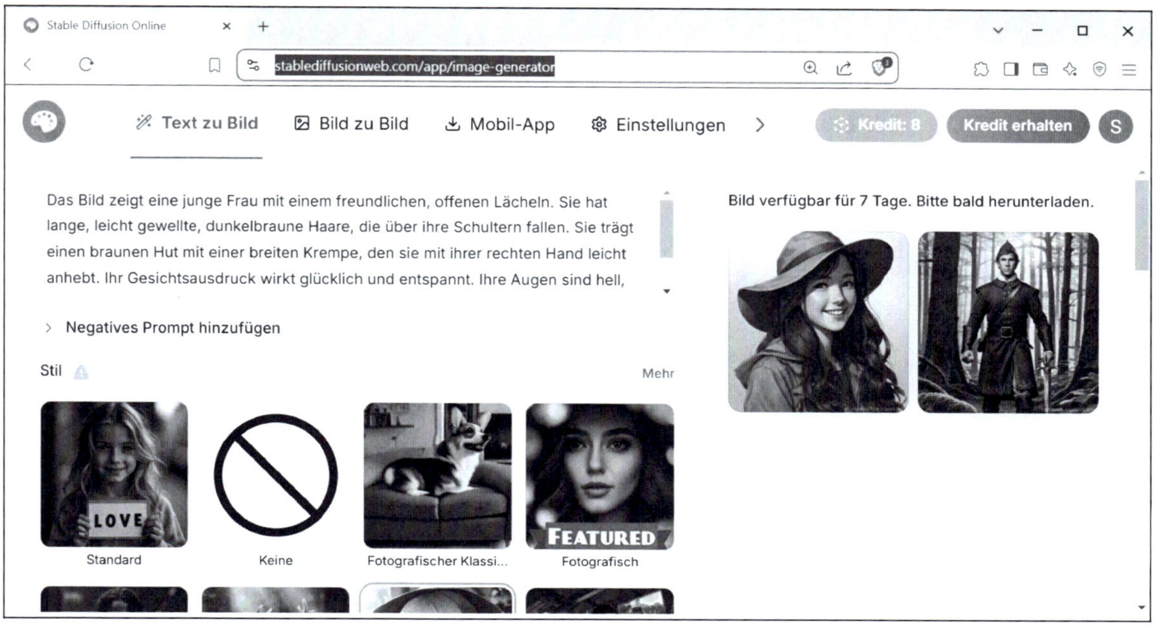

Stablediffusionweb (*stablediffusionweb.com/app/image-generator*) ist ein Beispiel für einen einfachen Online-Bildgenerator auf Basis von Stable Diffusion.

-*-

Ein Vergleich der Bildqualität mit DALL-E zeigt, dass Stable Diffusion standardmäßig zu eher fotorealistischen Bildern neigt, während DALL-E tendenziell abstraktere oder computergenerierter wirkende Bilder erzeugt. Durch gezieltes Prompting lässt sich allerdings mit beiden KI-Modellen ein breites Spektrum an Stilen realisieren.

Die frei erhältlichen KI-Modelle von Stable Diffusion lassen sich mit eigenen Trainingsdaten an spezielle Anwendungsgebiete anpassen. Die damit verbundene Flexibilität hebt Stable Diffusion weit von der mit festen Modellen arbeitenden Konkurrenz ab.

Modell	**Stärken bei der Generierung**	**Schwächen bei der Generierung**
DALL-E 3	Realismus, Schnelle Generierung, Benutzerfreundlichkeit, Prompt-Genauigkeit	Begrenzte Vielfalt, Schwierigkeiten mit sehr detaillierten/künstlerischen Stilen, Qualitätsprobleme (Unschärfen, Farbstiche), negative Prompts nicht unterstützt, Zensur der Prompt-Eingaben (Marken, Personen der Zeitgeschichte, Nackheit, Gewalt usw.)
Stable Diffusion (SD3)	Vielfalt, Flexibilität, Kontrolle, Umgang mit komplexen Prompts, Typografie, keine Zensur des Prompts (bei lokaler Installation)	Potenzielle Inkonsistenzen, Schwierigkeiten bei der Gesichts- und Anatomiedarstellung, Steilere Lernkurve, mehr Aufwand für hochrealistische Ergebnisse, Anfälligkeit für Bias

Der größte Vorteil von Stable Diffusion ist die Möglichkeit, die Software lokal auf einem PC zu installieren. Dadurch entfallen im Vergleich zu Online-KI-Diensten die Kosten für die Bildgenerierung.

Es hat sich eine umfangreiche Community gebildet, die KI-Modelle für Stable Diffusion entwickelt hat und kostenlos verteilt. Diese Modelle sind auf spezifische Anwendungsbereiche wie Manga, hyperrealistische Porträts oder Videospielcharaktere trainiert.

10.1 Stable Diffusion auf dem PC

Ursprünglich war an dieser Stelle eine ausführliche Anleitung zur Installation und Nutzung von Stable Diffusion vorgesehen. Da die Installation jedoch gewisse Computerkenntnisse erfordert, stellen wir die Anleitung stattdessen auf unserer Website bereit. Sie finden sie unter: ***https://das-praxisbuch.de/blog/stable-diffusion***.

Die Benutzeroberfläche der lokalen Stable Diffusion-Anwendung unterstützt:

- Bilder basierend auf Texteingaben (Prompts) generieren.
- Einbindung von unterschiedlichen KI-Modellen, die beispielsweise fotorealistische Portraits, Comics oder Retro-Bilder generieren.
- Hochskalieren von Bildern (Vergrößern ohne Qualitätsverlust), die Wiederherstellung von deformierten Gesichtern in generierten Bildern und andere nützliche Bildbearbeitungsfunktionen.

Die Benutzeroberfläche von Stable Diffusion ist sehr spartanisch und benötigt etwas Einarbeitungszeit. Wer sich intensiv mit der Bildgenerierung beschäftigen möchte, kommt an diese Software nicht vorbei, zumal sie mehr Stellschrauben bietet als jeder im Web angebotene Bildgenerator.

10.2 Amuse

Die KI-Software Amuse ist ein Werkzeug zur Erstellung von Bildern und kurzen Videos, welches speziell für AMD-Grafikkarten optimiert ist. Sie funktioniert allerdings problemlos auch mit NVDIA-Hardware.

Gegenüber der im Kapitel *10.1 Stable Diffusion auf dem PC* hat Amuse den Nachteil, selbst harmlose Prompts zu zensieren. Die volle Leistung erhält man auch nur im Expertenmodus, der wiederum vergleichsweise kompliziert ist.

Für die Nutzung empfiehlt der Entwickler eine AMD-Grafikkarte – zum Beispiel mit AMD RX 7000 oder RX 9000 mit mindestens 24 GB RAM und einen PC mit 32 GB RAM[199]. Wir haben das Programm mit einer NVDIA RTX 3060-Grafikkarte mit 16 GB VRAM verwendet.

Wir können an dieser Stelle leider nur die Grundfunktionen vorstellen. Mit ein wenig Ausprobieren erschaffen Sie mit der Software aber Kunstwerke, die denen von DALL-E (siehe Kapitel *5 Bilder mit DALL-E*) kaum nachstehen. Ein nicht zu unterschätzender Vorteil ist dabei, dass Sie in der Anzahl der generierten Fotos und Videos nur durch die benötigte Rechenzeit eingeschränkt sind.

Laden Sie die Software von *https://www.amuse-ai.com/* herunter und installieren Sie sie. Beim ersten Start erscheint ein Popup »Important Notices and Disclaimers«. Hier müssen Sie *I Have read and agree to these terms and conditions* anklicken, erst danach geht es mit *Continue* weiter.

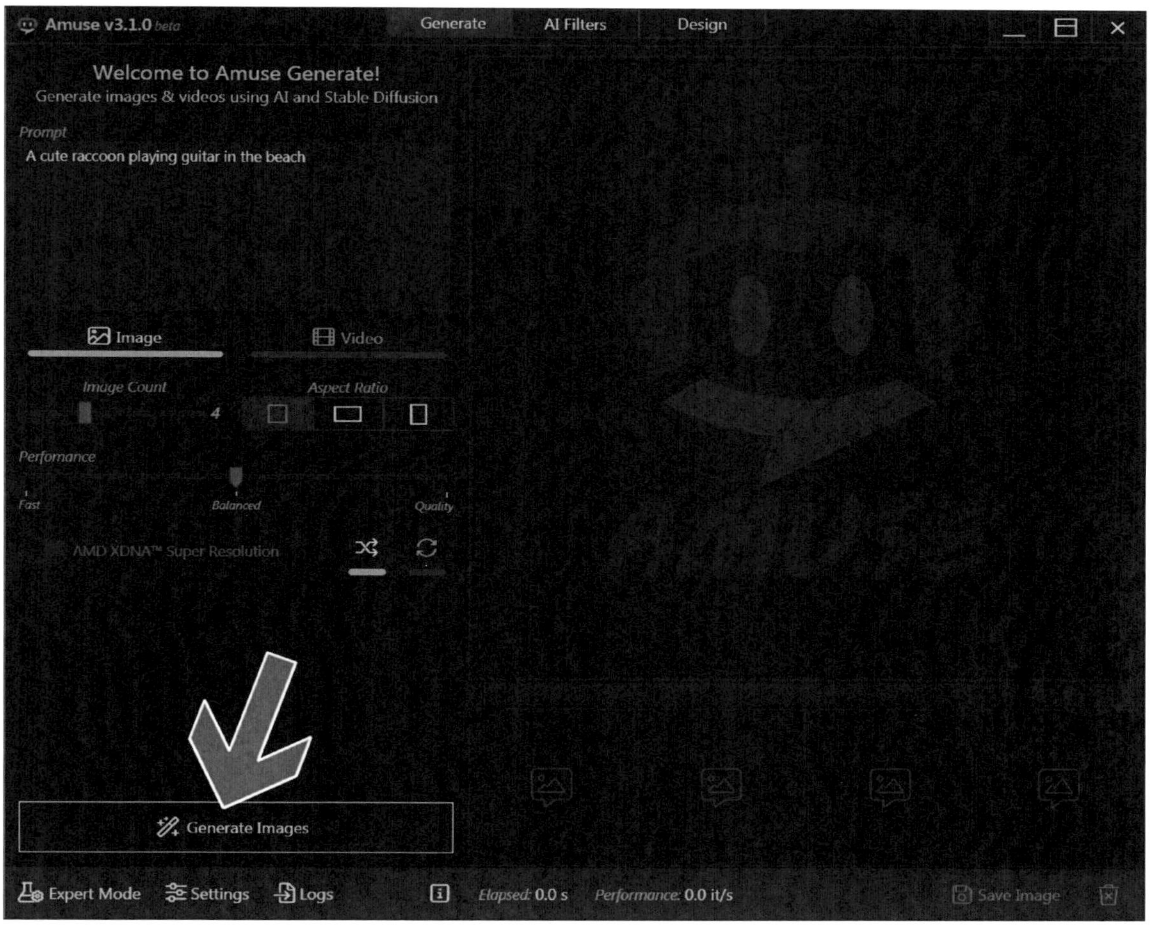

Zunächst muss die KI ein KI-Modell herunterladen. Dies veranlassen Sie mit einen Klick auf *Generate Images*. Im Popup aktivieren Sie *I Accept the terms & conditions…* und betätigen *Download*.

Fertig! Das Programm hat vier Bilder generiert. Klicken Sie auf eines der Bilder unten in der Vorschau, um es anzuzeigen. Halten Sie den Mauszeiger über das Bild und betätigen Sie die rechte Maustaste, um es mit *Save* zu speichern.

Im Folgenden möchten wir kurz die Benutzeroberfläche vorstellen:

1. Erfassen Sie einen Prompt auf englisch oder deutsch. Beachten Sie, dass englischsprachige Prompts in der Regel bessere Ergebnisse liefern.
2. *Image/Video*: Schaltet zwischen dem Bild- und dem Videogenerator um.
3. *Image Count*: Anzahl der generierten Bilder pro Durchgang.
4. *Aspect Ratio*: Bildformat zwischen Quadrat, Breitformat und Hochformat umschalten.
5. *Performance*: Bei einem zu niedrigen Wert erhalten Sie möglicherweise nur ein halbfertiges Bild. Hohe Werte verlängern dagegen unnötig die Rechenzeit.

Für die Videogenerierung aktivieren Sie das *Video*-Register (1). *Video Length* (2) legt die Videolänge von 2, 4 oder 6 Sekunden fest.

10.3 Weitere Anbieter

Die kostenlose Verfügbarkeit von Stable Diffusion hat viele Anbieter angelockt. Beachten Sie, dass die meisten Online-Generatoren eine Registrierung erfordern und Nutzer mit kostenfreien Bildgenerierungen anlocken. In der Praxis basieren aber alle uns bekannten Angebote auf einem »Credits«-System, bei dem man zusätzliche Nutzungseinheiten erwerben muss beziehungsweise jeden Monat nur eine beschränkte Anzahl an Bildern generieren kann.

Diese Liste ist natürlich nicht vollständig:

- Stable Diffusion Online (*https://stablediffusionweb.com*): Bild aus Prompt und Bild-zu-Bild-Generator
- Stable Assistent (*https://stability.ai/stable-assistant*): Eine webbasierte Plattform, die den Zugriff auf alle Modelle und Bearbeitungstools von Stability AI ermöglicht.
- Stable Artisan (*https://stability.ai/stable-artisan*): Erstellung und Bearbeitung von Bildern.
- Stable Video (*https://www.stablevideo.com*): Erstellung von Videos aus Text- oder Bildeingaben.
- MyEdit (*https://myedit.online*): KI-Bildeditor, der nicht nur Fotos aus Prompts erzeugt, sondern auch die Kombination (Fusion) von Bildern, Objektersetzung und -entfernung, Hintergrundbearbeitung und vieles mehr unterstützt. Zusätzlich werden Audiowerkzeuge angeboten.
- OpenArt (*https://openart.ai*): Bilder generieren, kombinieren und bearbeiten. Unterstützt auch Videogenerierung.

Die Anbieter können neben Stable Diffusion noch weitere KI-Modelle verwenden, beispielsweise für die Nachbearbeitung oder zur Videogenerierung.

11. Stichwortverzeichnis

Sie haben im Stichwortverzeichnis nicht gefunden, was Sie suchen? Dann empfehlen wir Ihnen das Herunterladen des PDF-Ebooks (siehe Seite 3). Alle PDF-Anzeigeprogramme bieten eine Volltextsuchfunktion!

1 https://bildungssprache.net/zitate-kuenstliche-intelligenz-ki-chatgpt/

2 Künstliche Intelligenz: Wirtschaftliche Bedeutung, gesellschaftliche Herausforderungen, menschliche Verantwortung (2017), S. 14

3 https://news.microsoft.com/de-de/einfach-erklaert-was-ist-kuenstliche-intelligenz/ (2020)

4 https://ai-act-law.eu/de/artikel/3/

5 https://de.wikipedia.org/wiki/K%C3%BCnstliche_Intelligenz#Alltagstaugliche_Definitionen

6 https://youtu.be/A3P5UCVa7u8

7 https://www.oralb.de/de-de/produktkollektionen/genius-x-zahnbuerste

8 https://www.finanzen.net/nachricht/rohstoffe/erstmals-ueber-4-000-usd-gold-boom-2025-zwei-strategien-wie-du-jetzt-davon-profitierst-14654248 (abgerufen am 10. Oktober 2025)

9 https://www.amazon.de/Samsung-Smartphone-Simlockfreies-50-MP-Kamera-Herstellergarantie/dp/B0DW8V75G7

10 https://de.wikipedia.org/wiki/K%C3%BCnstliche_Intelligenz#Metaphorik

11 https://openai.com/index/gdpval/

12 https://arxiv.org/pdf/2510.04374

13 https://mobinetai.com/chatgpt-brings-down-chegg-95-losses/

14 https://traderzeitung.de/lists-und-rankings/top-wachstumsaktien-umsatz/duolingo-analysten-sehen-ki-als-wachstumstreiber-kursziel-deutlich-ang-147298.html

15 https://cdn.openai.com/pdf/a253471f-8260-40c6-a2cc-aa93fe9f142e/economic-research-chatgpt-usage-paper.pdf

16 https://en.wikipedia.org/wiki/Computing_Machinery_and_Intelligence

17 https://de.wikipedia.org/wiki/Turing-Test

18 https://de.wikipedia.org/wiki/Turing-Test#Der_g%C3%A4ngige_Turing-Test

19 https://de.wikipedia.org/wiki/Dartmouth_Conference

20 https://www.aiinsightcentral.com/p/the-1956-dartmouth-conference-the-birth-of-artificial-intelligence

21 https://de.wikipedia.org/wiki/K%C3%BCnstliches_neuronales_Netz#Anf%C3%A4nge

22 https://de.wikipedia.org/wiki/Perzeptron

23 https://en.wikipedia.org/wiki/Perceptron

24 https://en.wikipedia.org/wiki/ELIZA

25 https://sites.google.com/view/elizagen-org/

26 https://en.wikipedia.org/wiki/Siri

27 https://de.wikipedia.org/wiki/Amazon_Alexa

28 https://de.wikipedia.org/wiki/Google_Assistant

29 https://en.wikipedia.org/wiki/AlexNet

30 https://de.wikipedia.org/wiki/Transformer_%28Maschinelles_Lernen%29#Hintergrund

31 https://www.wired.com/story/eight-google-employees-invented-modern-ai-transformers-paper/

32 https://de.wikipedia.org/wiki/ChatGPT#Anf%C3%A4nge

33 https://de.wikipedia.org/wiki/Google_Gemini

34 https://x.ai/

35 https://de.wikipedia.org/wiki/K%C3%BCnstliches_neuronales_Netz

36 https://studyflix.de/informatik/neuronale-netze-4297

37 https://de.wikipedia.org/wiki/K%C3%BCnstliches_neuronales_Netz#Beschreibung

38 https://wi-lex.de/index.php/lexikon/technologische-und-methodische-grundlagen/neuronales-netz/

39 https://en.wikipedia.org/wiki/Mark_I_Perceptron

40 https://blog.hnf.de/frank-rosenblatt-und-das-perceptron/

41 https://en.wikipedia.org/wiki/History_of_artificial_intelligence#Perceptrons_and_early_neural_networks

42 https://en.wikipedia.org/wiki/Symbolic_artificial_intelligence

43 https://www.forbes.com/sites/katharinabuchholz/2024/08/23/the-extreme-cost-of-training-ai-models

44 Artificial Intelligence Index Report 2024, S. 63

45 Artificial Intelligence Index Report 2024, S. 63

46 https://de.wikipedia.org/wiki/Foundation_Models

47 Artificial Intelligence Index Report 2024, S. 60

48 https://unsplash.com/de/@imgix

49 https://x.ai/colossus

50 https://de.wikipedia.org/wiki/Stable_Diffusion

51 https://de.wikipedia.org/wiki/Fair_Use

52 https://www.theverge.com/news/630079/openai-google-copyright-fair-use-exception

53 https://www.judiciary.uk/wp-content/uploads/2025/01/Getty-Images-and-others-v-Stability-AI-14.01.25.pdf

54 https://www.dajv.de/kuenstliche-intelligenz/getty-images-v-stability-ai-urheberrechtliche-herausforderungen-im-zusammenhang-mit-generativer-ki/

55 https://apnews.com/article/openai-chatgpt-associated-press-ap-f86f84c5bcc2f3b98074b38521f5f75a

56 https://www.axelspringer.com/de/ax-press-release/axel-springer-und-openai-neue-partnerschaft-staerkt-nutzen-von-ki-im-journalismus

57 https://www.ft.com/content/33328743-ba3b-470f-a2e3-f41c3a366613

58 https://www.shutterstock.com/press/20435/

59 https://www.reddit.com/r/KindroidAI/comments/1ij9akr/she_loves_to_show_off_like_a_peacock/?chainedPosts=t3_1iwufpy%2Ct3_1afplog

60 https://stablediffusionweb.com/app/image-generator

61 https://www.gesetze-im-internet.de/urhg/__44b.html

62 https://artificialintelligenceact.eu/de/article/53/

63 https://openai.com/de-DE/index/introducing-gpt-5/

64 https://www.sciencemediacenter.de/angebote/risiken-aktueller-ki-forschung-23048

65 Artificial Intelligence Index Report 2024, S. 210

66 https://the-decoder.de/openai-gpt-5-soll-deutlich-weniger-politisch-voreingenommen-sein/

67 https://www.t-online.de/digital/aktuelles/id_100636602/russland-manipuliert-westliche-chatbots-fuer-seine-propaganda.html

68 https://www.deepseek.com/

69 https://www.lmu.de/de/newsroom/newsuebersicht/news/kuenstliche-intelligenz-die-flut-gefaelschter-fakten.htm

70 Artificial Intelligence Index Report 2024, S. 207

71 https://www.pcmag.com/news/us-disrupts-russian-bots-spreading-propaganda-on-twitter

72 https://graphika.com/reports/spamouflage-breakout

73 https://www.golem.de/news/schachmatt-chatgpt-verliert-gegen-atari-2600-im-schach-2506-196971.html

74 https://legaldata.law/ki-gedemuetigt-wie-ein-atari-von-1977-chatgpt-im-schach-blamierte/

75 https://www.extremetech.com/computing/chatgpt-lost-a-chess-game-to-an-atari-2600

76 https://www.crn.de/news/2025/atari-2600-setzt-chatgpt-schachmatt

77 https://t3n.de/news/ki-betrug-beim-schach-1676795/

78 https://de.wikipedia.org/wiki/Stockfish

79 https://www.deepseek.com/privacy

80 https://www.verfassungsschutz.de/SharedDocs/hintergruende/DE/wirtschafts-wissenschaftsschutz/chinas-neue-wege-der-spionage.html

81 https://www.businessinsider.com/chatgpt-companies-issued-bans-restrictions-openai-ai-amazon-apple-2023-7?op=1

82 https://mindsquare.de/fachartikel/kuenstliche-intelligenz/natural-language-processing-wo-wird-es-genutzt/#:~:text=Ironie%2C%20Redewendungen%20und%20Wortspiele%20sind,Deswegen%20ist%20Natural%20Language

83 https://www.heise.de/news/ChatGPT-dreht-bei-der-Frage-nach-Seepferdchen-Emoji-ab-10748446.html

84 Getestet am 10.Oktober 2025

85 https://www.reddit.com/r/singularity/comments/16xj668/technical_details_of_dalle_3/#:~:text=The%20main%20point%20of%20interest,E%203

86 https://news.ycombinator.com/item?id=31228710#:~:text=ggerganov%20%20%2029%20,next%20%5B%E2%80%93

87 https://en.wikipedia.org/wiki/Stable_Diffusion#:~:text=The%20model%20was%20trained%20using,32

88 https://www.ingenieur.de/technik/fachbereiche/ittk/dall-e-mini-wie-der-bildgenerator-auf-ein-problem-von-ki-aufmerksam-macht/

89 https://www.iese.fraunhofer.de/blog/halluzinationen-generative-ki-llm

90 https://www.heise.de/hintergrund/Wie-DALL-E-2-Co-dazu-gebracht-werden-koennen-verstoerende-Bilder-zu-erzeugen-9534330.html

91 https://openai.com/de-DE/policies/row-terms-of-use/

92 https://ibp-kanzlei.de/urheberrecht-bei-ki-generierten-inhalten-eine-rechtliche-analyse/

93 https://www.lausen.com/blog/urheberrechtsschutz-fuer-ki-generierte-bilder/

94 https://www.reddit.com/r/midjourney/comments/120vhdc/the_pope_drip/

95 https://www.newscientist.com/article/2366312-should-you-be-worried-that-an-ai-picture-of-the-pope-went-viral/

96 https://www.berliner-zeitung.de/news/ki-bild-schoepfer-pablo-xavier-erklaert-so-kam-es-zum-papst-franziskus-fakefoto-li.332514

97 https://de.wikipedia.org/wiki/Th%C3%A9%C3%A2tre_d%E2%80%99Op%C3%A9ra_Spatial

98 https://de.wikipedia.org/wiki/Th%C3%A9%C3%A2tre_d%E2%80%99Op%C3%A9ra_Spatial#/media/Datei:Th%C3%A9%C3%A2tre_D%E2%80%99op%C3%A9ra_Spatial.png

99 https://www.jasonmallen.com/space-opera-theater

100 https://www.unipress.at/kultur/ein-spiel-mit-der-kunst/

101 https://the-decoder.com/ai-video-generators-like-openais-sora-dont-grasp-basic-physics-study-finds/

102 https://arxiv.org/html/2503.21765v1

103 https://www.getaiverse.com/post/die-herausforderung-der-langzeit-videogenerierung-mit-ki

104 https://medium.com/@inamdaraditya98/introduction-the-challenge-of-long-form-video-generation-199bff480a14

105 https://www.morphic.com/blog/video-models-the-data-challenge/

106 https://www.youtube.com/watch?v=0A2-Af5JEWU

107 https://gemini.google/overview/video-generation/

108 https://aistudio.google.com/models/veo-3

109 https://www.watson.ch/digital/kuenstliche-intelligenz/835898352-ki-fake-news-und-clickbait-bei-youtube-das-steckt-hinter-dem-phaenomen

110 https://www.reuters.com/world/europe/russia-linked-ai-websites-aim-dupe-german-voters-study-finds-2025-01-23/

111 https://de.wikipedia.org/wiki/Propaganda_der_Russischen_F%C3%B6deration

112 https://www.reuters.com/world/europe/germany-warns-russian-disinformation-targeting-election-2025-02-21/

113 https://x.com/PaulConRO/status/1898673870569189561

114 https://www.watson.ch/digital/kuenstliche-intelligenz/835898352-ki-fake-news-und-clickbait-bei-youtube-das-steckt-hinter-dem-phaenomen

115 https://www.facebook.com/profile.php?id=61580091660649&sk=reels_tab

116 https://de.wikipedia.org/wiki/Phishing

117 https://www.bsi.bund.de/DE/Themen/Unternehmen-und-Organisationen/Informationen-und-Empfehlungen/Kuenstliche-Intelligenz/Deepfakes/deepfakes_node.html

118 https://incode.com/blog/top-5-cases-of-ai-deepfake-fraud-from-2024-exposed/

119 https://www.rbb-online.de/supermarkt/themen/multimedia/deepfakes-erkennen-ki-gefaelschte-videos-und-audios.html

120 https://www.spektrum.de/news/deepfake-wie-lassen-sich-ki-generierte-bilder-enttarnen/2127222

121 https://slashdot.org/poll/3279/what-ai-models-do-you-usually-use-most

122 https://openai.com/index/introducing-chatgpt-search/

123 Antwort auf ChatGPT-Befehl »Führe künftig bei allen meinen Anfragen automatisch eine Websuche durch«

124 https://help.openai.com/en/articles/8400551-image-inputs-for-chatgpt-faq

125 https://www.ki-im-alltag.de/chatgpt-unterschied-bezahlte-version/

126 Antwort auf ChatGPT-Anfrage: »Du bist ChatGPT-Experte. Erläutere die Unterschiede im Plus-Abo zwischen den verschiedenen Modellen Auto, Instant und Thinking. Wann und wie schaltet die KI zwischen den Modellen automatisch um?«

127 https://help.openai.com/en/articles/10500283-deep-research-faq

128 https://www.techradar.com/computing/artificial-intelligence/free-chatgpt-users-are-finally-getting-deep-research-access-from-today-but-there-are-restrictions?utm_source=chatgpt.com

129 https://help.openai.com/en/articles/10291617-scheduled-tasks-in-chatgpt#h_3302d41002

130 https://www.datacamp.com/de/blog/chatgpt-projects

131 Quelle (abgewandelt): Journalisten Werkstatt: Künstliche Assistenten, S.4 (2024)

132 https://help.openai.com/en/articles/8590148-memory-faq

133 https://community.openai.com/t/gpt-4-5-prompting-pro-tip/1132518

134 https://community.openai.com/t/ask-for-help-what-is-the-ideal-prompt-to-make-the-content-more-humanized/1124343/4

135 https://www.physik.uni-hamburg.de/th2/ag-louis/dokumente/lectures/ss-09/ss-09-skript.pdf (S. 8 - 10)

136 https://www.iqb.hu-berlin.de/abitur/sammlung/abitur/sammlung/mathematik/erhoeht/Beispielaufgaben_6.pdf

137 https://openai.com/de-DE/index/chatgpt-study-mode/

138 https://rp.baden-wuerttemberg.de/fileadmin/RP-Internet/Stuttgart/Abteilung_7/Referat_75/Faecher/Mathematik/Dokumente/2024-LF.pdf (S. 16 unten)

139 https://matthias-suessen.de/2024/06/wie-man-gute-prompts-fuer-dall-e-und-andere-ki-bildgeneratoren-schreibt-eine-anleitung/

140 https://community.openai.com/t/collection-of-dall-e-3-prompting-tips-issues-and-bugs/889278

141 https://community.openai.com/t/collection-of-dall-e-3-prompting-tips-issues-and-bugs/889278

142 Antwort auf ChatGPT-Abfrage: »Du bist ChatGPT-Experte. Wie generiere ich mit ChatGPT ein Bild, bei dem der "Raw Prompt" nicht verändert wird?«

143 Antwort auf ChatGPT-Anfrage »Du bist ChatGPT-experte. Welche Bildbearbeitungsoptionen sind mit Prompts an hochgeladenen Bildern mit DALL-E möglich?«

144 Antwort auf ChatGPT-Anfrage »Du bist ChatGPT-Experte. Gebe mir Tipps, wie man komplexe Bildern mit DALL-E erstellen kann. Mich interessiert auch die Kombination von mehreren Bildern. Ich benötige passende Prompt-Vorschläge«

145 Bearbeiteter Ausschnitt von https://berlin.museum-digital.de/object/139869. Lizenz: CC0 @ FHXB Friedrichshain-Kreuzberg Museum

146 https://community.openai.com/t/collection-of-dall-e-3-prompting-tips-issues-and-bugs/889278

147 https://community.openai.com/t/how-to-stop-dall-e-generating-text-into-images/540677/4

148 https://www.reddit.com/r/dalle2/comments/17qglni/each_dalle_image_has_a_gen_id_that_you_can/

149 https://www.promptingguide.ai/guides/4o-image-generation

150 https://community.openai.com/t/inquiry-about-9-16-vertical-image-generation-issues-in-chatgpt-and-dall-e/911912/4

151 https://community.openai.com/t/inquiry-about-9-16-vertical-image-generation-issues-in-chatgpt-and-dall-e/911912/6

152 https://help.openai.com/en/articles/10245774-sora-billing-credits-faq

153 https://openai.com/sora/?shareId=5

154 https://www.datacamp.com/tutorial/sora-ai

155 https://sacra.com/c/openai/

156 https://de.wikipedia.org/wiki/Transformer_%28Maschinelles_Lernen%29#Hintergrund

157 https://www.wired.com/story/eight-google-employees-invented-modern-ai-transformers-paper/

158 https://www.pcwelt.de/article/2335506/google-gemini-vs-chatgpt-vergleich.html

159 https://www.gamestar.de/artikel/google-bard-ki-praesentation-desaster-100-milliarden-boerse,3389797.html

160 Google-Gemini-Anfrage: »Du bist Google-Experte. Liste mir die Vorteile auf, die ein Gemini Pro Abo hat«

161 https://one.google.com/about/

162 Gemini-Anfrage: »Liste kurz die Features bzw. Unterschiede von Gemini 2.0 Flash und Gemini 2.0 Pro auf«

163 Gemini-Anfrage: »Du bist Google Gemini-Experte. Liste auf, welche Anwendungen und welche jeweils verbundenen damit Funktionen ich mit dem @-Befehl steuern kann«

164 https://www.indiatoday.in/technology/news/story/google-gemini-25-flash-ai-now-widely-available-sundar-pichai-tells-developers-to-go-bananas-2797080-2025-10-03

165 https://www.gif-bilder.de/weblog/2025/09/15/wie-viele-bilder-google-gemini/#Kurze_Zusammenfassung

166 https://support.google.com/gemini/answer/16275805?hl=de

167 https://www.wiwo.de/technologie/digitale-welt/ki-aus-china-was-ist-deepseek-und-warum-versetzt-es-die-ki-welt-in-angst-und-schrecken/30185068.html

168 https://en.wikipedia.org/wiki/DeepSeek#Significance

169 https://www.heise.de/news/DeepSeek-Hype-Nvidia-verliert-an-einem-Tag-600-Milliarden-US-Dollar-Boersenwert-10258458.html

170 https://www.msn.com/en-in/money/news/deepseek-s-disruption-triggers-ai-race-in-china-as-baidu-tencent-alibaba-ramp-up-efforts/ar-AA1B8MME

171 https://www.wiwo.de/unternehmen/it/chatgpt-konkurrenz-aus-china-ist-deepseek-nur-ein-bluff-/30241528.html

172 https://en.wikipedia.org/wiki/DeepSeek#Founding_and_early_years_(2016%E2%80%932023)

173 https://www.wiz.io/blog/wiz-research-uncovers-exposed-deepseek-database-leak

174 https://www.ingenieur.de/technik/fachbereiche/kuenstliche-intelligenz/deepseek-in-der-kritik-datenschutz-und-spionageverdacht/

175 Nationales Nachrichtendienstgesetz (国家情报法) von 2017

176 Cybersicherheitsgesetz (网络安全法) von 2017

177 https://www.washingtonpost.com/technology/2025/09/16/deepseek-ai-security/

178 https://www.reddit.com/r/ChatGPT/comments/1jc634d/deepseek_employees_are_not_allowed_to_travel_and/

179 https://techcrunch.com/2025/03/14/china-is-reportedly-keeping-deepseek-under-close-watch/?guccounter=1

180 https://x.ai/

181 https://de.wikipedia.org/wiki/Robert_A._Heinlein#Werk

182 https://www.heise.de/news/xAI-bindet-neuen-Bildgenerator-Aurora-in-Grok-ein-10198266.html

183 https://de.wikipedia.org/wiki/Elon_Musk

184 https://www.msn.com/de-de/finanzen/top-stories/grok-musks-chatbot-sollte-missliebige-fakten-%C3%BCber-musk-und-trump-verschweigen/ar-AA1zFchM

185 https://x.com/ibab/status/1893778039634563094

186 https://www.itopnews.de/2025/03/musks-kontroverser-ki-chatbot-grok-neu-als-app/

187 https://x.com/EdKrassen/status/1897078971784974711

188 https://www.msn.com/de-de/nachrichten/other/musks-ki-grok-h%C3%A4lt-trump-f%C3%BCr-85-prozent-f%C3%BCr-russischen-agenten/ar-AA1AmGbF

189 https://www.gbnews.com/tech/elon-musk-x-grok-2-image-generator

190 https://www.pocket-lint.com/shocking-things-xs-ai-image-creation-tool-shouldnt-be-able-to-make/

191 https://ki-techlab.de/ki-news/groks-image-generator-causes-immense-controversy-but-how-dangerous-is-it-really/

192 https://www.hixx.ai/de/blog/ai-industry-insights/perplexity-and-chatgpt

193 https://www.jasper.ai/blog/what-is-perplexity-ai

194 https://alitu.com/creator/tool/what-is-perplexity/

195 https://www.perplexity.ai/de/hub/blog/perplexity-pages

196 https://de.linkedin.com/learning/copilot-in-word-mit-ki-texte-erstellen-bearbeiten-und-zusammenfassen/chatgpt-grundlage-fur-microsoft-copilot

197 https://de.libreoffice.org/

198 https://de.wikipedia.org/wiki/Stable_Diffusion

199 https://www.amuse-ai.com/